KB074751

삶을 향한
완벽한 몰입

이현주

펜실베이니아주립대학 신문방송학과를 졸업하고 광고대행사에서 일했다. 글밥 아카데미 출판 번역 과정을 수료하고 현재 전문 번역가로 활동하고 있다. 옮긴 책으로 《1등 스타트업의 비밀》, 《미라클 모닝 다이어리》, 《본격 청소세포 자극도감》, 《마법의 광고 디자인》 등이 있다.

THINGS

THAT

무의미한 것들로부터
나를 지키는 8가지 다짐

삶을 향한
완벽한 몰입

MATTER

조슈아 베커 | 이현주 옮김

와이즈맵

이 책을 할아버지
해럴드 E. 세일럼 목사에게 바칩니다.

의미와 의도가 있는 삶

　그 대화를 둘러싼 세부 내용은 기억나지 않지만, 한 작가가 "저는 오랜 세월을 견디는 책들을 쓰려고 해요. 시사나 트렌드에 관한 책이 아니라 누구나 어디서나 언제든지 읽을 수 있는, 세월이 흘러도 변치 않는 지혜가 담긴 책을 쓰고 싶어요."라고 말하는 걸 들은 적이 있다. 나는 즉시 그 말에 공감하며 고개를 끄덕였다. 나도 책을 쓸 때마다 그 작가의 말을 목표로 삼는다.

　혹시나 해서 하는 얘기지만, 나는 시사나 유행에 관한 책이 잘못되었다고 생각하지 않는다. 누군가는 꼭 써야 할 (그리고 읽어야 할) 중요한 책들이다. 단지 내가 그런 책을 쓰는 작가가 되고 싶지는 않다. 나는 세월이 흘러도 변치 않는 책을 쓰고 싶다.

　이 책이 전 세계의 여러 언어로, 이제는 한국어로 출판되는 것을 보는 건 내게 큰 기쁨이다. 책 속의 진리가 국적과 관계없이 다양한 사람에게 적용되어 도움을 줄 수 있다는 걸 보여주기 때문이다. 또한 진리는 시간에도 구애받지 않는다고 생각하지만, 이것은 시간이 지나야 확인할 수 있을 것이다.

이 책이 시대를 초월하는 특성을 지닌 이유는 우리가 어떤 사회나 문화에서 살고 있든, 의미 있는 삶으로부터 멀어지게 하는 방해물이 우리 모두에게 존재하기 때문이다. 하늘 아래 새로운 것은 없다.

예를 들어, 우리가 의도와 의미가 가득한 삶을 살지 못하게 가로막는 가장 큰 방해물 중 하나는 남과 비교하는 마음이다. 우리 삶을 다른 이의 삶과 비교하려는 성향은 요즘에서야 갑자기 등장한 것이 아니다. 이런 태도는 모든 사회와 문화에 걸쳐 오랜 세월 존재했다. 하지만 소셜미디어의 등장으로 타인과의 비교로 얻는 스트레스는 과거보다 더 커졌다. 이는 최근에 생긴 방해물은 아니지만 인류 역사상 그 어느 때보다 오늘날 더 많은 사람에게 영향을 미치고 있다.

비교하는 마음은 오늘날 극복하기 위해 더 노력해야 하는 방해물이다. 이는 우리가 노력하지 않으면 자기 삶에 좌절하거나 의미와 충만함에서 멀어지게 하는 요소들을 좇게 만든다. 소셜미디어에서 보이는 것처럼 성공한 사람은 아무도 없고, 필터를 적용한 사진만큼 아름다운 사람은 아무도 없으며, 그들의 글이 보여주는 것만큼 절제력 있는 사람은 아무도 없고, 프로필 사진이 보여주는 것만큼 단정한 사람은 아무도 없다. 나를 믿어도 좋다.

그렇긴 하지만 나는 최고의 자신이 되기 위해 열심히 노력하는 사람들을 많이 알고 있다. 그들은 삶에 몰입하려고 노력한다. 그들은 소유물을 정돈하며 더 계획적으로 돈을 쓰려고 노력한다. 그들은 지역사회의 더 나은 멘토, 더 나은 부모, 더 나은 배우자가 되기 위해 노력한다. 그들은 건강하지 않은 습관이나 중독을 떨쳐내기 위해 노력한다. 그들은 한 분야를 파고들고, 기술을 배우고, 책을 읽으며, 발전하고 싶은 분야의 팟캐스트를 듣는다.

이 세상에는 더 나은 사람이 되기 위해 열심히 노력하는 사람들이 있다. 그들은 완벽하지 않지만 어제보다 더 나은 사람이 되려고 노력한다. 그들이 이런 노력을 소셜미디어에 올리지 않아 보이지 않더라도 그들은 분명 세계 곳곳에 존재하고 있다. 그들은 최대 다수에게 최대 선을 베풀기 위해 의도적인 삶을 살려고 노력한다.

그리고 그것은 우리 모두가 노력해야 할 가치 있는 목표다. 이를 성취하기 위한 첫 단계는 삶의 방해물을 제거하는 것이다. 그럼 이제 시작해보자.

조슈아 베커

목차

4부　　**몰입하는 삶의 기적**

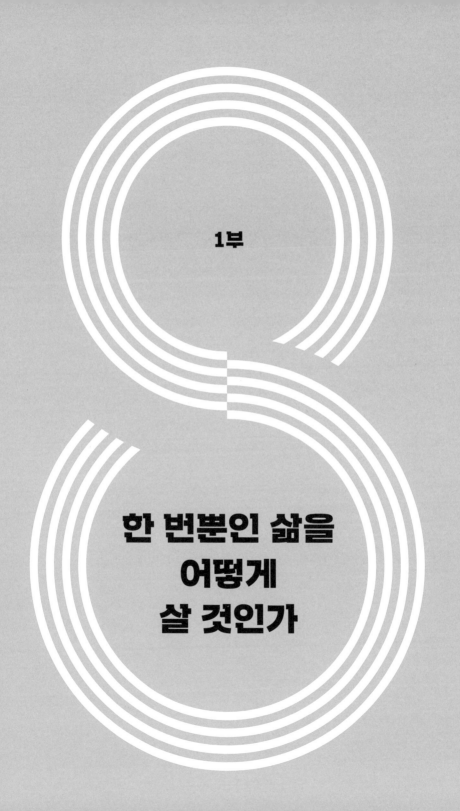

1부

한 번뿐인 삶을
어떻게
살 것인가

1장

후회 없는 인생을
살 자신이 있는가

우리가 짧은 인생을 부여받은 것이 아니라 우리가 짧게 쓰는 것이며,
시간이 충분하지 않은 것이 아니라 우리가 시간을 낭비하는 것이다.
어떻게 써야 할지 안다면 인생은 충분히 길다.
— 세네카, "인생의 짧음에 대하여"

앞으로 살날이 얼마 남지 않은 환자들을 돌보는 호주의 간호사 브로니 웨어Bronnie Ware는 환자들을 만날 때마다 지금 후회되는 일이나 할 수 있다면 바꾸고 싶은 일이 있는지 물어보았다. 이후 그녀는 환자들과의 대화를 통해 배운 점을 '죽음을 앞둔 사람들의 후회Regrets of the Dying'라는 제목의 글로 남겼다. 사람들이 인생의 마지막 순간에 깨닫는 경이로운 통찰과 그들과의 대화에서 반복해 등장하는 주제들에 대해 기록한 것이다. 이 글은 온라인에서 수백

만 회 공유되었고 2012년에는 책으로까지 출간되었다.[1]

대단히 흥미로운 전제다. 그렇지 않은가? 과연 사람들이 인생에서 가장 후회하는 것은 무엇일까? 여기에 그 목록을 쓰지는 않겠지만, 당신에게 묻고 싶은 질문이 있다. 당신은 그 목록에 무엇이 적혀 있는지 얼마나 알고 싶은가? 당장 구글에 그 기사를 검색해서라도 사람들이 세상을 떠나기 직전 가장 후회하는 일이 무엇인지 알고 싶은가? 그렇다면 죽어가는 사람들이 무엇을 후회하는지 알고 싶은 당신의 욕망은 어디서 비롯된 것일까? 이 기사에 대한 관심이 크다는 사실은 어쩌면 당신도 스스로의 인생이 낭비될 수 있다는 걸 염려하고 있다는 증거 아닐까? (이 문제에 대해 생각해보았으니 여전히 그 목록이 궁금하다면 책의 말미에서 목록을 확인할 수 있다.)

다른 사람들이 죽기 전 후회하는 일을 쓴 목록이 왜 이렇게 널리 퍼지게 되었을까? 그것은 그 사람들이 바로 언젠가 죽음을 앞둔 시점의 우리 자신이라는 사실을 알고 있으며 그 순간이 다가왔을 때 후회하는 일을 남겨두고 싶지 않기 때문일 것이다. 또는 우리가 결정한 인생의 선택들에 대해 이미 후회하고 있기 때문일지도 모른다.

중년뿐만 아니라 청년 중에도 정작 중요한 일과 사람들에게 제대로 집중하지 못한 채 중요하지 않은 일에 시간과 자원을 낭비하고 있다는 불안감을 느끼는 사람들이 많다. 그리고 우리가 지금 변화하지 않는다면 언젠가 후회하게 될 것도 잘 알고 있다. 그런데도 우리는 여전히 중요한 일보다 중요하지 않은 일을 우선시한다.

이쯤에서 우리는 달라져야만 한다. 인생에서 변화를 일으킬 시간은 그리 많이 남지 않았다. 우리는 살아가면서 분명히 후회할 만한 어리석은 선택들을 하게 된다. 그러므로 후회 한 번 없는 삶을 살 수는 없다. 하지만 우리는 일상적이고 편한 길에서 벗어나 만족스런 삶으로 이끄는, 의도가 있는 길로 갈 수는 있다. 만약 선택할 수 있다면, 후회보다는 성취감이 가득한 삶을 살고 싶지 않은가? 얼마 전 나는 죽기 전에 내가 꼭 해야만 하는 일과 마주하게 된 상황을 겪었다. 그리고 그 일은 당신과도 관련이 있기 때문에 그날의 일에 대해 얘기해보려 한다.

만일 내가 오늘 죽는다면

2019년 10월, 나는 팀원들과 애리조나 메사에서 개최된 '스타트 피니싱Start Finishing'이라는 행사에 참석했다. 그날의 발표자는 《빅 워크Start Finishing》라는 책을 쓴 찰리 길키Charlie Gilkey였다. 찰리는 워크숍에서 배울 원칙들을 우리 인생에서 가장 중요한 일에 적용하길 바란다고 말했다. 그는 사람들이 자신에게 가장 의미 있는 일이 무엇인지 깨달을 수 있는 질문을 던졌다. "자, 눈을 감고 생각해보세요. 만약 당신이 오늘 세상을 떠난다고 상상할 때 아직 완성하지 못해 가장 실망할 일 한 가지는 무엇인가요?"

그가 던진 질문에 대해 각자 고민한 후 우리는 테이블에 앉은 사람들과 답변을 공유했다. 내 옆에 앉았던 한 젊은 여성은 그녀가 완성하고 싶었던 예술 프로젝트에 대해 얘기했다. 자신을 두 아이의 엄마라고 소개한 한 여성은 10대인 두 자녀가 앞으로 인생을 잘 살아갈 수 있게 준비시키고 싶다고 말했다. 나는 찰리의 질문에 주저 없이 이렇게 대답했다. "만약 제가 오늘 죽는다면, 오랫동안 생각만 하던 책을 제대로 써보지도 못했다는 사실이 가장 속상할 것 같아요."

그 책이 무슨 책인지는 당신도 눈치챘을 것이다.

당신이 지금 읽고 있는 바로 이 책이다.

오래전부터 나는 미니멀리즘의 원칙을 바탕으로 우리가 어떻게 방해물에 가로막혀 의미와 목적, 만족감에서 멀어지는지 보여주는 책을 쓰고 싶었다. 찰리가 질문을 던진 순간 이 책을 쓰는 일이 나의 최우선 과제가 되었다. 나를 움직이게 하고 사람들과 나누고 싶은 한 가지 메시지가 있었기 때문이다. 그리고 그것은 사람들이 옷장을 비우도록 영감을 주는 메시지가 아니다. 물론 그것만큼 유용하긴 하지만 말이다. 내 가슴속에서 가장 뜨겁게 타오르는 한 가지 메시지는 '목적 있고 의미 있는 삶에 몰입하자'는 것이다. 나의 신념과 가족 외에, 내가 세상을 떠난 후 사람들이 나를 기억할 때 떠올려줬으면 하는 메시지는 바로 이것이다.

나는 수년간 이 주제에 대해 읽고 쓰고 얘기하면서 여러 관점의 이야기들을 들을 수 있었다. 우선순위에 따라 살 수 있게 중심을 잡는 방법뿐만 아니라 다양한 이야기를 통해 얻은 중요한 통찰을 한 권의 책에 담으려 한다. 이 책에서 나는 목적 있는 삶에 더욱 몰입하기 위해 인생에서 제거해야 할 것들을 소개한다.

목적이 있는 삶을 사는 것은 특정 소수의 사람들뿐만 아니라 우리 모두에게 중요한 주제다. 모든 사람에게는 죽기 전에 꼭 이뤄야만 한다고 느끼는 일이 최소 한 가지(어쩌면 한 가지 이상)는 있기 때문이다. 나는 지금 '열기구 타기'와 같은 버킷리스트를 말하는 것이 아니라 긍정적인 변화를 가져오는 방식으로 사는 '삶'에 대해 말하는 것이다. 우리 삶이 의미 있고, 세상에 긍정적인 영향을 미치며, 우리의 존재가 중요하다는 것을 아는 것이다.

이제 당신이 찰리 길키가 던졌던 질문을 고민해볼 차례다. 만약 당신이 오늘 세상을 떠난다면, 완수하지 못해 가장 실망스러울 일 한 가지(혹은 몇 가지)는 무엇인가? 이 질문을 그냥 넘기지 말고 잠시 시간을 내어 고민해보길 바란다. 우선순위에 있는 목표들이 무엇인지 분명하고 구체적으로 생각해보자.

이 책을 준비하며 책의 주제와 관련한 전국적인 설문조사를 의뢰했다.[2] 각 주제에 해당하는 부분에서 조사 결과를 언급할 텐데,

흥미로운 결과를 다양하게 확인할 수 있었다. 우선 설문조사에는 "당신은 당신의 삶에 대한 명확한 목적(들)을 발견했는가?"라는 질문이 있었는데, 70퍼센트의 응답자가 "그렇다"라고 대답했다. 19퍼센트는 "그렇지 않다", 11퍼센트는 "확실하지 않다"라고 응답했다.

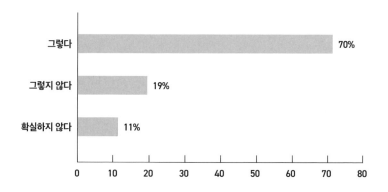

Q. 당신은 당신의 삶에 대한 명확한 목적(들)을 발견했는가?

당신은 당신의 목적을 알고 있는가? 만약 설문조사 응답자의 30퍼센트와 마찬가지로 당신의 대답이 "그렇지 않다" 혹은 "확실하지 않다"라면, 이 책의 부록에 있는 '삶의 목적을 발견하기 위한 질문들'을 활용해보자. 당신의 열정과 능력, 세상이 필요로 하는 일의 교차점에 있는 꿈을 체계적으로 숙고하는 데 도움이 될 것이다. 당신이 어떤 일에 적합하고 어떤 일에 마음이 끌리는지 발견할 수 있다.

이 책을 통해 당신에게 의미 있고 중요한 일들을 재정립하거나 개선할 수도 있는 만큼, 당신이 자신의 목적을 이미 알고 있는 70퍼센트에 속한다 해도 열린 마음으로 이 책을 읽어나가길 바란다.

지금 이 순간 당신의 '목적'을 중심에 두고 인생의 방향을 바꾸는 것이 아직 늦은 일이 아니라고 믿기 시작하라. 당신은 당신이 살고 싶은 인생을 이루기 위해 지금 무언가를 할 수 있고, 그렇게 하다 보면 결과적으로 후회할 일도 줄어들 것이다.

이 책의 주제가 '행복해지는 법'은 아니지만, 당신의 가치와 열정에 부합하는 삶을 사는 것이 단기적으로나 장기적으로나 행복에 이르는 가장 빠른 길이라고 생각한다. 이 책은 단지 당신이 어떻게 느끼는지에 관한 것이 아니라 어떻게 당신에게 주어진 삶을 사는지, 어떻게 당신에게 의미 있는 일에 몰입하는지에 관한 것이다.

세상은 우리가 각자에게 중요한 것을 위해 살길 바란다. 당신만이 할 수 있는 방식으로 세상에 기여할 때 당신은 가장 생산적이고 영향력 있는 존재가 되기 때문이다. 진정으로 중요한 일에 집중하는 의미 있는 삶을 살기로 선택하는 것보다 당신과 타인에게 더 숭고한 일은 없을 것이다.

인생을 충분히 산다는 것

대학 시절, 한 교수님이 이렇게 말했다. "동시대 작가들은 우리와 같은 문화적, 이념적 흐름에서 헤엄치고 있기 때문에 이전 세기의 책들을 읽어야 해. 수 세기 전의 책은 우리에게 다른 관점을 제시하고 새로운 방식으로 사고할 수 있게 도와주거든."

나는 이 조언을 따르며 살았다. 실제로 신이나 미니멀리즘, 목적이 있는 삶 외에 나에게 중요한 여러 주제들에 관한 신념은 과거의 현자들로부터 영향을 받은 것이다. 그들은 현대 학자들이나 전문가들이 내놓을 수 없는 신선한 관점을 제시한다. 그리고 다양한 시대와 장소에서 반복적으로 등장한 주제들은 오늘날에도 우리가 더 나은 삶을 사는 데 중요한 방향을 제시한다는 사실을 깨달았다.

그 점을 염두에 두고 나는 지금까지 여러 해 동안 나에게 큰 영향을 줬던 문장을 소개하려 한다. 로마의 철학자인 소 세네카 Seneca the Younger가 남긴 말이다.

우리의 인생이 짧은 것이 아니라 우리가 대부분의 시간을 낭비하는 것이다. 인생은 충분히 길고 만약 제대로 잘 활용한다면 위대한 과업을 이루고 남을 만큼 충분하다. 그러나 시간을 부주의하게 낭비하고 건강하지 않은 일에 시간을 쓸 때 마지막 죽음

앞에서 인생이 바람처럼 눈 깜짝할 새에 지나갔다는 것을 깨닫게 된다. 우리의 인생이 짧은 것이 아니라 우리가 짧게 쓰는 것이며, 시간이 충분하지 않은 것이 아니라 우리가 낭비하는 것이다. 인생을 사용할 줄만 안다면 인생은 충분히 길다.[3]

이 인용문에는 많은 내용이 담겨 있다. 펜으로 당신에게 와 닿는 문장에 밑줄을 그으며 다시 읽어보길 바란다. 세네카의 인생론은 내가 의도적인 삶에 대해 얘기할 때마다 언급하는 것이다. 이것이 바로 목적이 있는 삶을 사는 것이다. 우리가 가진 제한된 시간을 '부주의하게 낭비'하고 '건강하지 않은 일'에 쓰기보다는 '위대한 과업'을 이루는 데 투자하는 것이다. 그렇게 한다면 우리에게 가장 중요하고 의미 있는 일을 할 수 있을 만큼 인생이 길다는 걸 알게 될 것이다. 세네카는 어떻게 최소한의 후회로 인생의 마지막을 맞이할 수 있는지에 대한 답을 제시한다.

현명하게 선택한다.
인생의 의미를 찾기 위해 덜 중요한 일들은 제쳐둔다.
그리고 매일 이것을 실천한다.

몰입하는 삶이 이룬 놀라운 성과

비록 여러 깨달음의 순간은 있었지만 내가 의도를 갖고 인생을 살게 된 것은 한순간의 통찰 때문이 아니다. 수년 동안 내 인생에서 일어난 여러 가지 일에 영향을 받으며 서서히 그 방법을 이해하고 받아들이게 되었다.

나는 신앙 교육을 통해 우선순위에 대해 생각하고 인생에서 중요한 일들을 추구하게 되었다. 신앙심은 나에게 언제나 '중요한 일은 무엇이고, 그렇지 않은 일은 무엇인지'에 집중하게 해줬다. 나는 목사가 되어 성서 교리를 가르치며 사람들이 인생의 방향을 찾도록 도와줬다. 이 책에서 얘기하고 있는 주제들에 관심을 두게 된 데는 가족과 신앙이 큰 역할을 했다. (이 책은 종교 서적이 아니지만 나의 많은 부분이 신앙심으로 형성되었기 때문에 한 번씩 종교와 관련된 이야기가 언급될 수 있다.) 그러나 목사로서의 환경이 주는 이점에도 불구하고 나는 30대 초반에 '작은 삶(minimalism)'을 시작하고 나서야 우선순위에 대한 질문을 제대로 바라볼 마음의 여유가 생겼다.

지난 10여 년 동안 내 책이나 블로그의 글을 읽은 적 있는 독자라면, 나에게 작은 삶이 얼마나 중요한지 잘 알 것이다.[4] 내 인생의 가장 큰 열정 중 한 가지는 사람들이 소유물을 줄이도록 돕고 영감을 주는 것이다. 이렇듯 미니멀리즘은 나에게 굉장히 중요한 주제지만, 그것은 언제나 나에게 수단이지 그 자체가 목적은 아니다.

나는 미니멀리즘을 '우리가 가장 소중하게 여기는 것들을 의도적으로 추구하고 거기에 집중할 수 없게 만드는 요소들을 제거하는 것'으로 정의한다. 미니멀리즘은 삶을 더 풍요롭게 만든다. 또한 이는 꼭 정리정돈에 한정된 게 아니라 나에게 자유를 만들어주는 행위다. 우리는 더 적은 물건을 소유할 때 소중한 에너지와 시간, 집중력을 더 의미 있는 일에 쏟을 수 있기 때문이다.

나는 작은 삶이 주는 혜택을 직접 경험했다. 미니멀리즘 덕분에 내가 세상에서 바라보는 것들과 나 자신에게 의미 있는 삶이라는 주제를 제대로 탐구할 수 있었다. 나는 이런 생각이 들기 시작했다.

'더 많은 물건을 쌓아두려는 것도 어리석은 일이지만, 인생에서 저지르는 어리석은 일이 이것 하나뿐인 건 아니다. 그렇다면 내 인생 혹은 나와 가까운 사람들의 인생에서 일어나는 또 다른 방해물은 어떤 게 있을까? 후회를 덜 하며 살아가는 것이 가능한 일일까? 만약 가능하다면, 사람들이 자기도 모르게 충만한 삶을 살지 못하도록 방해하는 요소는 무엇일까?'

나는 새롭게 느낀 해방감으로 다른 사람들을 도우면서 나도 기쁠 수 있는 일이 무엇이 있을지 고민하기 시작했다. 솔직히 말하면 2008년에 우리 가족이 대부분의 소유물을 처분한 후로 내가 상상했던 것보다 훨씬 많은 일을 성취하게 되었다. 이것은 내가 특별한 사람이라서가 아니라 내가 '목적'을 갖고 살았기 때문이다.

몇 가지 중요한 사건들을 공유해보겠다.

이 모든 것은 작은 삶을 실천한 첫째 주부터 나의 여정과 생각들을 기록한 〈작은 삶을 사는 법〉이라는 블로그(https://www.becomingminimalist.com/)에서 시작되었다. 더 적게 소유하자는 메시지를 담은 이 블로그는 현재 6,000만 명 이상의 사람들의 삶을 바꾸고 있다. 같은 이름의 페이스북도 개설했는데, 매달 5,000만 명 이상의 사람들이 방문한다. 유튜브 채널도 매달 수백만 분의 시청 시간을 기록하고 있다. 나는 네 권의 책을 썼고, 디지털 잡지 두 곳에 기고를 시작했고, 모바일 앱을 개발했으며, 7만 가구가 넘는 가족들의 집을 정리하도록 도와주는 온라인 강좌도 만들었다. 또한 세계를 돌며 강연활동을 하고 여러 다큐멘터리에도 출연했으며, 전 세계 주요 언론 매체와 인터뷰를 진행하기도 했다.

그동안 꽤 많은 일이 일어났다. 물론 자랑스럽긴 하지만 내가 이룬 성취를 과시하려는 것은 아니다. 내가 성취한 일을 공유하는 이유는 다음의 주장을 하고 싶어서다. 나는 지난 몇 년 동안 이룬 성과들이 내가 진정으로 중요하다고 믿는 일들에 몰입하는 삶을 추구한 것과 직접적인 연관이 있다고 믿는다.

예를 들면, 2015년 작은 삶을 성공적으로 실천한 결과로 나는 전 세계 고아들을 돕는 비영리조직인 호프 이펙트Hope Effect를 설립하고 자금을 지원했다. 우리는 개발도상국들의 지방정부 및 주 정부와 협력해 고아들이 시설에서 지내기보다는 사랑을 주는 가정에서 생활할 수 있도록 돕는 해결방안을 찾고 있다. 이 글을 쓰는 시점에 우리는 고아들에게 더 나은 환경을 제공하기 위해 전 세계 여섯 개 도시와 협력하고 있다.

모두 다른 열정과 성격, 능력을 갖고 태어난 우리들은 각자에게 가장 중요한 것들에 집중하며 살 때 언제나 우리가 상상했던 것보다 더 많은 것을 성취하고 실현할 수 있다. 물론 구체적인 성과는 모두 다르겠지만, 내가 이뤄냈듯이 당신도 이뤄낼 수 있다. 그리고 최종적으로는 평온함과 만족감은 커지고 불안함과 후회는 적은 삶을 사는 결과를 얻을 것이다. 이런 삶을 사는 것은 정말 가능한 일이었다. 내가 직접 경험하고 있을 뿐만 아니라 나에겐 영웅과도 같은 할아버지의 삶에서도 이를 목격했다.

자신 있게 죽음을 맞이한 나의 영웅

2012년, 아흔 살이던 할아버지 해럴드 세일럼은 나에게는 아주 익숙한 당신의 사무실로 나를 불렀다. 할아버지는 53년 동안 사우스다코타주에 있는 한 교회에서 목사로 지냈는데, 커다란 원목 책상과 타자기, 책장, 할아버지가 사탕을 숨겨놓는 서랍에 이르기까지 사무실의 물건들은 언제나 같은 자리를 지키고 있었다. 나는 그 동네를 방문할 때마다 할아버지를 만나러 교회에 들르곤 했다. 하지만 할아버지가 먼저 사무실에서 만나자고 요청한 적은 한 번도 없었다. 나는 이 만남이 할아버지가 사랑하는 야구팀에 관한 얘기나 농담을 위한 자리가 아니란 걸 감지했다. 하지만 그가 나를 부른 이유는 알지 못했다. 그리고 내가 책상 앞에 앉기 전까지 할아버지는 그 이유를 알려주지 않았다.

할아버지가 마침내 입을 열었다. "조슈아, 나는 네가 내 장례식에서 성서를 읽어줬으면 좋겠구나. 네가 읽을 구절도 미리 준비해 두었어." 그는 '해럴드 세일럼을 위한 추도식'이라고 적힌 종이 한 장을 나에게 내밀었다. 추도식에 참석할 모든 사람의 이름뿐만 아니라 내가 읽게 될 성경의 구절도 분명하게 표시돼 있었다. 심지어 차례마다 몇 분씩 할애해야 하는지까지 적혀 있었다. 눈앞에 앉아 있는 건강한 사람의 장례식을 미리 그려보는 일은 내 정신을 번쩍 들게 했다.

그러나 할아버지가 직접 자신의 장례식을 계획해뒀다는 사실에 놀라지는 않았다. 할아버지는 원래 그런 분이었다. 70년이 넘도록 목사로 지낸 그는 수없이 많은 추도식에 참석했기에 가족들에게 자신의 추도식에 대해 구체적으로 요청해놓는 것이 그들에게 도움이 된다는 걸 알았기 때문일 것이다.

그날 이후 몇 년 동안이나 내 머릿속에 남을 만큼 인상적이었던 것은 할아버지의 장례식뿐만 아니라 그가 인생의 마지막 순간을 맞이하며 보여준 자신감 넘치는 태도였다. 할아버지는 확신에 찬 눈빛으로 지금까지 어떤 삶을 살아왔는지, 무엇을 성취했는지, 50년 넘게 함께했던 아내와 얼마나 재회하고 싶은지에 대해 얘기했다. 세상의 마지막 순간을 맞이하는 그에게서는 어떤 후회도 찾아볼 수 없었다. 한 가지 분명한 사실은 죽음을 두려워하지 않는 사람의 눈을 들여다보는 것보다 더 큰 영감을 주는 건 없다는 것이다.

할아버지는 마지막 순간까지 또렷한 정신을 유지하다 아흔아홉 살이 된 2020년 12월 폐렴으로 세상을 떠났다. 당시 코로나로 인한 제한은 있었지만 그의 계획대로 장례식을 치를 수 있었다. 그리고 그날 추도 연설에서 나는 할아버지의 후회 없는 삶에 대해 얘기했다. 세네카가 말한 것처럼 그는 인생을 어떻게 살아야 하는지 알았기 때문에 충분히 긴 인생을 살았다.

한 문장으로 쓰는 '오늘의 다짐'

나의 전 멘토인 로버트 슌은 나에게 "매일 아침 하루를 시작하기 전 '오늘 나는 ○○○ 할 것을 다짐한다.'라는 간단한 문장으로 그날의 목적을 정한다."고 말한 적 있다. 그날 이후 나도 그의 조언을 따르고 있는데, 당신도 한번 시도해보길 바란다. 빈칸에는

당신이 원하는 단어를 넣으면 된다. 예를 들면,

- 오늘 나는 내가 될 수 있는 최고의 엄마가 되기로 다짐한다.
- 오늘 나는 충실한 배우자가 되기로 다짐한다.
- 오늘 나는 건강한 식사를 하기로 다짐한다.
- 오늘 나는 이타적인 사람이 되기로 다짐한다.
- 오늘 나는 불안함이 올라올 때마다 기도하기로 다짐한다.
- 오늘 나는 업무 목표에 전념하기로 다짐한다.
- 오늘 나는 빚을 갚기로 다짐한다.

우리는 하루하루 인생의 중요한 목표에 다가간다. 우선 오늘 하루 목표를 실천해보고 어떤지 살펴보자. 필요에 따라 내일은 다른 목표를 세워도 좋다.

나만이 이뤄낼 수 있는 일

죽음을 앞둔 사람들은 후회하는 일을 얘기하며 자신의 실수를 되풀이하지 말라고 충고한다. 반대로 후회하지 않고 죽음을 맞이하는 사람들에 대해 들어본 적은 거의 없다. 만약 그런 사람을 알게 되면, 그들을 본보기 삼아 우리도 용기와 확신을 갖고 죽음을 맞이할 수 있게 준비하는 것이 현명하다. 할아버지는 나에게 그런

삶을 향한 완벽한 몰입

본보기가 되어준 사람이었다.

그가 나에게 가르쳐준 가장 중요한 것은 '타인의 필요를 충족시키는 일에 시간을 써야 한다는 것'이다. 물론 저녁노을을 감상하거나 친구와 커피를 마시고 그림을 그리는 등 그저 자신이 원하는 일을 하며 시간을 보내는 것도 전혀 잘못된 일은 아니다. 실제로 내가 작은 삶을 장려하는 이유 중에는 사람들이 인생의 사소한 순간이 주는 기쁨이나 아름다움을 누리고 감상할 여유를 갖게 하기 위함도 있다. 그러나 자기중심적 활동이 타인 중심적 활동을 배제할 필요도 없고, 배제해서도 안 된다. 결국 다른 사람들을 돕는 일들이 가장 영향력 있고, 영원하며, 가장 큰 보람을 주는 일이기 때문이다.

당신의 인생에서 타인에게 의미 있는 도움을 주는 본보기가 있으면 좋지만, 그렇지 않다고 해도 진짜 중요한 일을 추구하기 위해 덜 중요한 일들을 제쳐두는 걸 실천함으로써 당신이 타인의 본보기가 될 수 있다. 이것이 '후회하지 않는 삶'을 사는 비결이다. 지금이 바로 실행에 옮길 때다.

당신은 대단한 일들을 성취하도록 계획된 사람이다. 당신의 존재, 성격, 능력, 관계들은 유일무이하다. 그리고 당신의 인생을 살면서 당신이 해낼 훌륭한 일을 성취할 수 있는 사람은 이 지구상에 당신 말고는 아무도 없다. 그 사실을 절대 잊지 않길 바란다.

'성공'과 '성취'는 상대적인 단어이며 당신이 이룰 가장 큰 성취와 다른 사람들이 이룰 성취는 분명히 다르다. 당신은 수천 명의 사람들을 이끌거나 암을 치료하거나 비영리단체를 세우지 않을 수도 있다. 그러나 이것만은 분명하다. 이 세상에는 당신만이 이뤄낼 수 있는 선한 일이 있으며 당신의 인생에는 어느 누구보다 당신이 더 많이 사랑하고 도와줄 수 있는 사람들이 있다. 다음 문장을 다시 한 번 읽어보자.

당신의 인생에는 어느 누구보다 당신이 더 많이 사랑하고 도와줄 수 있는 사람들이 있다.

당신이 성취할 일과 내가 성취할 일은 다르겠지만 모든 사람에게는 각자의 몫이 있다. 그리고 사람들이 각자의 몫을 성취할 만큼 인생은 충분히 길다. 후회는 필연적인 것이 아니다.

목표의식을 막는 장애물

이제 까다로운 질문이 남아 있다. 중요한 일을 추구하는 것이 그렇게 의미 있다면, 왜 더 많은 사람들이 소중한 목표를 뒤쫓지 않는 것일까? 날마다 우리에게 기쁨과 성취감을 주고 죽음의 문턱에서도 만족감을 안겨준다는데 왜 우리는 삶의 목적에 집중하

32   삶을 향한 완벽한 몰입

지 않는 것일까?

바로 '장애물' 때문이다. 우리의 앞을 가로막는 장애물이란 지금 당장 해결해야 하는 일이 될 수도, 모든 사람이 하고 있기 때문에 우리도 해야 한다고 생각하는 일이 될 수도 있다. 혹은 우리가 방법만 안다면 벗어나고 싶은 일일 수도 있다. 쉽고 안정적이면서 어느 정도 보람 있는 일일 수도 있다.

하지만 이들은 우리에게 의미 있고 중요한 일이 아니다. 후회 없는 인생과 목표의식을 막는 장애물은 삶의 방해 요인이다. 이제부터는 당신의 장애물에 대해 알아보도록 하겠다.

2장

가장 중요한
'한 가지'에 집중하라

우리를 혼란스럽게 하는 것들이 우리를 정의하기 시작할 것이다.
— 밥 고프

오늘날 우리는 어느 때보다 사소하지만 새롭고 급박한 일(처럼 보이는)에 정신이 팔려 있다. 매일 눈앞에는 무한한 정보가 펼쳐져 있고 누군가와 24시간 언제든지 연락할 수 있다. 치과에서는 당신의 예약 확인 문자를 기다린다. 컴퓨터 모니터의 모퉁이에는 이메일 미리보기 메시지가 뜬다. 뉴스에는 지구 반대편에서 지금 막 발생한 비극이 보도된다. 연예인 가십거리도 마찬가지다. 벨소리, 푸시 알림, 일정 알람, 진동 소리. 반대 정당에 있는 사람이 당신이 지지하는 정당의 사람에게 무슨 말을 했는지도 실시간으로 알 수 있다. 블로그 〈작은 삶을 사는 법〉에 올라오는 최근 게시글도 뜬다(아, 이건 좋은 방해 요소다).

어디까지 얘기했더라?

아, 그렇다. 우리는 사소하고 새롭고 급박한 일에 주의를 빼앗긴다. 10장에서 우리의 주의를 빼앗는 소셜미디어나 정보, 오락물 등에 대해 알아보겠지만, 그 전에 나눠야 할 더 중요한 주제가 있다. 우리가 우리와 우리 주변에서 가장 중요한 일들과 멀어지는 데에는 휴대폰이나 컴퓨터, 다른 전자기기 등으로 인한 방해가 전부가 아니기 때문이다.

기술과 미디어로 인한 새로운 방해물들은 뒤섞인 우선순위나 우리 자신과 타인을 향한 삐딱한 시선처럼 오랜 세월 인류를 괴롭혀온 수많은 방해 요인들에 추가된 것일 뿐이다. 이런 방해 요인들은 외부가 아니라 '내면'에서 일어나는 것이다. 간과하기 쉽지만 이는 우리가 중요한 일을 위해 살지 못하게 가로막는 더 심각한 방해물이다. 그러므로 지금부터는 내면의 방해물에 더 중점을 두려 한다. 우리의 영혼이 간절히 바라는 욕망을 따르려면 마음속에서 어떤 일이 일어나고 있는지 잘 들여다봐야 한다. 이 책은 외부 환경을 탓하기보다는 내면을 바라보기 위한 것이다. 이 책을 통해 우리 앞을 가로막는 방해물은 오늘날 새롭게 생긴 것이 아니며 이에 저항하는 것은 싸울 만한 가치가 있는 일이라는 것을 알게 되길 바란다.

방해 요인에 대한 아주 짧은 역사

1장에서 인생은 충분히 길 수도 있다고 얘기한 로마의 철학자 세네카는 이런 말도 남겼다. "새로운 방해 요인이 나타나지 않을 때는 없다. 우리가 언제 씨를 뿌리건 씨앗 하나에서 다양한 방해 요인이 자라난다."[1]

의미 있는 삶에서 멀어지게 하는 요인들은 인류가 존재한 이래로 계속 풍성하게 자라나는 작물과 같다. 그만큼 오랫동안 사람들은 방해 요인들을 통제하는 방법을 알아내기 위해 노력해왔다.

- 철학자 소크라테스는 손으로 무언가를 쓰는 행위가 순수한 사고를 하는 데 방해가 된다고 믿었던 탓에 이를 비판했다.
- 기원전 366년경, 웅변술을 키우고 싶었던 아테네의 젊은이 데모스테네스는 웅변을 연습할 수 있는 지하 서재를 지음으로써 산만해질 수 있는 요소를 차단했다. (창피해서 밖으로 나갈 수 없도록 머리도 반쯤 깎아버렸다.)[2]
- 서기 초반의 유명한 '사막 교부'였던 대 안토니우스는 유혹을 멀리하고 기도에 전념하기 위해 20년 동안 이집트의 버려진 로마 요새에서 홀로 살았다.
- 1775년에 출판된 의학 교과서에서 독일의 의사 멜키오르 아담 바이카르트는 '주의력 부족'을 의학적 질환으로 진단하고 신 우유, 스틸 파우더, 승마 등의 개선책을 처방하기도 했다.[3]

삶을 향한 완벽한 몰입

- 미량의 LSD 혹은 매직 버섯이 정신을 집중시키고 생산성을 높인다고 믿는 오늘날 실리콘밸리의 일부 엔지니어들과 비즈니스 리더들은 이를 정기적으로 섭취한다.[4]

소셜미디어나 스마트폰이 탄생하기 훨씬 전부터 사람들이 방해 요인들을 제거하기 위해 애쓴 사례들을 읽다 보면, 우리 각자에게 의미 있는 일에 집중하고 추구하는 것이 삶의 소명이라는 사실을 다시금 깨닫게 된다. 또한 다른 사람들이 의미 있는 인생을 살기 위해 방해물을 극복했다는 사실에 용기를 얻을 수도 있다. 이미 해낸 사람이 있다는 것은 우리도 할 수 있다는 뜻이기 때문이다.

산만함이 일상이 될 때

앞서 진행했던 설문조사에서 우리는 "당신에게 가장 중요한 일을 희생하면서 덜 중요한 일에 시간과 자원을 쓴다고 느끼는가?"라는 질문을 했다. 76퍼센트의 응답자는 "그렇다. 방해 요인 때문에 중요한 일을 하지 못한다."라고 답했다. (40퍼센트는 "가끔 그렇다", 20퍼센트는 "자주 그렇다", 16퍼센트는 "항상 그렇다"라고 답했다.)

우리는 설문조사에서 "이런 방해 요인들이 당신의 삶에 사소한

Q. 당신에게 가장 중요한 일을 희생하면서 덜 중요한 일에 당신의 시간과 자원을 쓰고 있다고 느끼는가?

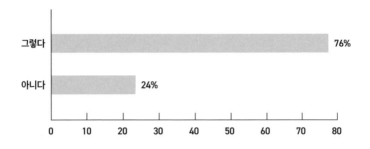

Q. 이런 방해 요인들이 당신의 인생에 심각하거나 사소한 문제가 되고 있는가?

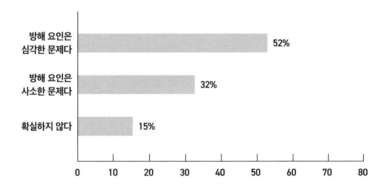

문제 혹은 심각한 문제가 되는가?"라는 질문도 했다. 절반이 넘는 52퍼센트의 응답자가 가장 높은 우선순위에 있는 일들의 방해 요인들이 심각하다고 답했으며 32퍼센트는 사소하다고 답했다. (나

삶을 향한 완벽한 몰입

머지 응답자들은 확실하지 않다고 응답했다.)

이 설문조사 결과를 통해 알게 된 점은 방해 요인은 저절로 해결되지 않는 심각한 문제이며 우리 모두 이를 알고 있다는 것이다. 물론 나의 집중을 빼앗는 모든 요인이 잘못된 것은 아니다. 많은 경우, TV 프로그램을 보거나 소설을 읽고 정원을 가꾸는 등 우리를 즐겁게 해주거나 긴장을 풀어주고 정신을 다른 곳으로 전환시키는 행동에는 문제가 없다. 때때로 우리는 일이나 문제로부터 주의를 분산시킬 필요가 있다. 방해 요인이 좋은 역할을 할 때다.

그러나 방해 요인들은 이중적인 성격을 띤다. 17세기 철학자 블레즈 파스칼은 이렇게 말했다. "우리의 불행을 위로할 유일한 방법은 위락diversion이다. 그럼에도 불구하고 그것이 우리의 가장 큰 불행 중 하나다. 우리 자신에 대해 생각하지 못하게 하고 우리를 서서히 파멸로 이끌기 때문이다."[5]

방해물들이 우리 삶을 점령하고 더 중요한 일들을 밀어낼 때 문제는 시작된다. 이런 활동에 빠지게 되면 가끔 기분전환을 위해 즐기던 일들이 우리 생활에 깊이 자리 잡는다. 가령 이것이 모든 여가시간을 게임을 하며 보낼 때 일어나는 일이다. 혹은 에너지를 얻을 만큼 운동을 하기보다 모든 에너지를 소진할 정도로 무리하게 운동하는 것도 포함된다. 집에 가기 싫어 몇 시간 동안 쇼핑을 할 수도 있다. 일에 대한 야망이 일중독에 빠지게 만들 수도 있다. 이런 행동이 지속되면 인생의 마지막 순간에 '나는 왜 중요하지 않은 일들에 내 인생을 허비했을까? 시간이 조금만 더 있었으면 좋겠어.'라는 생각을 하게 될 것이다.

우리를 산만하게 만드는 요소가 생활방식이 될 때 우리는 스스로의 삶에 대한 통제력을 잃게 된다. 의도성을 잃는 것이다.

오락거리는 어떻게 인생을 장악하는가

처음부터 루틴으로 자리 잡는 방해 요인들은 거의 없다. 처음에는 그저 재미있고 흥미로운 일일 뿐이다. 우리는 새로운 게임, 새로운 TV 프로그램, 새로운 취미, 새로운 웹사이트를 좋아한다. 뿐만 아니라 새로운 휴대폰, 새로운 가게, 돈을 벌 수 있는 기회에 대한 새로운 아이디어를 좋아한다. 우리가 유난히 더 빨리 마음을 뺏기는 것들이 있다. 그러나 대부분의 경우 반짝거리는 새로운 대상은 인생의 어려운 문제에서 벗어나려 할 때 환영받는 방해 요인이다.

새로운 오락거리는 우리에게서 점점 더 많은 시간과 에너지를 빼앗는다. 우리는 그런 일들을 더 잘하게 되거나 그것에 더 많은 시간을 투자하거나 더 즐거움을 느끼거나 그로 인해 돈을 벌기 시작한다. 우리는 점점 더 많은 시간을 쏟기 위해 타협한다. 곧 그 일을 하는 데 더 많은 시간을 쏟는 게 왜 좋은지 합리화하기 시작한다. 이를 더 즐기기 위해 여기저기서 시간을 뺏어온다. 하지만 하루가 24시간이라는 사실은 절대 변하지 않는다. 결국 우리는 오락거리에 더 탐닉하기 위해 가장 중요한 일들을 희생하기 시작한다. 그러다 보면 이는 우리가 문제에서 잠시 벗어나기 위해 즐기는 오락거리가 아니라 '삶의 방식'이 되는 것이다. 오락거리는 이제 생활방식이 된다. 그리고 우리는 그것 때문에 삶에 대한 통제력 일부를 잃는다.

때때로 우리는 이를 바로 깨닫고 진로를 수정한다. 하지만 그렇지 않은 경우는 많은 시간을 허비하고 소중한 인간관계가 무너지며 인생의 목적은 서서히 사라진다. 이런 위험을 감안할 때 방해 요인은 우리가 지금보다 더 신경 써야 할 문제다.

방해 요인들을 물리치는 법

방해 요인들이 우리의 하인이 아닌 주인이 될 때 어떻게 대응해야 할까?

첫째, 자기 성찰을 통해 이를 경계할 수 있다. 우리는 자주 혼자 가만히 앉아 최고의 내가 되는 것을 가로막는 요인들과 삶의 궤도를 살펴봐야 한다. 앞으로 나올 3장부터 10장까지의 내용이 자기 성찰을 하는 데 도움이 될 것이다.

둘째, 우리가 최고의 업무 성과를 내지 못하게 하고, 가장 사랑하는 사람들과 멀어지게 하며, 높은 목적의식을 실현하지 못하게 하는 방해 요인들이 무엇인지 말로 분명히 표현할 수 있다. 앞서 말했던 것처럼 이런 방해 요인들은 겉으로 봤을 때 항상 해로운 것이 아닐 수도 있다. 그러나 그것들이 제 위치에서 벗어난다면 당신에게 해롭게 작용할 수 있다.

셋째, 부지런하고 의도적인 태도로 이런 방해 요인들을 제거할 수 있다. 내면에서 싸움이 일어날 수밖에 없기 때문에 쉽지 않은 일이다. 그래도 싸우는 법을 배워야 한다.

마지막으로 우리 앞에 놓인 가장 중요한 임무의 가치를 되새기는 것이 중요하다. 당신에게 가장 중요한 일은 결코 쉽게 성취할 수 있는 일이 아닐 것이다. 사실 당신이 지금까지 한 일 중 가장 힘든 일이 될 수도 있다. 사려 깊은 부모, 다정한 배우자, 충실한 직원, 훌륭한 상사, 영감을 주는 예술가, 이타적인 공동체의 일원이 되는 여정은 절대 쉽지 않다. 그러나 장기적으로 보면 다른 어떤 곳보다 그 길의 끝에 더 큰 기쁨과 행복이 있을 것이다.

방해 요인들이 당신을 정의하게 내버려두지 말자. 당신이 당신 자신을 정의해야 한다. 내가 가장 존경하는 사람들은 더 중요한 목표들을 향해 한 가지 생활방식에서 진로를 수정할 정도로 용감한 사람들이었다.

저는 앞으로 5시에 퇴근하겠습니다

지금은 은퇴한 에드 타운리는 미국 북동부에서 캐벗 치즈로 가장 유명한 낙농 회사인 애그리-마크Agri-Mark의 경영진이었다. 내가 버몬트에 살던 시절에 알게 된 에드는 입양한 두 명의 아들에게 다정한 아버지이자 믿음직한 남편, 스페셜 올림픽Special Olympic을 포함한 여러 비영리 위원회의 회원이었다.

상당한 재능을 갖고 있던 에드는 회사에 오랜 시간을 바쳐 CFO의 위치까지 올랐다. 젊은 시절 에드와 그의 아내에게 정말 중요했던 목표는 사업적 성공이었고 에드는 이를 성취하기 위해 적극적으로 노력했다. 그는 맡은 일을 잘 해냈고 일에 전념했으며, 자기 일이 농부와 소비자들에게 도움을 줄 수 있다고 믿었다.

그러나 그와 그의 아내 제니퍼가 둘째 아들을 입양했을 때 그는 자신의 에너지를 다른 곳에 집중해야 한다는 사실을 깨달았다.

"오랜 세월 내 삶은 한 방향으로만 갔습니다." 그는 최근 전화 통화에서 나에게 말했다. "그런데 아내에게 새로운 에드가 필요하다는 걸 깨달았어요. 집에서 책임감을 갖고 해야 할 일이 생겼다는 걸 알았죠."

그래서 에드는 삶의 방향을 재정비했는데, 그처럼 이를 실행에 옮길 만큼 용감한 사람은 극히 드물었다.

"상사를 찾아가서 이렇게 말했어요. '아시다시피 이 회사에서 근무한 후로 저는 가장 먼저 출근하고 늦게 퇴근하며, 필요하다면 주말에도 출근했어요. 그렇지만 둘째 아들이 생기면서 집에서의 책임이 훨씬 커졌습니다. 지금부터 저는 다섯 시가 되면 바로 퇴근할 겁니다. 아내가 저를 필요로 하거든요. 물론 회사에 있는 동안은 최선을 다하겠지만 제 인생의 가치들이 재조정되었어요.'"

에드는 이 말을 할 때 두려움이 앞섰다고 했다. 상사가 불쾌해하지 않을까? 해고당하거나 승진 기회를 잃게 되진 않을까? 하지만 그런 일은 일어나지 않았다. 상사는 그의 상황을 이해했고 그에 따른 변화에 흔쾌히 동의했다.

실제로 그의 상사뿐만 아니라 사무실에 있는 다른 모든 직원들도 그를 이해했다. "동료들도 내가 매일 다섯 시가 되면 퇴근한다는 걸 알고 있었어요. 그리고 금세 이를 존중해줬습니다. 나에게 필요한 일이 있을 때마다 다섯 시보다 일찍 찾아와야 한다는 걸 기억해줬지요."

경력 면에서 어떤 희생을 치르더라도 에드는 그것이 옳은 결정이라는 걸 알았다. 더 이상 일은 그의 생활방식을 결정짓는 유일한 요소가 될 수 없었다. 이제 그보다 더 중요한 책임이 있었다.

에드가 인생의 터닝 포인트를 맞이하고 몇 년 후 나는 그에게 "그때의 결정을 잘 따르고 계신가요?"라고 물은 적이 있었다.

"조슈아, 그날 이후로 단 하루도 다섯 시 이후에는 사무실에 남아 있지 않았어요. 내가 CEO가 되었을 때 회사는 내 선택을 존중해주려고 회의시간마저도 옮겨졌거든요."

그에게 일은 여전히 중요했다. 그러나 에드가 일에만 지나치게 몰두했다면, 더 중요한 우선순위인 가족에게서 멀어졌을 것이다. 그는 자신의 궤도를 수정할 만큼 용감했다. 에드는 회사에서도 계속 승승장구했고 결국 회사의 CEO를 지낸 후 은퇴했다. 뿐만 아니라 그의 가족도 건강한 관계를 잘 유지했다. 인생에서 더 중요해진 새로운 요소가 나타났을 때 그는 그것에 집중하기 위해 우선순위를 바꾸었다.

성취를 방해하는 8가지 요인들

지금 우리 앞에 있는 방해 요인들은 절대 사라지지 않는다. 따라서 방해물을 거부하는 방법을 배우는 것은 결코 너무 이르거나 늦지 않다. 3~10장에서는 의미에 몰입하는 삶을 사는 데 방해되는 여덟 가지 요인들을 하나씩 살펴보고 이를 긍정의 다짐으로 전환할 것이다.

1. 두려움. 너무 많은 사람들이 두려움 때문에 자신의 꿈을 좇을 시도도 하지 않거나 지나치게 일찍 포기한다.
2. 과거의 실수. 과거에 자신이 저지른 실수나 다른 사람들이 저

지른 실수를 흘려보내지 못하면 자신에게 중요한 일들을 진전시킬 수 없다.

3. 행복. 우리가 자신만을 위한 행복을 추구하려 한다면 가장 진실하고 영속적인 형태의 행복에 미치지 못한다.

4. 돈. 돈에 대한 욕망은 그저 돈을 더 벌기 위해서 진정한 열정과 목표를 희생하게 한다.

5. 소유물. 우리가 소유하고 있는 모든 것은 끊임없이 우리의 관심과 집중을 요구한다.

6. 칭찬. 자기 가치를 타인의 인정에서 찾는 행위는 우리가 내리는 결정과 우리가 선택한 삶에 부정적인 영향을 미친다.

7. 여가. 많은 사람들은 열정을 쏟을 만한 일을 하는 것보다 주말이나 휴가, 은퇴 등에 더 신경 쓴다.

8. 스마트 기기. SNS에 올라오는 모든 글, 알림, 벨소리 등은 기술이 포화된 요즘 시대에 사는 모든 사람들이 겪는 문제다.

위의 여덟 가지는 반복적으로 나타나는 방해요소들이다. 또한 가장 소중한 목표와 목적의 성취를 방해할 만큼 강력한 요소이기도 하다.

이런 방해물들을 극복하기 위한 중요한 원칙들을 소개하려 한다. 앞에서 살펴보았듯이 이것들은 극복하기 쉽지 않겠지만 내가 제안하는 방법들은 개인적, 사회적, 문화적 방해 요인들을 극복하도록 도와줄 것이다. 우리는 이런 방해물을 극복하고 더 큰 목표를 좇기 위해 매일 전쟁을 치러야 한다.

그러나 중요한 것은 당신의 삶에 최대한 몰입하고 성취감을 찾는 것임을 기억하자. 신경을 분산시키는 요소들을 제거하는 것이 희생처럼 보일 수 있지만, 장기적으로 보면 그럴 만한 가치가 있는 노력이다. 당신에게 중요한 일과 사람들을 위한 삶을 살기로 결정하는 바로 그날부터 당신의 삶이 더 만족스럽고 후회할 일이 줄어드는 것을 경험하게 될 것이다.

자신에게 주어진 딱 한 번의 삶을 낭비하고 싶은 사람은 아마 없을 것이다. 대부분의 사람들은 자신에게 중요한 일에 집중하고 싶어 한다. 따라서 문제는 우리가 목적과 가치에 대한 열정이 없는 것이 아니라 이를 성취하기 위한 집중력이 너무 자주 분산된다는 것이다.

"인생에서 가장 중요한 이틀을 꼽으라면, 태어난 날과 자신이 태어난 이유를 깨달은 날이다."라는 말이 있다.[6] 나는 여기에 하루를 덧붙이고 싶다. 바로 신경을 분산시키는 요소를 제거한 날이다. 당신은 삶을 방해하는 요소들을 처리할 준비가 되었는가?

할 수 있을 때 뛰어내리기

몇 해 전, 나는 가족들과 코스타리카에서 일주일을 보낸 적이 있다. 구경거리도 즐길 거리도 많던 아름다운 곳에서 나와 아내, 두 아이들(당시 11세와 15세) 모두 여행을 온전히 즐겼다.

어느 날 오후, 우리는 보트를 타고 나가 돌고래를 보고 노을을 감상했으며 바다 위의 저녁식사를 즐겼다. 그때 선장은 경치 좋은 곳에서 배를 멈추더니 사람들에게 스노클링과 수영을 즐겨도 좋다고 했다. 원한다면 배의 갑판에서 바다로 뛰어들어도 좋다고 했다. 예상하듯이, 10대 소년들과 젊은이들이 제일 먼저 바다로 뛰어들기 시작했다. 친구들이 전부 뛰어내리니까 어쩔 수 없이 뛰어내리려는 아이들도 있었지만 대부분 행복한 얼굴로 뛰어내렸다 (함께 온 여성들에게 잘 보이려는 이유도 있었다).

배가 정박해 있는 동안 나는 처음으로 투어에 참가한 다른 사람들을 둘러보았고 그 배에 얼마나 많은 노인들이 타고 있는지 알게 되었다. 풍경을 감상하던 그들은 수영이나 스노클링은 물론이고 배에서 8미터 아래에 있는 바다로 뛰어내릴 마음은 추호도 없어 보였다.

아내는 생각에 잠겨 있는 나에게 뛰어내릴 것인지 물어보았다.

"응." 나는 대답했다. "아직 할 수 있을 때 뛰어내려볼래."

당시 43세였던 나는 건강했으며 몸 상태도 꽤 괜찮은 편이었다. 언젠가 분명히 내가 바다로 뛰어내릴 수 없는 때가 올 것이다. 그러나 그날은 아니었다. 그날은 뛰어내릴 수 있었다. 그래서 나는 뛰어내리기로 선택했다.

살다 보면 그 의미를 말로 제대로 전달하기 힘든 순간들이 있다. 상황도 적절하고 감정도 완벽하며 의지도 있다. 그때가 나에게 그런 순간 중 하나였다. 그냥 뛰어내려야 했다. 기회를 놓치고 나서 후회하고 싶지 않았다.

어쩌면 지금이 당신이 집중할 대상을 바꾸고 당신에게 중요한 것들을 위해 더 의식적인 삶을 살아야 할 그런 때인지도 모른다. 지금이 바로 할 수 있을 때 뛰어내려야 할 순간이다.

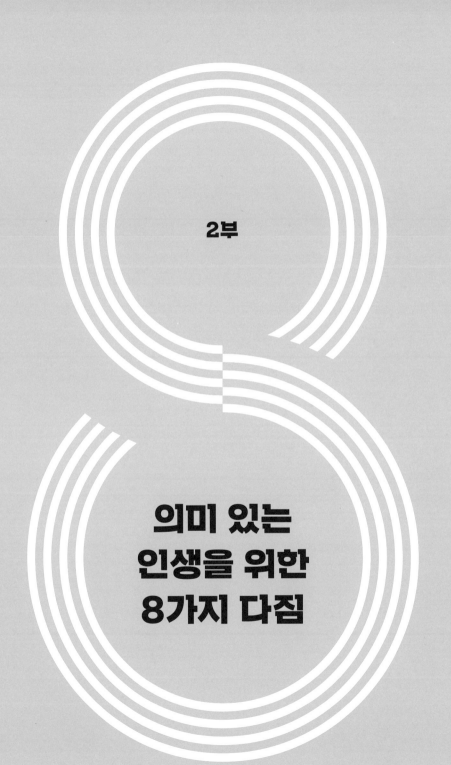

2부

의미 있는
인생을 위한
8가지 다짐

3장

'두려움'과 맞서
이겨낼 것이다
작은 꿈을 꾸면 작은 인생을 산다

20년 후의 당신은 당신이 한 일보다는
당신이 하지 않은 일로 더 낙담하게 될 것이다.
— 사라 프랜시스 브라운

20대 초반의 현명하고 매력적인 젊은 여성 테일러는 학자금 대출을 갚고 생활비를 마련하기 위해 산타 모니카에 있는 커다란 백화점의 향수 매장에서 일한다. 그녀는 이 일자리를 얻은 것에 감사하며 최선을 다하고 있지만, 평생 이 일을 하려는 마음은 없다.

향수 매장에서 처음 일을 시작했을 때 테일러는 고객들이 많이 몰리지 않는 시간에 다른 판매 직원과 이야기를 나누며 친해졌다. 테일러는 동료 직원인 자오에게 이렇게 말했다. "제가 정말 하고 싶은 일은 그래픽 디자인이에요. 대학에서 그래픽 디자인을 전공하기도 했고 정말 좋아하는 일이거든요. 지금도 파트타임으로 웹사이트를 디자인하는 일을 하고 있어요. 조금만 더 하다 보면 이제 이 일을 그만두고 저의 스튜디오를 운영하는 일에만 집중하고 그래픽 디자인이 필요한 사람들을 도울 수 있을 거예요.”

자오는 흥미로워하면서도 진지한 얼굴로 테일러의 계획을 듣고 있었다. “꿈을 좇는 네가 존경스럽다.” 자오가 말했다. “나도 그랬으면 좋았을 텐데. 내가 39살이 될 때까지 이 일을 하고 있을 줄은 상상도 못 했어.”

“그럼 지금이라도 다른 일에 도전해보는 건 어때요?” 테일러가 물었다.

“아니, 아니야. 너무 늦었어.”라고 말하며 자오는 자리를 떴다.

내 친구인 테일러가 들려준 대화다. “자오의 이야기를 들으니 안됐다는 마음이 들더라.” 테일러가 말했다. “그녀는 힘들기보다 차라리 불행한 게 낫다고 생각하는 것 같아.”

나는 자오가 과거에 어떤 일을 겪었는지 전혀 알지 못할 뿐만 아니라 그녀를 판단할 입장도 아니지만, 테일러가 들려준 상황이 어떤 것인지는 알고 있다. 정말 많은 사람들이 가치 있는 꿈과 목표를 좇으며 불안을 느끼기보다는 꿈을 성취하지 못하더라도 안정적인 일을 하며 낙담하는 쪽을 택한다. 안타깝게도 많은 사람들이 실패로 끝날지, 성공으로 끝날지 모르는 모험을 하기보다는 무의

삶을 향한 완벽한 몰입

미하지만 안전한 현재 상황을 그대로 유지하는 것을 선호한다.

만약 사람들이 세상을 떠나기 전 엄청난 후회를 하게 될 가능성을 고려한다면, 틀에 갇힌 생활보다 모험을 선택하게 될지도 모른다. 사실을 직시하자. 인생에서 꿈꾸는 몇 가지는 분명히 모험할 가치가 있는 것들이다.

사람들이 가장 두려워하는 것

세상에는 좋은 두려움이라는 것도 있다. 적절한 주의는 우리가 나중에 후회할 만한 일을 하지 않게 도와준다. 그러나 다른 한편으로 나쁜 두려움도 존재한다. 성숙해진다는 것은 좋은 두려움과 나쁜 두려움을 구별할 줄 알게 되는 것이다.

많은 사람들은 어차피 성취하기 힘들다는 생각에 그들이 인생에서 의미 있다고 여기는 일을 향해 한 발도 내딛지 않는다. 혹은 실패할 수밖에 없도록 소극적인 시도를 하기도 하는데, 이는 시도하지 않은 것과 다름없다. 사람들은 보통 나쁜 두려움 때문에 무언가를 시도하지 않게 된다. 가장 흔한 두려움은 실패에 대한 두려움인 실패공포증Atychiphobia이다.

사회 생산성 기업인 링크어골Linkagoal은 핼러윈 시즌에 맞춰 사람들이 가장 무서워하는 것을 알아보는 설문조사를 하고 그 결과를 블로그에 공개했다. 공포요인지수Fear Factor Index 조사에서 31퍼센트의 응답자는 '실패'를 두려워한다고 말했다. 블로그에 게재된 글에서 밝혔듯이 목표 성취에 있어 절반에 가까운 응답자가 목표를 전혀 성취하지 못하거나 목표에 도전하지 못한 주된 이유로 실패에 대한 두려움을 꼽았다. 49퍼센트의 응답자는 실패에 대한 두려움이 큰 방해 요인이라고 말했으며 창피함에 대한 두려움(44퍼센트), 성취하기 너무 힘들 것이라는 두려움(43퍼센트)의 이유가 뒤를 이었다."[1]

두려움이 당신을 가로막고 있다는 5가지 신호

실패에 대한 두려움을 그대로 방치하면 우리의 잠재력을 온전히 발휘할 기회를 놓치게 된다. 그러므로 크든 작든 우리가 이런 두려움을 경험하고 있는지 아는 것이 중요하다. 실패의 두려움이 당신에게 영향을 미치는지 알려주는 다섯 가지 신호는 다음과 같다.

1. **해야 할 일을 미루거나 일상적으로 회피한다.** 목표 달성에 대한 불안감이나 두려움을 더 많이 느낄수록 목표 달성을 위한 행동을 미룰 확률이 높다.
2. **자신의 미래를 책임지지 않는다.** 실패의 두려움이 존재할 때 진

삶을 향한 완벽한 몰입

취적인 마음은 힘을 잃는다. 당신의 목표와 꿈, 잠재력을 중심으로 자기만의 미래를 만들어나가는 모험을 하기보다는 당신에게 어떤 일이 일어나든지 그냥 받아들이게 된다.

3. **자신에 대한 기대치가 낮다.** 실패를 두려워하는 사람들은 기대감이 낮을 때 실패했다는 느낌을 덜 받기 때문에 일상적으로 자기에 대한 기대치를 낮춘다. 그러나 낮은 기대치는 실패뿐만 아니라 성취감과 잠재력도 함께 줄어들게 한다.

4. **자기 자신에 대한 믿음이 없다.** 모든 일을 완벽히 해낼 수 있는 사람은 아무도 없다. 그러나 주변 사람들이 당신을 믿고 있으며 당신이 그 일을 성취할 수 있다고 말하는데도 도전할 수 없을 정도로 자신을 믿지 못한다면, 실패의 두려움이 당신을 가로막고 있는 것이다.

5. **두려움이 신체 질병을 초래한다.** 스트레스와 불안에는 여러 원인이 있을 수 있다. 만약 새롭거나 도전적인 목표를 앞두고 두통이나 복통, 공황 발작, 기타 스트레스성 질병을 자주 겪는다면, 이는 실패의 두려움 때문일 수 있다.

나는 실패의 두려움 때문에 인생을 바꿀 만한 일을 성취하지 못하는 사람들을 많이 보았다.

내 친구 데이비드는 성공한 저널리스트다. 많은 저널리스트들처럼 그도 오래전부터 소설을 쓰고 싶다는 남모를 소망을 품고 있었다. 하지만 그는 소설 쓰기를 미루고 또 미뤘다. 그는 스스로 이렇게 말했다. 소설을 쓰는 것은 오랜 시간이 걸리는 일인 데다가 그동안 돈을 한 푼도 벌지 못할 수도 있으니까 우선 어느 정도 돈을 모아놓아야 해. 물론 맞는 이야기지만 동시에 그에게는 핑계가 되었다.

그는 일종의 실패공포증을 갖고 있었다. 소설을 썼는데 별로여서 아무도 읽지 않으면 어쩌지? 만약 그렇게 된다면 데이비드는 더 이상 '나에게는 훌륭한 소설을 쓸 잠재력이 있어'라고 생각할 수 없게 된다. 그가 최선을 다했다가 실패한다면 자기지각의 일부가 틀렸음이 입증되기 때문이다. 오랫동안 간직해온 꿈도 함께 무너져버린다.

하지만 시간이 흐를수록 데이비드는 점점 막연히 꿈을 이룰 시간이 충분하다고 믿기 힘들어졌다. 중년이 된 그는 저널리스트로서는 성공했지만 쓰고 싶던 소설은 단 한 자도 쓰지 못했다. 잠재력이 실현되려면 어느 시점에는 반드시 행동으로 옮겨야만 한다. 그는 겁쟁이가 된 듯한 기분에 낙담하기 시작했다.

마침내 데이비드는 소설을 한 자도 써보지 못하는 것이 실패작을 쓰는 것보다 더 끔찍한 일이라는 것을 깨달았다. 그는 요즘 소설을 쓰고 있다. 그의 소설은 출판될 수 있을까? 만약 출판된다면 독자들은 별점을 몇 개나 줄까? 그건 나도 알 수 없고 그도 알 수 없는 문제다. 그럼에도 불구하고 실천에 옮겼다는 점에서 내 친구를 존경한다. 그는 자신의 두려움을 극복했다는 사실만으로 더 나은 자신이 되었다고 느낀다.

데이비드는 20년 전에 소설을 쓰기 시작하지 않은 것을 후회한다고 한다. 그러나 두려움 때문에 중요한 것을 위해 사는 삶을 영원히 시작하지 못하는 사람들도 있다. 많은 사람들은 한 가지 이상의 두려움이 결합되어 그들이 이루고자 하는 목표들을 성취하지 못한다. 그들이 가진 목표는 다음과 같다.

- 사업 시작하기
- 다른 지역으로 이사하기
- 진로 변경하기
- 승진이나 연봉 인상 요구하기
- 새로운 일자리 찾기
- 한 단체의 리더 되기
- 새로운 친구 사귀기
- 동호회 가입하기
- 이웃 모임 개최하기
- 체육관 등록하기

위의 활동들을 하고 싶지만 두려움과 불안감 때문에 시도하지 못하는 사람들이 많다. 당신이 두려움 때문에 선뜻 하지 못하고 있는 일은 무엇인가?

성공하는 사람들이 실패를 다루는 방식

두려움은 무언가를 시작하는 것도 힘들게 하지만, 한 번 실패 후 재도전하기도 힘들게 만든다. 두려움을 극복하는 것은 한 번의 성취로 끝나는 것이 아니라 평생 지속해야 할 기술이다. 의미 있는 일을 추구하기 위한 첫 시도(혹은 두 번째, 세 번째 시도)는 당신이 기대한 것만큼 좋은 성과를 내지 못할 수도 있다. 그러나 언젠가 그 목표를 달성하기 위해서는 다시 시도할 줄 알아야 한다.

만약 당신이 한 가지 일에 성공했다고 해도 그 성공은 불안감을 일으키는 또 다른 새로운 도전을 가져온다. 예를 들어 당신의 프로젝트가 성공하면서 이제 대중 앞에서 연설을 해야 한다면? 어떤 사람들에게는 대중 앞에서 말하는 것이 죽기보다 더 겁나는 일이다. 혹은 당신의 사생활을 어느 정도 포기해야 한다면 어떨까? 당신이 권력의 유혹에 넘어간다면? 이것들은 실패에 대한 두려움이 아니라 성공했을 때의 두려움이다.

링크어골의 연구 결과는 우리의 진행 과정이 지연되는 이유가 무엇이든 두려움이 어떻게 '시도하고, 또 시도하라' 정신을 망칠 수 있는지 보여준다. 공포요인지수에 따르면, 목표를 성취하는 과정에서 첫 실패 후 재도전을 막는 세 가지 두려움은 실패에 대한 두려움(43퍼센트), 나이가 너무 많다는 두려움(37퍼센트), 가족과 친구에게 지지받지 못한다는 두려움(37퍼센트)이다.[2]

삶을 향한 완벽한 몰입

우리는 실패를 인정하는 사회에 살고 있지 않다. 특히 포토샵과 필터로 가득한 소셜미디어의 시대에는 더 그렇다. 남들에게 성공은 자랑스럽게 알리지만 실패한 경험을 공개적으로 밝히는 경우는 드물다. 그리고 가끔 실패담을 공유할 때도 자신이 어떻게 성공했는지를 알려주기 위해서다. 그러나 누구나 어떤 방식으로든 실패를 겪는다. 만약 당신이 시도한 후에 실패했다면 그건 아무 문제없다. 후회하지 않는 사람들과 후회하는 사람들의 차이점은 실패에 대처하는 방식이다.

어린이를 위한 책을 쓰던 조앤은 아직 책이 출판된 적은 없었지만 자신의 작품에 대한 믿음이 있었다. 그러나 안타깝게도 출판사들은 그렇게 생각하지 않았다. 열 군데가 넘는 출판사들이 그녀의 원고를 거절했다. 조앤은 처음 받은 거절 편지를 부엌 한쪽에 붙여놓고 볼 때마다 마음을 굳게 먹으며 끊임없이 도전했다. 수많은 시도 끝에 결국 자신의 작품을 출판해줄 출판사를 만나게 되었다.

그 작가는 바로 J. K. 롤링이다. 《해리 포터》 시리즈는 현대 청소년 소설로 세계적인 신드롬을 일으키며 유명해졌다.[3]

한 농구 선수는 광고에서 이런 말을 남겼다. "나는 선수 경력을 통틀어 9,000번의 슛에 실패했다. 또한 나는 300차례의 경기에서 졌다. 경기를 뒤집을 수 있는 결정적인 슛을 26번 실패했다. 나는 살아오면서 끊임없이 실패했다. 그것이 내가 성공한 이유다."[4]

그는 성공을 이뤄냈다. 그 사람은 바로 역사상 가장 위대한 NBA 선수 마이클 조던이다.[5]

'저건 나와 거리가 먼 이야기야. 나는 J. K. 롤링도, 마이클 조던도 아니니까.'라고 생각할 수도 있다. 당신의 생각이 맞다. 당신은 스코틀랜드의 대저택에 사는 작가가 되거나 당신의 이름을 딴 운동화가 있는 프로선수가 되지 않을 것이다. 그럴 필요가 없기 때문이다. 다만 당신만이 이 세상에 기여할 수 있는 목적과 소용이 있다. 두려움이 이를 실천하지 못하게 내버려둔다면 그건 창피한 일이 될 것이다.

일반적으로 사람들이 포기하지 않고 계속 시도하도록 용기를 북돋아주기 위해 이런 유명인들의 일화를 들려준다. 하지만 이 이야기에는 더 중요한 메시지가 숨어 있다. 우리가 계속 나아가기 전에, 우리를 포기하게 만든 두려움부터 극복해야 한다는 것이다.

자기 스스로를 방해하는 사람

키가 작고 체격이 다부진 40대 중반의 랜디는 언제나 수염을 짧게 다듬었다. 한 가정의 가장으로서 그는 제품 개발 매니저로 일하고 있다. 랜디는 열심히 일하며 가족을 부양하고 있지만, 일을 충분히 잘 해내지 못한다고 느낀다. 최근 들어 매일같이 실패의 두려움을 느끼는 그는 두려움이 지금까지 해낸 모든 훌륭한 일들을 방해하고 있다고 털어놓았다. 두려움 때문에 시도하지 못하는 것은 아니지만 두려움 때문에 성공을 온전히 누리지 못하기 때문이다.

"저는 어릴 때부터 제가 쓸모없는 사람이고 인생에서 의미 있는 일은 아무것도 성취하지 못할 거란 얘기를 끊임없이 들으며 자랐어요." 그가 말했다. "성인이 되고 어떤 삶을 살고 있든, 내가 얼마나 큰 성공을 거두었든, 어린 시절 내가 가장 사랑했던 사람들이 저에게 했던 이야기들이 잊히지 않아요. 아무리 지금 잘 해내고 있는 일이라도 언제든 제가 망쳐버릴 것 같은 생각이 들어요."

그는 직장에서 성공을 이뤄내도 그런 불안감은 사라지지 않았다고 설명했다. 오히려 갈수록 그 불안감이 더 확고해질 뿐이었다.

"회사에서 얼마나 대단한 승진을 했는지, 상사가 나에 대해 얼마나 좋은 말을 많이 해줬는지는 중요하지 않았습니다. 마음속 깊은 곳에서 나는 쓸모없는 사람이라는 믿음이 있었거든요. 심지어 모든 일이 순조롭게 진행되고 내가 맡은 일을 잘 해내고 있을 때도 내가 쓸모없는 사람이라는 걸 상사에게 들킬까 봐 끊임없는 두려움에 시달렸지요. 그런 두려움 때문에 승진할 기회도 거절한 적이 있어요. 더 높이 올라갈수록 모두가 내 진짜 모습을 알게 될까 봐 겁이 났거든요. 결국 내가 맡은 모든 직책을 내려놓고 새로운 곳에서 다시 시작했죠. 내가 얼마나 실력 없는 사람인지 남들이 알게 되는 것이 너무 두려웠어요."

랜디가 가진 실패에 대한 두려움(그가 어릴 때 들었던 메시지 때문에 생긴 두려움)은 애초에 성취할 수 있는 일도 끝까지 해내지 못하게 한다. "매일 그 생각이 뇌리에서 떠나지 않아요." 그가 말했다. "저는 지금까지 맡았던 멋진 일들을 모두 그만두었어요. 제가 그 일을 할 능력이 없어서가 아니라 두려움 때문에요." 랜디의 이야기는 우리가 목표를 향해 한 걸음 내딛더라도 실패의 두려움이 어떻게 우리의 잠재력을 온전히 발휘하지 못하게 막을 수 있는지 보여준다.

분명한 사실은 두려움이라는 방해 요인이 당신이 가진 모든 잠재력을 발휘하지 못하게 가로막을 수 있다는 것이다. 당신과 가장 가까운 사람들은 당신이 성공하길 바란다.

실패를 두려워하는 사람들의 특징

실패의 두려움은 세 가지 시점에서 영향을 미친다. 무언가를 시작할 때, 한 번의 실패 후 다시 시도할 때, 우리가 성장해나갈 때다. (마지막이 바로 랜디가 실패한 단계다.)

신경심리학자이자 《브레인블록스Brainblocks》의 저자 테오 사오시디스Theo Tsaousides는 단기적으로 실패에 대한 두려움이 우리가 추구하는 목표의 종류와 그 목표를 성취하는 방법에 영향을 미친

다고 말한다. 예를 들어, 실패를 두려워하는 사람들은

- 이익을 얻는 것보다 손실을 예방하는 데 더 큰 노력을 들인다.
- 자신이 평가받거나 비판받을 수 있는 상황을 회피한다.
- 자신에 대한 기준을 낮게 설정한다.
- 목표를 성취하기 위한 자신의 노력을 깎아내리는 장애물을 만들어 이후에 장애물에 책임을 넘긴다.

이것은 실패의 두려움이 일으키는 단기적인 결과일 뿐이다. 만약 실패에 대한 두려움이 지속되게 내버려둔다면, 단지 목표를 성취하지 못하는 것에서 끝나지 않을 수 있다. 실제로 우리가 어떤 사람으로 성장하는지에 부정적인 영향을 미치게 될 것이다. 사오시디스는 이렇게 말했다.

"장기적으로 실패의 두려움은 사람의 신체·정신 건강에 영향을 미치는 더 심각한 문제를 일으킬 수 있다. 실패의 두려움을 가진 사람들은 자주 피로를 느끼고 기력이 떨어지며 감정적으로 지치고, 자기 삶에 불만족하며 만성적 근심이나 절망을 경험하고, 객관적으로 관련 분야에서의 성과가 떨어진다."[6]

내 두려움에 이름 붙여주기

두려움이 어떻게 당신의 잠재력과 목적의식을 방해하는지 읽으며 고개를 끄덕이고 있는가? 당신의 두려움은 무엇인가? 지금쯤이면 좁은 공간에서 느끼는 공포나 피를 보는 것에 대한 두려움, 높은 곳에서 느끼는 공포를 말하는 것이 아니라는 걸 잘 알 것이다. 당신이 가진 모든 잠재력을 실현하지 못하게 막고 있는 두려움은 무엇인가?

단순히 당신이 몇 가지의 두려움을 갖고 있다는 사실을 인정하는 것만으로 충분하지 않다. 두려움의 콧대를 꺾고 이를 극복하고 싶다면, 당신이 가진 두려움에 대해 얘기할 수 있어야 한다.

내가 먼저 해보겠다. 현재 내가 중요한 일을 성취하지 못하게 막는 두려움은 '불편함'에 대한 두려움이다. 솔직히 말하면 나는 편안한 삶을 살고 있다. 작은 삶을 사는 나는 많은 물건을 소유하고 있지 않기 때문에 소유물이 주는 편안함을 말하는 건 아니다. 내가 중요하게 생각하는 것은 내가 나의 일정과 업무의 특성을 통제할 수 있느냐다. 나는 몇 시간 동안 일을 할지, 어떤 일을 할지 결정한다. 누구를 만날지, 그 사람을 언제 만날지 결정한다. 내 시간과 선택은 나의 것이다. 이렇게 좋은 걸 왜 망치고 싶겠는가?

어떤 사람들에게는 자신의 스케줄을 조절할 수 있는 것이 궁극적인 성공의 상징이다. 하지만 내 생각은 다르다. 어쩌면 나의 편

삶을 향한 완벽한 몰입

안함보다 더 중요한 것이 있을지 모르기 때문이다.

최근 나와 아내 킴은 갈등을 겪고 있는 커플들을 위해 부부 상담을 해달라는 요청을 받았다. 킴은 우리가 이 기회를 흘려보내선 안 된다고 느꼈다. 우리는 건강한 결혼생활을 하고 있었고, 오랜 세월 목사로 지냈던 나는 커플들이 건강한 결혼생활을 할 수 있도록 돕는 것이 얼마나 중요한지 알고 있었지만 거의 즉각적으로 그 요청을 거부하고 싶은 마음이 들었다.

결국 나는 한 걸음 뒤로 물러나 내가 왜 그렇게 반응했는지 자문했다. 부부 상담은 내 자유시간을 많이 잡아먹을 뿐만 아니라 다른 사람들의 힘든 상황에 뛰어들어야 하기 때문이었다. 항상 내가 원하는 시간에 사람들을 도울 수 있는 건 아니기 때문에 나에게 편하지 않은 일이었다. 불편함에 대한 나의 두려움이 중요한 일을 하지 못하게 막고 있었다.

공포요인지수에서 살펴봤듯이, 사람들이 의미 있는 일을 하지 못하게 가로막는 가장 흔한 두려움은 실패에 대한 두려움이다. 하지만 다음과 같은 다양한 두려움들이 작용할 수도 있다.

- 거절에 대한 두려움
- 미지에 대한 두려움
- 무능함에 대한 두려움
- 가진 것을 잃는 것에 대한 두려움
- 소외되는 것에 대한 두려움

- 변화에 대한 두려움
- 통제력 상실에 대한 두려움 (내가 가진 두려움이다.)
- 불편함에 대한 두려움 (이것도 나다.)
- 자기 자신이 되는 것에 대한 두려움
- 성공하지 못하는 것에 대한 두려움
- 비난받거나 웃음거리가 되는 것에 대한 두려움
- 상처받는 것에 대한 두려움
- 지도자들에 대한 두려움
- 사생활이 노출되거나 사생활을 잃어버리는 것에 대한 두려움
- 성공에 대한 두려움

다양한 두려움을 언급했지만 실제로는 이보다 훨씬 더 다양할 것이다. 이 시점에서 위안이 되는 말을 하자면, 사람들이 걱정하는 85~90퍼센트의 일은 절대 일어나지 않는다. 게다가 이것은 누군가의 의견이 아니라 사실이다! 심지어 걱정이 현실로 일어난다고 해도 결과는 우리가 예상했던 것보다 낫다.' 한마디로, 잠재적 보상은 보통 위험을 감수할 만한 가치가 있다. 특히 의미 있는 일들을 성취할 때는 더 그렇다.

또한 내 경험상 두려움을 마주하고 극복하다 보면 용기가 생긴다. 뒤돌아보면 한때 어마어마한 산처럼 느껴졌던 두려움이 과속방지턱처럼 작게 느껴진다. 그러므로 지금 우리 앞에 있는 큰 산도 정복할 수 있다는 자신감이 생긴다.

치료 전문가들이 두려움 문제들을 치료할 때 '습관화'라고 부르는 방법을 많이 권한다. 이것은 두려워하는 것을 서서히 반복해서 접하는 과정이다. 이 과정을 통해 그것에 익숙해지고 결국 두려움을 다룰 수 있게 된다. 하지만 반대로도 작용할 수 있다. 두려움을 유발하는 일들을 계속 회피한다면, 두려움은 더 악화된다.[8]

두려움을 극복하는 것이 쉬운 일이 아닌 데다가 한 가지 두려움을 극복하고 나면 또 다른 두려움이 기다리고 있을 수 있다. 그래도 우리의 두려움을 직면하자. 적어도 우리는 앞으로 나아가고 있다. 당신이 더 쉽게 나아갈 수 있도록 두려움에 대한 생각을 바꿀 수 있게 도와주겠다.

무의미한 죽음을 두려워하라

20세기 문화인류학자인 어니스트 베커Ernest Becker는 여러 권의 책을 통해 사람들의 행동은 대부분 죽음에 대한 두려움에 근거를 두고 있다고 밝혔다. 베커에 따르면 사람들이 두려워하는 것은 육체적 죽음이 아니다. 인류의 가장 큰 두려움은 의미 있는 삶을 살지 못한 채 죽는 것이라고 말한다. "인간이 진정으로 두려워하는 것은 소멸이 아니라 무의미한 소멸이다. 인간은 자신을 위해서가 아니더라도 더 큰 틀에서 어떤 방식으로든 자기 삶이 중요하며 의미 있는 흔적을 남겼다는 것을 알고 싶어 한다."[9] 나도 그의 주장에 전적으로 동의한다.

그러나 이런 두려움은 실패에 대한 두려움 같은 다른 두려움들처럼 직접적이거나 분명하게 다가오지 않을 수 있다. '내가 가진 모든 잠재력을 발휘하지 못한다고 해도 누가 알겠어? 그렇지만 오늘 내가 실패한다면 그건 모두가 알아버리겠지.'라고 생각할 수도 있다. 그러나 당신은 안다. 당신은 인생의 마지막 순간이 되었을 때 이런 생각 때문에 놓친 기회들을 후회할지도 모른다.

이 책에서 우리는 '무의미한 죽음에 대한 두려움'에 중점을 두고 적절히 대응하는 방법을 알아볼 것이다. 무의미한 죽음에 대한 두려움이 우리가 의미 있는 일을 하게끔 만든다면, 이것은 좋은 종류의 두려움이다. 우리가 성숙해질수록 이것의 중요성을 더 절실히 느끼게 된다.

그렇기 때문에 당신이 목표를 성취함에 있어 어느 단계에 있든, 당신이 어떤 두려움에 직면해 있든, 내가 당신에게 줄 수 있는 조언은 한 가지다. 당신의 잠재력을 모두 발휘해보지 못한 채 인생의 마지막을 맞이할 때를 상상해보자. 그것이야말로 정말 무서운 일이다! 당신은 그렇게 되지 않을까 두려워해야 한다. 사실 당신뿐만이 아니라 우리 모두 당신이 두려움에 굴복할까 봐 겁내야 한다. 왜냐하면 우리는 모두 당신만이 이 세상에 기여할 수 있는 도움을 필요로 하기 때문이다.

이 시각화 훈련이 당신의 관점을 바꿀 수 있다. 당신이 앞으로

삶을 향한 완벽한 몰입

나아가는 데 방해가 되는 두려움에 대한 생각보다는 당신에게 의미 있는 일들을 성취하지 못할지도 모른다는 훨씬 더 중대하고 타당한 두려움에 대해 더 생각하게 될 것이다.

당신의 인생이 낭비되는 것을 두려워하라. 목적을 성취하지 못하는 것에 대한 두려움이 시도하는 두려움보다 커질 때 두려움은 더 이상 당신의 길을 가로막지 못한다.

스스로에게 맹세하기

이를 가장 잘 이해하는 사람은 멜라니 커크라는 젊은 영국 여성이다. 그녀는 '내 인생의 가장 큰 두려움'이라는 제목의 기사를 통해 자신의 이야기를 공유했다. 그녀는 어떤 두려움을 가지고 있을까? 그것은 바로 살면서 의미 있는 일을 아무것도 하지 않는 것이다. 멜라니는 하루하루를 제대로 쓰지 못했다고 생각하며 인생의 마지막을 마주하고 싶지 않다고 말했다.

멜라니는 학사 학위를 취득했지만 자신이 선택한 분야가 마음에 들지 않았다. 그녀는 학교를 졸업하자마자 갇혀 있는 듯한 느낌이 드는 일은 절대 하지 않겠다고 맹세했다. 멜라니는 다짐대로 유기농업과 같이 자신이 옳다고 믿는 일을 했다.

최근에 멜라니보다 어린 친척이 갑자기 세상을 떠났다. 그녀는 모두가 반드시 긴 인생을 보장받는 게 아니라는 사실을 다시금 깨달았다. 하고 싶은 일을 할 수 있는 시간은 한정되어 있다. 그래서 그녀는 자신과 또 다른 맹세를 했다.

- 하루하루가 내 인생의 한 번뿐인 기회인 것처럼 살기로 맹세한다. 왜냐하면 그것이 사실이기 때문이다.
- 내 인생을 의도적으로 살기로 맹세한다.
- 중요하지 않은 일들에 시간을 낭비하지 않기로 맹세한다.
- 내 안전지대를 벗어나기로 맹세한다.
- 내 신념에 대한 열정과 용기를 갖고 살기로 맹세한다.
- '~면 어쩌지?'라는 생각은 내려놓기로 맹세한다.
- 상황이 힘들어진다고 해도 절대 포기하지 않기로 맹세한다. 왜냐하면 결국 인생은 낭비하기엔 너무 값진 선물이기 때문이다.[10]

그녀의 맹세를 다시 천천히 읽어보자. 그중에서 동의하지 않는 서약이 있는가? 우리 모두가 살고 싶은 삶을 묘사하고 있지 않은가? 우리가 그녀와 비슷한 다짐을 한다면 세상이 어떻게 변화할지 상상해보자. 당신의 삶은 어떻게 변할까?

삶을 향한 완벽한 몰입

생계에 대한 불안을 극복하는 법

의미 있는 일을 성취하는 사람들을 보며 우리는 '저 사람들은 참 쉽게 이루네.'라고 생각한다. 나는 그것이 사실이라고 생각하지 않는다. 오히려 성공한 거의 모든 사람들은 지금의 모습이 되기 위해 다양한 두려움을 극복했다고 믿는다. 당신의 삶에 롤모델이나 멘토가 있다면 그들에게 물어보자. 그러면 그 사람도 자기만의 두려움을 극복해야 했고, 아마 지금도 이겨내는 중이라는 걸 알게 될 것이다. 모든 인간은 두려움과 자기에 대한 의심, 걱정, 불안을 갖고 있다. 그래도 그들은 두려움을 마주한다. 그리고 두려움이 감당할 만한 것임을 안다.

나는 2008년 소유를 줄이기 시작한 첫 주에 〈작은 삶을 사는 법〉이라는 블로그를 개설했다. 당시 나는 목사였고, 평생 목사로 살고 싶을 만큼 그 일이 좋았다. 그러나 〈작은 삶을 사는 법〉의 구독자가 점점 늘면서 나는 블로그를 통해 내 이야기를 공유하고 최대한 많은 사람들을 돕고 싶었다. 구독자들은 내 예상을 뛰어넘는 뜨거운 반응을 보여줬다. 나는 '목사를 그만두고 블로그를 본업으로 삼아야 할까? 나보다 뛰어난 목사들은 많지만 다른 사람들이 소유를 줄일 수 있도록 돕는 사람은 많지 않은 것 같아.'라는 생각이 들었다. 오랜 고민 끝에 친한 친구들과 아내의 격려를 받으며 나는 도약을 결심했다.

내가 목사를 그만두고 블로그를 본업으로 삼기까지의 과정이 쉬웠을 것으로 생각하는 사람들도 있다. 그러나 사실은 나도 3년 반이라는 괴로운 시기를 거쳤다. 완전히 자리를 잡기 전까지 매일 두려운 마음이 들었다. 그리고 매일 모든 것이 무너져내릴 것 같은 두려움 속에서 살았다.

당시 일곱 살이던 딸을 눈물 쏟게 만든 사건도 있었다. 전혀 자랑스러운 이야기는 아니지만 어떻게 두려움이 모든 사람을—두려움을 극복하는 방법에 대해 글을 쓰고 있는 사람조차도—방해할 수 있는지 잘 보여준다.

어느 날, 딸 알렉사와 네 살 많은 아들 세일럼은 저녁을 먹으며 학교 급식에 대해 얘기하고 있었다. 다른 아이들처럼 알렉사와 세일럼도 학교 구내식당에서 파는 음식들을 마음에 들어 하지 않는 것 같았다. 나는 "학교 음식을 그렇게 싫어하면 안 될 텐데. 아빠가 지금 운영하는 블로그로 성공하지 못하면 우리 가족이 저녁으로 먹을 음식을 학교에서 챙겨와야 할지도 모르거든."이라고 농담을 던졌다. 꽤 재미있는 농담이라고 생각했다. 그런데 갑자기 알렉사가 울음을 터뜨렸다. 세일럼은 조용히 식탁에서 일어났다.

얼마 후 아내는 이렇게 말했다. "조슈아, 아이들 앞에서 아까 같은 얘기는 안 하는 게 좋겠어." 사실 나는 지난 2년 동안 블로거로 자리 잡지 못하는 나의 상황에 대한 농담을 수도 없이 하다가 그날 저녁에 정점을 찍은 것이었다. 그러나 나는 이런 농담이 아이들에게 얼마나 큰 영향을 미치는지 그날 처음 깨달았다. 세일럼과

삶을 향한 완벽한 몰입

알렉사는 가장인 내가 더 이상 돈을 벌지 못할까 봐 진심으로 걱정했다.

세일럼과 알렉사만 겁먹은 게 아니었다. 킴과 나도 앞으로의 재정 상태가 걱정되었다. 특히 가장이었던 나는 더 두려웠다. 나는 인터넷으로 작은 삶을 장려하는 새로운 일을 시작하겠다는 목표를 세웠고, 나에게 중요한 이 목표를 성취할 준비도 되어 있었다. 하지만 위험이 따랐다. 어쩌면 이 블로그는 부업으로 적합한 것인지도 몰랐다. 어쩌면 가족을 부양하며 본업으로 삼을 만한 일이 아닐 수도 있었다. 나는 평생 꼬박꼬박 월급을 주는 조직에서 일을 했는데 이제 그런 안정감을 포기하는 것이었다. 혹시 내가 사장이 되는 데 소질이 없는 사람이라면?

나는 재정적인 위험 부담 때문에 아주 서서히 전업 블로거로 전환했다. 1년 반 동안 가능성을 고민하며 버몬트에 있는 교회에서 일하는 동안 블로그는 여가 시간에 하는 프로젝트로 접근했다. 예정대로 2년 동안 버몬트에서 일한 후 애리조나의 교회에서 목사 일을 맡게 되었다. 내 계획에 따르면 그 시기쯤엔 블로그가 한 단계 성장해 있고 이것이 나의 주된 소득원이 되어 있어야 했다.

그리고 결국 그렇게 되었다.

되돌아보면 3년 반 동안의 전환 과정에서 느낀 두려움은 별거 아닌 것처럼 느껴진다. 산처럼 우리를 가로막는 두려움이 나중에 보면 과속방지턱처럼 보일 수 있다고 얘기했는데, 이것이 바로 그런 상황이었다. 작은 삶에 대한 블로그로 버는 수익으로 가족들을 부양할 수 있었고 아이들은 학교에서 점심을 훔쳐 올 필요가 없게 되었다.

내가 두려움을 극복하기 위해 실천한 사소하지만 현실적인 방법들을 더 자세히 소개해보겠다. 블로거를 본업으로 삼았을 때 나는 온라인으로 한 달에 2,000달러를 벌었다. 아내와 나는 대출금과 건강보험을 포함해 네 명의 가족 생활비로 한 달에 4,000달러 정도가 필요하다는 결론을 냈다(작은 삶 덕분에 휴가나 생필품이 아닌 쇼핑은 포함하지 않아도 되었다). 당시 우리는 3년 동안 열심히 일해 모아놓은 돈이 18,000달러 정도 있었다. 생활비로 매달 2,000달러가 부족했기에 저축한 돈으로 9개월은 버틸 수 있었다.

나는 9개월 안에 블로거로 자립하지 못한다면 이 일을 본업으로 삼아선 안 된다고 판단했다. 10여 년이 흐른 지금 나는 여전히 블로그를 운영하고 있고 이보다 더 행복할 수는 없다. 이것이 내 소명이자 목적이라고 믿는다. 당시에는 정말 힘들었지만 단 한 순간도 내 선택을 후회한 적 없다.

물론 경제적 혹은 관계적 안정감을 주는 안전망을 갖고 있다면 당신에게 의미 있는 새로운 일을 시작할 때 실패에 대한 두려움을 더 쉽게 극복할 수 있다. 새로운 사업이 실패하더라도 한동안은 부모님 집에 얹혀살 수 있는 상황이라면 두려움을 극복하는 데 도움이 된다. 필요하다면 일찍 의지할 수 있는 노후 자금이 있다든가 예전 직장에 복귀할 수 있다는 걸 알아도 도움이 된다. 이런 경우에는 시도하는 두려움을 어느 정도 해소할 수 있다.

두려움을 극복하는 일은 무모한 결정을 하는 것이 아니다. 필요하다면 안전망을 준비해두자. 내가 강조하고 싶은 것은 안전망을 준비하되, 이를 자각하고 의식해야 한다는 것이다. 정말 준비되지 않았거나 시기가 맞지 않아 망설이는 것과 두려움 때문에 망설이는 것은 다르다. 안정에 대한 욕구는 두려움에서 나오는 것일 수 있고, 신중함은 일을 미루는 구실이 될 수 있다.

어떤 일이 있더라도 현명함을 잃지 말자. 새로운 미래를 설계하거나 중대한 삶의 변화를 이루기 전에 행동의 결과를 먼저 생각해보자. 하지만 시도할 때가 되었을 때 불안감 때문에 망설이지는 말자. 세상은 당신만이 줄 수 있는 도움을 필요로 한다. 당신에게도 세상에 기여할 수 있는 일이 필요하다.

당신은 이미 충분히 용감하다

두려움과 욕망은 밀접하게 연관된 감정이다. 예를 들면 굶주림을 두려워하는 사람은 부를 갈망하고, 변화를 두려워하는 사람은 안정감을 갈망한다. 외로움을 두려워하는 사람은 사람들과의 관계를 갈망한다. 실패를 두려워하는 사람은 편안함을 갈망한다.

모든 두려움이 잘못된 것은 아니지만 모든 두려움은 그것과 반대되는 욕망을 일으킨다. 우리는 모든 두려움을 없앨 수는 없지만, 잠재력을 발휘하며 살지 못하는 데서 오는 두려움이 실행에 옮기고 변화를 일으키지 못하게 방해하는 다른 어떤 두려움보다 더 클 수 있도록 두려움의 우선순위를 결정할 수는 있다. 두려움이 없는 상태에서 행동하는 것이 아니라 두려움에 직면한 상태에서 행동하는 것이 진짜 용기다. 오즈의 마법사에 나오는 불후의 명언이 있다. "진정한 용기는 두려움에도 불구하고 위험에 맞서는 것이며, 당신은 이미 그런 용기를 충분히 가지고 있다."¹¹

우리를 의미 있는 삶에서 멀어지게 만드는 외부 방해 요인들을 살펴보기 전에 생각해봐야 할 질문이 있다. 만약 평생 사는 동안 위험을 감수한 적이 한 번도 없다면 당신은 인생의 마지막 순간에 이를 후회할 것인가? 아마도 그럴 것이다.

두려움은 해로운 방식으로 우리가 목표를 성취하고 잠재력을 한껏 발휘해 세상에 도움의 손길을 건네지 못하게 한다. 당신은 오랫동안 향수 판매원으로 근무한 자오나 살면서 더 의미 있고 보람된 일을 시도해보지 못한 것을 후회하는 다른 수많은 사람들처럼 되고 싶지 않을 것이다.

두려움이 당신이 항상 바라던 대로 목적의식을 갖는 삶을 살지 못하게 방해한다면, 당신 안에 숨겨져 있는 두려움을 발견하고 의도적으로 그 두려움의 방향을 바꿔보자. 우선 첫째로 한 번뿐인 당신의 삶을 낭비하는 것을 두려워해보는 것이다.

　　　　　　　　　　　　　　　삶을 향한 완벽한 몰입

4장

'과거의 실수'를
받아들일 것이다
상처에 발목 잡히지 마라

우리가 갈망하는 가능성과 상처받은 기억,
과거의 실수들 사이에는 언제나 불안이 존재한다.
— 션 브래디

디애나 허치슨Deanna Hutchison은 성공한 블로거이자 연설가다. 그녀는 하나님 덕분에 마음의 평화를 찾았고, 신혼생활을 즐기고 있었으며, 자기 일에서 성취감을 느꼈다. 하지만 오랜 세월 과거의 실수가 그녀의 인생을 비롯한 모든 것을 앗아간 듯 살았다.

다른 많은 사람들처럼 디애나가 가진 문제도 어린 시절까지 거슬러 올라가야 했다. 그녀의 아버지는 세일즈맨으로 근무했고 어머니는 집에서 자녀의 양육을 맡았다. 직장에서 많은 시간을 보내던 아버지는 퇴근 후에도 직장에서의 일로 스트레스를 받았다. 그는 딸을 사랑했지만 늘 불같이 화를 내고 엄격한 태도로 일관했다. 그녀는 정서적 안정감을 얻지 못했다.

그녀는 10대 시절을 되돌아보며 이렇게 말했다. "내 마음은 부정적인 자기 대화와 거짓말로 가득했어요. 내가 충분히 잘하고 있다는 생각은 한 번도 해본 적 없었죠. 나는 하찮은 사람이고 모든 일을 망칠 거라 생각했어요. 성인이 되고도 그런 생각이 머릿속을 떠나지 않았습니다. 말 그대로 내가 멍청하다고 생각했거든요."

이렇게 부정적인 생각 때문에 디애나는 외부에서 자신의 가치를 찾으려 했다. 그녀는 음주, 약물, 나쁜 남자들과의 연애에 빠졌다. 30대가 되었을 때 디애나는 알코올과 약물에 중독되었고 그녀의 인생은 끝난 것 같았다.

그녀에게는 결혼해 다섯 명의 아이들을 낳고 싶다는 꿈이 있었지만, 이제는 그런 미래를 그릴 수 없을 것 같았다. 디애나는 교사라는 꿈도 있었다. 실제로 고등학교 수학 선생님으로 근무하기도 했지만, 알코올과 약물 중독 때문에 이마저도 포기해야만 했다. 결국 혼자가 된 그녀는 빚더미에 올랐고 우울증을 앓게 되었다. 빨리 상황이 바뀌지 않으면 그녀는 죽거나 미쳐버릴 것이라고 확신했다.

디애나는 자신이 어떻게 이 지경까지 이르게 되었는지 고민하기 시작했다. '내가 어떻게 30대에 이런 중독자가 되었을까?' 그녀는 자문했다. '나는 왜 남자들이 나를 이렇게 함부로 대하도록 내버려두었을까? 꿈이 가득하던 내 모습은 어디로 가버린 거지?' 그녀는 무슨 수를 써서라도 이 질문들에 대한 답을 찾기로 결심했다.

그녀의 문제는 어린 시절 아버지와의 관계에서 비롯되었고, 그녀가 말했듯이 종교생활을 시작하며 인생의 전환점을 맞았다. 사람들은 과거에 겪은 상처에서 치유되기 시작할 때 각자 다른 종류의 전환점을 맞이하는데, 디애나의 경우는 영적인 전환점이었다.

2009년, 36세가 된 디애나는 최선을 다해 중독에서 벗어났고 일을 하며 빚도 청산하기 시작했다. 과거에서 비롯된 문제들은 여전히 존재했지만, 그녀의 삶에는 이제 문제를 극복한 경험도 많았다.

디애나는 우리에게 이렇게 충고한다. "우리가 건강하지 않은 대처 기술을 만든 과거로 돌아가 용기를 내 이를 용서하고 치유하며 새로운 대처 기술을 익히지 않는다면, 과거의 상처에 다시 부정적으로 반응하게 될 것이다."

실수투성이 삶을 마주하기

디애나의 말이 맞다. 우리에게 의미 있는 일을 추구할 때 과거의 실수들은 앞으로 나아가는 것을 방해하거나 제지하는 요인이 될 수 있다. '과거의 실수'란 발전이나 성과를 이룰 수 없게 하는 당신이 저지르거나 혹은 당신에게 일어난 모든 부정적인 일을 의미한다. 아동 학대처럼 단지 '실수'라는 단어로 표현하기에는 너무 심각하거나 지나치게 사악한 경우도 있다. 사소한 것이든 심각한 것이든, 우리가 저지른 것이든 다른 사람이 저지른 것이든 과거의 실수는 우리를 곤경에 빠뜨린다.

모든 사람은 어떤 방식으로든 과거에 겪은 문제들에 영향을 받는다. 많은 경우, 과거의 실수나 고난은 우리의 발목을 붙잡고 앞으로 나아가지 못하게 한다. 이런 방해 요인을 극복하기 더 힘든 이유는 우리 삶을 힘들게 만드는 것은 한 가지 문제가 아니라 여러 가지 실수와 학대가 뒤섞여 있기 때문이다. 우리는 수심과 죄책감을 느낀다.

쉽게 잊을 수 있는 실수도 있지만, 장기적인 영향을 미치는 것들도 있다. 과거의 실수는 애초에 우리가 의미 있는 일을 성취하려는 꿈을 꾸지 못하게 할 수도 있으며, 앞서 얘기한 두려움들의 원인이 되기도 한다. 우리가 삶의 목표를 추구하려 할 때 과거의 실수는 우리를 끝까지 따라다니며 괴롭힌다. 나는 이것을 방해 요인(distraction)이라고 부르는데, 가끔은 탈선(derailment)이라 부르기도 한다. 기차 탈선 사고처럼 인생을 엉망진창으로 만들기 때문이다. 결국 우리는 이런 방해 요인 때문에 여러 가능성과 기회를 놓치고 후회하게 된다.

- 과거의 실수는 우리가 변화를 수용해야 할 때 망설이게 만든다.
- 과거의 실수는 우리가 용감해져야 할 때 불안하게 만든다.
- 과거의 실수는 우리가 우리 자신을 믿어야 할 때 보잘것없는 존재로 느끼게 한다.
- 과거의 실수는 우리가 꿈을 크게 가져야 할 때 오히려 소심하게 만든다.
- 과거의 실수는 우리가 'Yes'를 외쳐야 할 때 자신에겐 'No'밖에 없다고 믿게 만든다.

많은 사람들이 과거의 실수에 대해 곰곰이 생각하거나 그 실수 때문에 자신은 자격이 없다고 믿는 데 너무 많은 시간을 허비한다. 많은 이들이 그들에게 의미 있는 일을 할 엄두를 내지 않는 가장 흔한 이유 중 하나가 바로 이것이다. 당신은 어떠한가? 과거의 실수는 어떤 모습을 하고 있는지에 대한 더 자세한 설명을 읽으며 당신의 인생 항로를 결정짓는 데 큰 역할을 한 과거의 사건이나 패턴을 생각해보자.

과거의 실수는 다양한 모습을 하고 있다. 한 가지 기억해야 할 점은 어떤 사람들은 어떤 사건을 일생의 실수로 보는 반면에 어떤 사람들은 같은 사건을 실수로 정의하거나 더 이상 실수라고 부르지 않을 정도로 회복한다는 사실이다.

한 사람의 인생을 탈선시킬 수도 있는 몇 가지 실수들은 다음과 같다.

- 학교 자퇴
- 어리석은 투기적 사업
- 파산
- 결혼 생활 중 불륜
- 타인에 대한 학대
- 타인을 다치게 한 사고
- 사람들 앞에서 창피당한 일
- 당신의 아이에게 화를 내고 아이를 멀어지게 한 일
- 평생 기록에 남을 범죄를 저지른 것

일회성 실수가 아닌 경우도 있다. 나쁜 습관이나 중독, 비관적인 성향과 같은 패턴은 너무 깊이 몸에 배서 없앨 수 없는 본성처럼 보일 수도 있다. 예를 들면,

- 전에도 여러 번 알코올을 끊었다가 다시 마신 적이 있다.
- 사회성이 부족하고 사람들과 잘 어울리지 못한다.
- 항상 부주의하고 지저분하며 비효율적이다.

- 빚의 덫에서 벗어나지 못한다.
- 자기 자신을 망가뜨린 경험이 여러 번 있다.
- 당신만의 경계선을 잘 지키지 못하고 계속해서 이용당한다.
- 우유부단하다.
- 완벽주의자다.
- 항상 걱정이 많고 패배주의적이다.

그리고 우리는 우리가 변화할 능력에 대해 마음대로 추정하기도 한다. 지금까지 이 책에서 인생의 목표들을 살펴보면서 다음과 같은 생각을 하거나 입 밖으로 꺼낸 적 있는가?

- 어디서부터 시작해야 할지 모르겠어.
- 너무 늦었어.
- 나는 나이가 너무 많아.
- 나는 그럴 능력이 없어.
- 나는 지금까지 이런 일은 해본 적 없어.
- 작은 목표도 나에게는 충분해.
- 나는 리더가 아니야.
- 나는 적합한 교육(경험, 자격증 등)을 받은 적 없어.
- 나는 절대 ~는 못할 거야.

마지막으로 어쩌면 가장 고통스러운 것은 어쩔 수 없는 상황이 일어났거나 다른 사람들이 당신에게 해를 가한 경우다. 디애나 허치슨이 인생의 내리막길을 걷게 된 이유는 아버지의 나쁜 성격 때문이었다. 이처럼 우리에게 영향을 미치지만 우리의 책임이 아닌 '실수'로는 상실, 상해, 배신, 범죄, 재해 등이 있다.

당신이 인생의 목표를 위해 앞으로 나아갈 때 고려해야 할 다음과 같은 요인이 있는가?

- 장애
- 유기 혹은 방치
- 만성질환
- 언어·성·신체 폭력
- 인종차별
- 사랑하는 사람의 상실

나는 위에서 언급한 과거의 실수들을 가볍게 여기는 것이 아님을 분명히 밝혀둔다. 하지만 너무 많은 사람들이 이런 일들을 마주하고 극복하는 대신 그 안에 갇혀 앞으로 나아가지 못한다. 만약 우리가 건강해지기를, 완벽해지기를, 모든 면에서 준비되기만을 기다린다면 아무것도 성취할 수 없을 것이다. 지금까지 일어난 모든 값진 일들은 결점과 상처를 가진 누군가가 성취한 것이다. 상처의 정도는 모두 다르지만 세상에 상처 없이 완벽한 사람은 없다.

삶을 향한 완벽한 몰입

성공한 사람의 75%는 고난을 극복했다

사람들의 삶에 얼마나 이런 방해 요인이 만연할까? 우리가 실시한 조사에서 "당신이 바라는 미래를 성취하는 데 과거의 실수가 걸림돌이 되는가?"라는 질문에 응답자의 61퍼센트가 "어느 정도"에서 "아주 많이"라고 답했다.

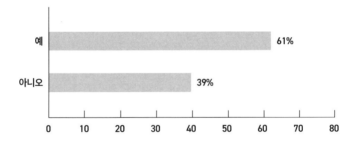

Q. 당신이 바라는 미래를 성취하는 데 과거의 실수들이 걸림돌이 되는가?

또한 "누군가가 당신에게 저지른 잘못된 일들이 당신이 바라는 미래를 성취하는 데 얼마나 걸림돌로 작용하는가?"라는 질문에 55퍼센트의 응답자가 "어느 정도"에서 "아주 많이"라고 답했다.

이렇게 많은 잠재력이 억눌려 있으니 얼마나 슬픈 일인가! 세 명 중 두 명은 자신의 과거가 어떤 식으로든 그들이 바라는 미래에 걸림돌이 된다고 말한다. 과거의 실수에 가로막힌 사람들뿐만

Q. 누군가가 당신에게 저지른 잘못된 일들이 당신이 바라는 미래를 성취하는 데
걸림돌이 되는가?

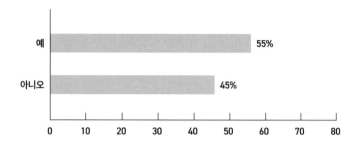

아니라 실수를 극복하고 완전함을 얻음으로써 도움을 받을 수 있
는 수많은 사람들을 생각할 때 마음 아픈 일이다.

우리를 짓누르는 과거의 실수에서 벗어날 수 있다는 희망을 품
을 수 있을까? 수많은 사례가 과거의 파멸에서 일어설 수 있다는
걸 보여준다. 과거의 실수라는 방해 요인은 최근에서야 생긴 새로
운 것이 아니라 인류만큼이나 오래되었다.

1962년 빅터와 밀드리드 괴르첼은 《세계적 인물은 어떻게 키
워지는가Cradles of Eminence》라는 책에서 루이 암스트롱, 프리다 칼
로, 엘레노어 루즈벨트, 헨리 포드 등 400명이 넘는 성공한 사람
들의 인생을 살펴보았다. 이 책에서 발견한 연구 결과는 오늘날까
지 회자되고 있다. 괴르첼이 연구한 사람들 중 75퍼센트는 "가난,
학대, 부모의 부재, 알코올 중독, 심각한 질병이나 다른 불행들과

같은 심각한 문제를 가진 가족 환경에서 성장했다."²

괴르첼의 책이 나오고 55년 후 〈월스트리트저널〉의 기고가인 멕 제이는 "오늘날 괴르첼이 같은 연구를 진행한다면 성공한 남성과 여성 중 힘겨운 어린 시절을 보낸 사례를 훨씬 더 많이 찾을 수 있을 것이다. 오프라 윈프리, 하워드 슐츠, 르브론 제임스, 소니아 소토마요르 등이 있다. 오늘날 우리는 이들을 묘사할 때 '회복탄력성resilient'이라는 표현을 사용한다."³

회복탄력성. 결의. 굴복하지 않는 사람. 이것이 어린 시절의 고난을 이겨낸 사람과 그렇지 않은 사람들의 차이점이다.

어쩌면 이제 이런 단어들을 듣는 것이 너무 식상할 수도 있다. 어쩌면 더 이상 굴복하지 않고 싸우는 것에 지쳤을지도 모른다. 그러나 당신이 꼭 들어야 할 이야기가 있다. 세상은 당신이 포기하지 않는 사람이 되길 바란다. 과거에 어떤 상처를 갖고 있든지 당신의 삶을 받아들이길 바란다. 당신 내면에 숨겨진 잠재력이 더 이상 그 안에만 머물러 있길 바라지 않는다.

회복탄력성을 배우는 방법은 한 가지밖에 없다. "어린 시절의 고난을 극복하는 것은 실로 경이로운 투쟁이다. 그것은 용감하고 감동적이며 위험하고 수십 년에 걸친 노력이 필요한 일이지만, 시간이 흐르면서 평범하면서도 비범한 성공을 이뤄낼 수 있는 일이기도 하다."⁴

그러니 과거를 훌훌 털어내자.

과거는 바꿀 수 없지만 과거가 당신에게 미치는 영향력은 내려놓을 수 있다. 과거로 인한 고통은 그런 일을 겪지 않았을 때보다 당신이 의미 있는 일을 더 잘 해내게 만들 것이다.

문제를 향해 달려가기

큰 성공을 거둔 한 최고경영자는 "훌륭한 리더들은 문제를 향해 달려간다."라고 말했다. 이것은 기업의 기능 부진을 고민하는 리더들뿐만 아니라 각자의 문제로 씨름하는 우리 모두에게 유용한 조언이다. 사람들은 각자의 문제를 부정하거나 무시하고 숨기려 한다. 그래서 과거에서 비롯된 죄책감과 수치심은 우리의 삶에 더 큰 영향력을 행사하며 삶을 더 완전하게 만들어줄 일들을 성취하지 못하게 한다.

우리의 문제를 향해 달려가자. 문제를 직면하자. 그리고 문제를 해결하기 위해 무엇이라도 시도해보자.

과거의 실수를 이미 해결했다고 생각할 수 있지만 만약 그 문제들이 여전히 당신의 발목을 붙잡는다면 그 문제가 필요 이상으로 당신에게 강력한 영향을 미친다는 신호다. 과거의 잘못에 대해 자기만의 전환점을 만들어보길 바란다. 당신이 되돌아보았을 때

'여기가 바로 내가 상황을 호전시킨 곳이야'라고 말할 수 있는 이정표를 세우자. 백미러로 당신의 실수와 고통을 바라볼 수 있다면, 당신이 직접 선택한 목적지로 자유롭게 나아갈 수 있다.

만약 당신이 타인에게 상처를 줬다면

1. 당신이 한 일과 그것이 타인에게 끼친 피해를 인정하자. 당신이 그런 행동을 한 이유가 무엇인지, 그것이 당신의 단점에 대해 무엇을 말하는지, 이에 대해 당신이 어떤 노력을 해야 하는지 생각해본다.

2. 후회와 죄책감을 느끼자.

3. 만약 당신이 신을 믿는다면, 신에게 용서를 구한다. 신이 당신을 용서한다면 당신도 자신을 용서할 수 있다는 사실을 기억하자.

4. 만약 상황을 더 악화시키지 않는다면 당신이 상처를 준 사람들에게 사과하고 용서를 구한다. 당신이 상처를 준 사람을 더 이상 만날 수 없다면, 빈방에서 소리 내 사과하거나 편지를 쓰는 것도 좋다. 사과하기 위해 할 수 있는 최선을 다한다.

5. 가능하다면 당신이 상처를 준 사람에게 보상을 한다. 그게 불가능하다면 다른 사람에게 좋은 일을 함으로써 '선행을 나눌 수 있는 방법'을 생각해본다. 이 행동이 전환점이 돼 이정표를 세우는 데 도움이 될 것이다.

6. 스스로 '나는 잘못된 실수를 저질렀지만 이제 끝났어. 이제

과거의 일이야. 나는 그 일을 뒤로하고 앞으로 더 나은 삶을 사는 데 걸림돌이 되지 않게 할 거야.'라고 말한다. 필요할 때마다 자주 반복한다.

만약 당신이 상처받은 사람이라면

1. 당신이 받은 피해와 그것이 당신에게 미친 영향을 인정한다. 이런 피해를 입힌 사람이 누구인지 (있다면) 밝힌다.

2. 피해를 준 사람들이 있다면 그들을 용서한다. 이는 그들의 행동을 봐주거나 경시하기 위함이 아니다. 당신이 마음에 품고 있던 그들을 향한 악감정을 놓아주기 위해서다. 이것은 오로지 당신을 위한 행동이다. 다른 사람들이 자기 잘못을 인정하지 않거나 다른 사람들이 이에 대해 알지 못한다고 해도 당신은 그들을 용서할 수 있다.

3. 당신이 받은 상처가 자연이나 운명에 의한 것이라면 (장애나 자연재해 등) 용서할 대상이 없다. 그 대신 당신은 그저 이를 받아들여야 한다. 일어난 일을 부정하거나 자기 자신이나 타인을 탓하지 말자. 그냥 있는 그대로 받아들이자. 애써 별일 아닌 일로 생각하지도, 더 심각한 일로 받아들이지도 말자.

4. 스스로 '내게 일어난 일은 불쾌하고 해로운 일이었어. 하지만 그 일에 대한 분노를 내려놓았고 그것이 미래에 더 나은 삶을 사는 데 걸림돌이 되도록 두지 않겠어.'라고 말한다.

과거의 실수에서 단호히 벗어난 후에도 부정적인 결과를 지속적으로 감당해야 하는 경우가 많다. 하지만 더 이상 그 결과들이 우리를 통제하게 내버려둘 필요는 없다. 우리는 과거의 상처가 우리를 가둬두려고 할 때 벗어날 새로운 방법을 알게 되었기 때문이다.

당신이 어떤 과거의 경험을 갖고 있든, 어떤 성격을 갖고 있든, 당신은 삶에 대한 패배주의적 태도를 극복할 수 있고, 그렇게 해야만 한다. 이런 생각에서 벗어나지 못한다면 과거의 실수가 우리의 현재와 미래까지 망쳐버리게 두는 셈이다.

나는 자신의 미래를 바꾸지 못하거나 세상에 의미 있는 일을 하지 못할 정도로 큰 잘못을 하거나 상처를 받은 사람은 없다고 진심으로 믿는다. 내가 이렇게 확신하는 이유는 파괴적이었던 것이 회복되었을 때 건설적인 것을 이뤄낼 수 있기 때문이다. 쉬운 일은 아니지만 그만한 가치가 있다.

전문가의 도움이 필요한 순간

국가 공인 상담사이자 트라우마 전문가인 크리스틴 윌킨스는 전문가의 도움이 필요한지 알아보기 위해서 다음의 질문에 답해보길 권한다.

- 두뇌가 발달하는 중요한 시기인 어린 시절(사춘기 이전)에 누군가에 의한 나쁜 일을 겪었는가?
- 내 삶 혹은 나와 가까운 사람들의 삶을 걱정하게 만든 일을 경험했는가?
- 과거의 트라우마, 실수에 대해 끊임없이 생각하고 반추하는가?
- 삶에 만족해본 적이 한 번도 없는가?
- 휴식하고 이완하는 데 어려움을 겪는가?
- 관계를 유지하는 데 어려움을 겪는가?
- 사람들이 나를 위해 충분한 시간을 들이지 않는다고 느끼는가? 끊임없이 소외감을 느끼는가?
- 끊임없이 새로운 모습을 보여줘야 한다고 느끼는가?
- 과거에 불안 장애나 우울증을 진단받은 적 있으며, 다시 진단받을 필요가 있는지 궁금한가?
- 치료 계획이 있지만 지키지 않는 경우가 많은가?
- 항상 인생에서 성공하기 위한 계획을 회피하는가?

크리스틴은 대부분의 질문에 '그렇다'라고 대답하고, 당신의 삶이 더 나아질 수 있는지 궁금하다면 전문상담사를 만나 당신에게 맞는 치료 방법을 알아보기를 추천한다.[5]

다시 태어나다

어린 시절부터 자다 레이드의 인생은 극복해야 할 일로 가득했다. 남들에게 자기 자신을 입증해야 했거나 그녀에게 선택의 여지가 없었을 때도 있었다.

자다가 다섯 살 때 싱글맘이었던 그녀의 어머니는 자다와 여동생을 더 이상 돌볼 형편이 안 돼 아이들을 국가기관에 맡기게 되었다. 자다는 8년 동안 뉴욕의 여러 위탁 가정을 전전했다. 건강하지 않은 관계의 가정도 있었고 성적 학대를 당한 곳도 있었다.

결국 자다는 그녀의 어머니와 다시 살게 되었지만, 그때는 이미 방치와 학대에 상처를 입은 상태였다. "저는 완벽주의자가 되는 방법으로 과거를 극복하려 했어요." 그녀가 말했다. 그녀는 열심히 노력한 끝에 고등학교에서 눈에 띄는 우수한 학생이자 육상 선수가 되었다. 자다는 이후에 군대에 입대해서도 계속 훌륭한 성적을 냈다.

군 복무 후 자다는 법 집행관이 되기 위해 성차별과 인종차별이라는 또 다른 장애물을 극복해야 했다. "나는 '할 수 없다'는 말을 들을 때마다 오히려 더 해내고 싶었어요." 그녀가 말했다.

그러나 성취에 대한 그녀의 욕망은 결국 부정적인 방향으로 흘러갔다. 부패한 다른 법 집행관들이 부유해지는 것을 보자 그녀도 가담하고 싶었기 때문이다. 그녀는 일을 그만두고 약물과 총기를 거래하기 시작했다. "저는 돈을 잘 벌었어요." 그녀가 회상했다. "그 돈으로 어머니에게 집을 사드렸죠. 전 아주 물질적인 사람이 되었고 마침내 성공했다는 걸 보여주기 위해 금이나 다이아몬드, 그 밖에 살 수 있는 건 전부 샀어요."

결국 그녀는 약물에 중독되었고 그녀가 인생에서 내린 결정들 때문에 감옥에도 세 번이나 수감되었다. 세 번째 수감되었을 때 그녀는 수를 써서 일찍 나가지 않고 자신이 받은 형기를 모두 채우고 나오기로 결심했다. 당시 그녀는 변화의 시기를 겪으며 자신에게 잘못했던 사람들을 용서하고 자신도 구원받았다. "그날 나에 대한 마음가짐이 바뀌었어요. 내가 어떤 사람이 될 수 있는지 그리고 내가 이 세상에 어떤 선함을 가져올 수 있는지 본 날이었죠."

복역한 후 자다는 애리조나로 이사하고 새로운 삶을 시작했다. 빚을 청산하고 자리를 잡기 위해 여러 곳에서 일을 한 후 그녀는 다른 사람들을 돕고 환원하기 위한 방법으로 비영리단체에서 일자리를 찾기 시작했다. 전과 기록으로 인해 결코 쉽지 않았지만 경찰관의 도움으로 그녀는 자신의 과거를 받아들이고 필요한 곳에 도움을 줄 수 있었다. 그녀는 이렇게 말했다. "내 인생에서 가장 정신적으로 힘든 시기였어요. 그 과정은 쉽지 않고 우여곡절도 많았죠. 그렇지만 비영리조직에서 일하게 된 건 내가 과거를 극복하고 새로운 삶을 살고 있다는 상징이었어요."

그 이후로 그녀는 노숙자나 사회적 약자처럼 도움이 필요한 사람들에게 봉사하는 데 인생을 바쳤을 뿐만 아니라 공립학교의 불

삶을 향한 완벽한 몰입

우한 청소년들을 도우며 지역사회에서 신뢰하는 재원이 되었다. 자다는 원래의 자리로 돌아왔다. 최근 그녀는 연로한 어머니와 함께 살며 어머니를 돌보고 있고, 지금은 뉴욕의 비행 청소년들이 자신의 어린 시절 같은 실수를 저지르지 않도록 돕고 있다.

고통 속에 삶의 목적이 있다

자다 레이드처럼 과거를 뒤로 하고 앞으로 나아가면서 용기를 내 우리의 고통에도 귀를 기울여보자. 고통은 우리가 스스로 노력해야 할 부분이 무엇인지 알려주기 때문이다. 또한 우리가 목표를 더 잘 성취할 수 있게 도와준다. 놀랍게도 많은 사람들이 고통 속에서 삶의 중요한 목적을 찾는다.

어린 시절 아버지와의 관계 때문에 성장 과정에서 많은 문제를 일으킨 디애나 허치슨을 기억하는가? 약물 남용과 자기 파괴적 패턴에서 회복하면서 그녀가 노력했던 부분은 재정적인 빚을 갚는 것이었다. 그녀는 자신이 만든 빚더미에서 벗어나는 데 3년 반이 걸렸지만 회복력과 결단력을 갖고 마침내 해냈다. 그리고 그녀는 거기서 멈추지 않았다. 약물 중독에서 벗어나는 동시에 재정 상태를 회복시키는 것이 얼마나 힘든지 직접 경험했기 때문에 그녀는 같은 상황에 있는 여성들을 돕기로 결심했다. "내가 겪은 모든 일 덕분에 회복 중인 다른 여성들을 도울 수 있는 영광을 얻었죠." 그녀가 말했다. 오늘날 그녀는 더 나은 재정 관리와 '마음의 부유함'을 원하는 여성들을 돕는 일을 하고 있다.

나는 이런 사례를 계속 접한다. 과거의 힘든 경험들은 고통받는 타인의 눈을 뜨게 하고, 연민 가득한 마음을 갖게 하며, 우리가 도움의 손길을 내밀 수 있는 곳을 알려준다.

여기 또 다른 사례가 있다. 내 친구인 에밀리아는 외상후 스트레스 장애(PTSD)를 앓는 재향군인들을 돕는 비영리단체에서 자원봉사를 하고 있다. 전쟁 지역에서 복무한 많은 군인들은 환각, 악몽, 불안, 수면장애 등을 겪으며 사회로 복귀하고 가족들과 함께 지내는 데 어려움을 겪는다. 에밀리아는 재향군인의 후원자로서 그들이 일상생활로 복귀하는 것을 돕는다. 그녀는 복무 경험이 없지만, 외상후 스트레스 장애를 제대로 이해하고 긴 회복 기간 동안 항상 피해자들 곁을 지켜준다는 평판을 얻고 있다.

자원봉사 일은 에밀리아의 본업인 부동산 중개와는 완전히 다른 종류의 일이다. 나는 그녀에게 어떻게 자원봉사를 하게 되었는지 물어보았다.

"남편이 있었어요." 그녀는 무거운 마음으로 말했다. "이름은 다니엘이었고 임무를 끝내고 복귀했을 때 심각한 외상후 스트레스 장애를 앓고 있었지요. 그는 집을 떠날 때와는 완전히 다른 사람이 되어 돌아왔어요. 사회에 적응하기 위해 정말 열심히 노력했지만 트라우마를 극복할 수 없었죠. 외상후 스트레스 장애가 그를 집어삼켜 자신이 절대 되고 싶어 하지 않던 사람이 되고 말았어요. 우리 관계에도 영향을 미치면서 학대와 사고가 발생했고 결국 결혼생활을 끝내야만 했죠."

에밀리아는 외상후 스트레스 장애를 극복하지 못한 남편 때문에 큰 고통을 받은 여성이다. 그녀의 인생은 그로 인해 산산조각 났다. 그러나 그녀는 이 사실로 슬퍼하고만 있는 대신 다른 사람들이 같은 고통을 겪지 않도록 자신의 상처를 비슷한 상황에 처한 다른 군인들과 가족들을 돕는 발판으로 삼았다. 에밀리아는 지금 절대 후회하지 않을 삶을 살고 있다.

과거의 실수가 당신에게 의미 있고 중요한 일을 성취하지 못하게 하는 걸림돌이 된다고 생각한다면, 당신의 생각을 바꿔보실 바란다. 바로 그 상황 때문에 당신이 특정한 목표나 일을 성취할 수 있는 자격을 얻을 수 있을지 모른다. 다른 방법으로는 배울 수 없는 교훈을 얻을 수도 있다. 당신의 고통을 다른 사람의 고통을 완화시키는 데 활용할 수도 있다. 이 방법으로 당신은 과거의 노예가 되는 것이 아니라 당신에게 정말 의미 있는 좋은 일을 함으로써 과거를 당신에게 유리하게 이용할 수 있게 된다.

모든 실수가 사명이 된다는 이야기는 아니다. 방해물이 항상 목적지가 될 수는 없다. 그러나 우리는 최소한 그 가능성을 염두에 둬야 한다. 그리고 그런 일이 실제로 일어난다면 아름다운 구원이 될 것이다.

'과거'는 바꿀 수 없지만 '과거를 대하는 나'는 바꿀 수 있다

의미 있는 일을 추구하는 우리의 목적을 상기해보자. 그것은 인생의 마지막 순간에 이 세상에서 어떻게 시간을 보냈는지를 떠올릴 때 더 만족감을 느끼고 우리가 내린 선택들에 덜 후회하기 위함이다. 물론 실천하기 힘들겠지만 이는 지금까지 쌓아온 실수와 장애물을 해결하지 않으면 불가능하다.

사람들은 각자 다른 과거의 실수, 상처, 성향을 대면하고 있다. 그저 성가신 일부터 트라우마까지 심각성도 다양하다. 과거의 실수나 상처를 마주하고 극복하기 시작하면, 과거의 실수가 얼마나 우리가 사랑하는 일을 성취하지 못하게 가로막고 있었는지 깨닫는 순간이 온다. '과거의 일 때문에 이렇게 많은 시간과 에너지를 쏟고 있었어. 정말 부끄러운 일이야. 이 죄책감을 어떻게 극복할 수 있을까?'와 같은 생각이 들 수도 있다.

내가 해줄 대답은 변화하는 당신의 모습에서 자긍심을 찾음으로써 죄책감과 수치심을 극복하라는 것이다. 당신의 삶이 어떻게 변화할지 상상하며 마음껏 기뻐하자.

과거를 바꿀 수는 없지만, 더 나은 미래를 위해 과거를 딛고 일어설 수는 있다. 사랑하고, 봉사하고, 후회하지 않는 삶을 살며 더 많은 자유를 누릴 수 있다.

과거를 떠나보내자. 자신을 위해 전환점을 만들자.

기회의 문이 열릴 때 과거의 실수는 "거기서 멈춰."라고 말한다.

그러나 이제 당신은 "이번에는 네 말을 듣지 않을 거야."라고 답할 수 있다.

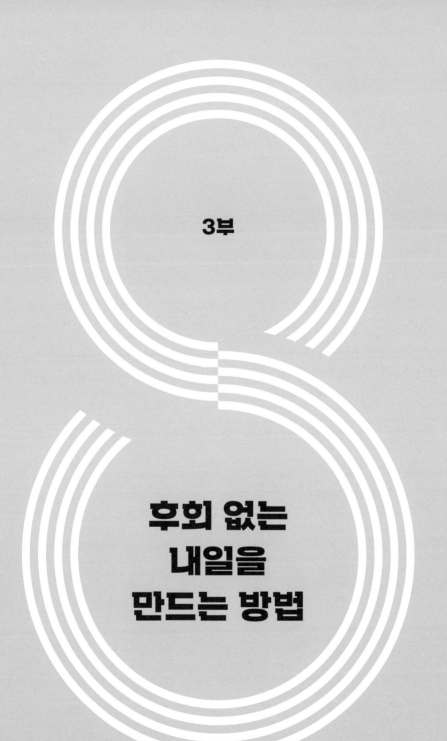

3부

후회 없는
내일을
만드는 방법

5장

'행복'이란 이름에 속지 않을 것이다

진정한 행복이란 무엇인가

> 한 개인이 개인적인 관심이라는 좁은 한계를 전 인류에 대한
> 관심으로 확장시킬 수 있을 때까지는 진짜 삶을 사는 것이 아니다.
> ― 마틴 루터 킹

미국 독립선언문에는 '행복의 추구'라는 유명한 권리가 명시되어 있다. 물론 어느 누구도 자기 행복을 찾기 위해 토머스 제퍼슨의 승인을 기다리고 있던 것은 아니다. 모든 사람은 태어날 때부터 행복을 찾고 싶어 하며 그건 잘못된 게 아니다.

다만 옳은 종류의 행복이어야 한다. 그렇지 않으면 그것은 원하는 삶을 살지 못하도록 신경을 분산시키는 요소가 된다. 인간은 언제부턴가 (어쩌면 항상 그래왔는지도 모른다) 행복의 추구와 자아

의 추구를 혼동하고 있는 것 같다. 결과적으로 우리는 타인을 희생해서라도 자신에게 집중하고, 자신에게 자원을 쓰며, 자신의 욕구와 욕망을 충족시킬 때 가장 행복해질 것으로 생각한다. 이는 우리 주변에서도 흔히 볼 수 있다.

함께 어울려 놀고 있는 어린이들이 가장 좋아하는 장난감을 어떻게 독점하는지만 관찰해봐도 인간이 얼마나 이기적인 존재인지 알 수 있다. 장난감을 나눠 갖지 말라고 가르치지 않아도 혼자 장난감을 독차지하려 한다.

성인이 되고 나면 대부분 완전히 이기적으로 자기 행복만을 추구하지는 않는다. 우리는 사랑하는 사람들의 행복도 생각한다. 어쩌면 다른 사람들 몇 명을 더 포함시킬 수도 있다. 하지만 어쨌든 그 목록 제일 위에는 내가 있고 목록이 길지도 않다.

대부분 사람들에게 자신의 욕구를 충족하려는 것은 자연스러운 일이다. 언제나 그랬다. 그러나 자아를 추구하면서 행복에 대한 욕망을 충족시키려 할 때 가장 참되고 오래 지속되는 형태의 행복은 얻지 못한다. 이기적인 욕망을 추구하면 단기적으로는 어느 정도의 즐거움을 누릴 수 있지만 그 행복은 절대 지속되지 않는다. 잘못된 행복의 추구는 의미 있는 일을 하지 못하게 가로막는 방해 요인이 될 수 있다.

자아의 추구와 지속적인 행복의 추구는 다르다. 사실 그 둘은 완전히 반대 방향에 서 있을 때도 있다. 인생의 마지막 순간에 당신은 두 번째 집을 사기 위해 몇 년 동안 더 일하고 돈을 모은 것과 지역사회의 고통 받는 가난한 사람들을 도운 것 중 어떤 일이 더 자랑스러울까? 대부분의 여가시간을 스포츠 시청과 게임으로 보낸 것과 당신만이 할 수 있는 창의적인 활동을 한 것 중 어떤 일을 한 것에 더 자부심을 느낄까?

지속적인 행복과 성취감을 얻는 가장 직접적이고 효과적인 방법은 자신의 이익뿐만 아니라 타인의 이익도 함께 바라보는 것이다. 타인을 위한 삶을 살기 시작할 때 우리의 삶은 즉각적으로 더 큰 가치를 갖는다. 더 이상 한 사람이나 소수의 사람을 위해서가 아니라 다수의 이익을 위해 살기 시작하는 것이다.

정신과 의사이자 철학자인 빅터 프랭클은 이렇게 말했다. "행복을 얻으려고 애써선 안 된다. 행복은 자기 자신보다 더 큰 목적을 위해 헌신하거나 자신이 아닌 남에게 내어줄 때, 의도하지 않은 부작용이나 부산물로서 뒤따라오는 것이다." 행복은 얻으려고 애써서 오는 것이 아니다. 반드시 뒤따라오는 것이어야 한다.

야생에 있는 새에게 먹이를 준 경험이 있는가? 새에게 너무 빨리 다가가거나 먹이를 거칠게 들이대면, 새는 겁먹고 날아가버린다. 그러나 인내심 있게 새에 관심이 없는 듯 행동하면, 새는 서서히 당신에게 다가온다.

이렇듯 행복을 좇지 말자. 목적을 좇으며 행복이 우리에게 다가오도록 하자.

돈과 섹스, 겉모습의 함정

자기중심적 행복 추구의 타당성에 의문을 제기할 때 내가 괴짜 혹은 흥을 깨뜨리는 사람처럼 보인다는 걸 알고 있다. 요즘 우리 사회는 행복 추구에 집착하는 경향이 있을 뿐만 아니라 행복으로 가는 가장 일반적인 길은 자신을 돌보는 것이라고 말한다. 행복하려면 우리에게 행복처럼 보이는 것을 추구해야 한다는 것이 너무나 당연해 보인다. 우리 주변의 수많은 사람들이 그렇게 살고 있고 그들은 분명히 행복해 보인다. 소비주의는 자아를 추구하는 것이 행복의 열쇠라는 원칙에 기반하고 있다.

일반적으로 알려진 행복에 대한 원칙과는 달리 나는 '지속적인 행복에 이르는 가장 좋은 길은 타인의 이익을 생각할 때 나타난다'라는 관점을 갖고 있는데, 이것은 단지 나의 개인적인 의견만은 아니다. 이 문제는 여러 과학적 연구에서 입증되기도 했다.

행복에 관한 연구(긍정 심리학이라고 알려져 있다)는 그 자체로 전체 탐구 분야를 나타낸다. 가장 참된 형태의 행복은 우리가 타인을 위해 살 때 발생한다는 개념을 뒷받침하는 몇 가지 증거를 살펴보자.

먼저, '부'를 생각해보자. 돈과 소유물을 많이 쌓아두는 것이 행복에 이르는 길일까? 우리 사회는 "그렇다"라고 하고 과학은 "그렇지 않다"라고 한다.

캘리포니아 버클리대학교의 연구원들은 연구 참가자들을 둘씩 짝지어 보드게임인 '모노폴리'를 하게 했다. 참가자들이 얼마나 파크 플레이스나 보드워크에 호텔을 많이 세우는지 알아보려는 것이 아니라 게임에서 이기는 것이 사람들에게 어떤 영향을 미치는지 보기 위해서였다. 경영대학원 교수인 라즈 라후나탄은 이렇게 설명했다.

실험을 위해 참가자 중 한 명이 다른 사람보다 훨씬 빨리 부자가 되도록 게임을 설계했다. 그리고 특수 거울을 통해 연구원들은 참가자들의 행동을 관찰했다. 한 참가자가 더 부자가 될수록 더 못되게 행동하는 것을 발견했다. 예를 들면, 더 부유한 참가자는 더 지배적인 자세를 취했고 더 가난한 상대 참가자를 폄하하기 시작했다. 원래 똑같이 나눠 먹어야 할 프레첼을 더 많이 먹는 행동을 보이기도 했다.[2]

라후나탄은 이 결과가 중요한 이유를 설명했다. 이 연구 결과는 부가 사람들을 덜 관대하고 더 고립되게 만드는 경향이 있다는 것을 보여주기 때문이다. 관대함과 유대감은 행복과 높은 연관성이 있다.[3] 이 결과를 현실에 적용해보면, 사람들이 왜 더 부유해질수록 더 슬퍼지고 왜 그런 일이 일어나는지 제대로 알지 못하는지를 이해할 수 있다.

만약 부가 행복을 가져다준다고 확신할 수 없다면, 성공과 명성은 어떨까? 우리는 언제나 직장에서 '앞서 나가고' 상사와 다른 사람들의 '눈에 띄기' 위해 노력하는 세상에 살고 있다. 이 문제 역시 과학을 통해 답을 찾을 수 있다.

뉴욕의 로체스터대학교에서 진행한 한 연구에서 147명의 졸업 생들의 목표와 행복을 1년 후, 그리고 그로부터 다시 1년 후에 평가했다. 어떤 결과를 얻었을까? "부와 명성과 관련된 목표를 이룬 사람들은 개인의 성장처럼 더 본질적인 목표를 성취한 사람들보다 덜 행복했다." 그 이유는 전자의 성취도가 높은 사람들은 다른 사람들이 이미 결정해놓은 방식을 따라 살고 있다고 느꼈기 때문으로 보인다.

반면에 "개인적으로 성장하거나 지속적인 관계를 맺고 지역사회에 도움을 주는 것처럼 본질적인 목표에 집중한 사람들은 삶의 만족도, 복지, 행복의 수치가 상당히 증가"[4]한 것으로 나타났다.

이제 성공과 명성보다 더 흥미로운 주제로 넘어가보자. '섹스' 는 어떨까? 성적 욕구를 마음껏 충족할 때 사람들이 더 행복해하지 않을까? 최소한 우리 사회(거의 모든 텔레비전 프로그램과 영화)는 그렇게 말하는 것 같다.

마리나 애드셰이드 교수는 한 명 이상의 성적 파트너를 가진 사람들이 한 명의 성적 파트너를 가진 사람들보다 덜 행복하다는 연구 결과를 발표했다. 또한 자신의 파트너를 속이고 바람을 피운 사람들은 그렇지 않은 사람들보다 덜 행복했다. 애드쉐이드 교수

삶을 향한 완벽한 몰입

는 이렇게 말했다. "만약 '섹스는 우리를 행복하게 한다', '다양성이 인생을 더 흥미롭게 만들기 때문에 성적 파트너가 다양할수록 더 행복하다'라는 생각을 하고 있었다면, 우리의 직관에 반하는 연구 결과입니다."[5] 그녀가 진행한 연구를 통해 문란한 성생활이 사람들의 행복을 보장하지 않는다는 명백한 결과를 확인할 수 있다.[6] 그 이유는 무엇일까? 섹스조차도 이타적일 때 장기적으로 더 만족감을 느끼는 것일까?

이번에는 '아름다움'을 살펴보자. 모든 사람은 아름답고 멋지게 보이길 바란다. 신체적인 자기 개선에 집중하는 행위는 행복감을 줄까? 아마도 성형수술이 좋은 지표가 될 것이다. 점점 더 많은 사람들이 불필요한 코 성형이나 탄력 있는 복부를 위한 수술을 위해 수천 달러를 내고 불안과 고통을 감수한다. 이렇게 신체를 성형하고 나면 자기 자신을 더 긍정적으로 여기게 될까?

그렇지 않은 것 같다. 〈사이콜로지 투데이Psychology Today〉에 실린 기사에 따르면, 성형수술은 우울함이나 슬픔, 자존감의 근본적인 문제를 해결해주지 못한다. 한 대규모 연구를 통해 적어도 젊은 연령대의 성형수술 환자들은 더 높은 불안도를 보였고 수술도 도움이 되지 않는다는 사실이 밝혀졌다. 13년 동안 1,500명이 넘는 10대 소녀들을 대상으로 연구했는데, 연구원들은 당시에 그중 수술 받은 환자가 누구인지 모르는 상태에서 진행되었다. 수술을 받은 소녀들 중 78명은 높은 확률로 불안이나 우울을 경험했고, 같

은 기간 비환자들보다 그런 증상들이 더 많이 증가했다.[7]

부, 성공, 명예, 섹스, 겉모습, 그 밖의 많은 자기중심적 행복의 추구가 우리에게 진정한 행복을 가져다주지는 못하는 것 같다.

우리는 더 멀리 내다봐야 한다.

일단 밖으로 나가 타인을 돕기

한 가지 분명히 밝히자면, 나는 자기를 돌보는 행동을 반대하는 것이 아니다. 우리는 모두 자신의 안녕과 건강에 적절한 관심을 가져야 하며 우리가 즐길 수 있는 일도 찾아야 한다. 다만 자기 돌봄과 자기중심성 사이에는 큰 차이가 있다. 오직 나, 나, 나에 대한 선택만 끊임없이 한다면, 절대 높은 수준의 행복을 얻을 수 없으며 인생의 마지막 순간에 후회할 수밖에 없다. 이런 경우에 '행복'은 우리가 의미 있는 일을 성취하는 데 방해 요인으로 작용할 수 있다. 우리가 발견한 더 큰 삶의 목적들로 시야를 넓혀야 한다.

자신의 욕망에서 다른 사람들의 어려운 상황으로 관심을 돌리는 가장 효과적인 방법은 '봉사'다. 우리 자신을 위하는 대신 타인을 위하는 것이다.

이타적인 태도를 갖는 것은 지력이 필요한 훈련이 아니다. 그저 생각만으로 이타적인 사람이 될 수 없다. 자선단체에 후원금을 내거나 사용하지 않은 물건을 기부하는 것도 가치 있는 일이기는 하지만, 이런 행동을 통해 이타적인 사람이 되는 것도 아니다. 이타심은 당신이 타인을 위한 행동을 할 때만 얻을 수 있는 자질이다. 처음에는 자연스럽지 않고 의도된 행동처럼 보일 수 있지만, 시간이 지나면 진정한 이타심이 생긴다. 행동을 실천하다 보면 정말 그런 사람이 된다. 타인을 돕기로 선택하다 보면 진정으로 돕는 자가 된다.

이런 변화를 가져오는 봉사는 인생의 주요 목적과는 아무 관련이 없을 수도 있다. 궁극적인 목표는 당신이 의미 있는 일을 더 효과적으로 성취할 수 있도록 자기중심적 행복이라는 방해 요인을 제거하는 것이지만, 우선 어떤 형태의 봉사든지 이기심이라는 괴물을 죽이는 데 도움이 된다. 그러므로 다른 사람들과 개인적인 관계를 맺고 그들을 도와주자.

- 길을 찾거나 무거운 물건을 들고 있는 사람을 돕기
- 병원에 있는 환자 방문하기
- 노숙자에게 음식 제공하기
- 청소년에게 멘토가 되어주기
- 스트레스 받는 부모를 위해 아이를 봐주기
- 방과 후 프로그램에서 지도 교사 되기

당신 주변에도 도움이 필요한 사람이 보이는가? 오늘 그들에게 도움의 손길을 건네보자. 나밖에 모르는 괴물을 죽이고 싶다면, 그냥 밖으로 나가서 누군가를 도와주자.

도움의 기억은 영원하다

내가 목사로 재직할 당시 50명의 고등학생을 데리고 에콰도르에 봉사활동을 떠난 적이 있다. 우리는 방문 기간에 학교와 집을 지었으며 우리의 도움이 필요한 여러 곳에 갔었다.

어느 날 오후, 한 비영리단체의 책임자가 우리 버스를 얻어 탈 수 있는지 물어보았다. 그렇게 우리는 키토시 외곽으로 한참을 달려 한 쓰레기 처리장에 차를 세웠다. 그곳은 우리가 일반적으로 도시에서 볼 수 있는 잘 관리된 쓰레기 처리장이 아니었다. 그냥 넓게 트인 공간에 쓰레기가 끝이 안 보일 정도로 높이 쌓여 있었다.

우리가 도착하자 책임자는 이렇게 말했다. "오늘 우리는 여기에 사는 아이들과 놀아주고 가족들에게 음식을 제공할 거예요." 그는 매일 수백 명의 가족들이 직접 사용하거나 내다팔 수 있는 물건을 찾기 위해 쓰레기를 뒤지며 생계를 이어나가고 있다고 설명했다. 이렇게 쓰레기를 뒤져도 아무것도 건지지 못하는 날도 있다고 했다.

10년도 지난 일이지만 나는 버스에서 내려 완전히 다른 세상에

첫발을 내딛던 순간을 생생히 기억한다. 나는 죽을 때까지 그 아이들의 지저분해진 얼굴과 크고 동그란 눈, 삐쩍 마른 몸을 기억할 것이다. 살아남기 위해선 무엇이든 하던 부모의 얼굴에는 간절함과 절망이 모두 담겨 있었다. 그 쓰레기장이 그들의 보금자리라는 현실을 깨달은 순간 내 코를 찌른 쓰레기 처리장의 냄새, 쨍쨍 내리쬐는 태양 때문에 더 고약해진 그 끔찍한 냄새를 절대 잊지 않을 것이다.

이 경험. 바로 이런 경험은 아무리 책을 많이 읽고 다큐멘터리를 보거나 후원금을 낸다고 해도 절대 느낄 수 없는 것이다. 오늘날 세계 곳곳에는 재활용할 알루미늄 캔이나 먹을거리를 뒤지며 쓰레기장에서 살아가는 아이들이 있다. 이런 현실을 글로 읽고 머리로 이해하는 것과 직접 보고, 냄새를 맡고, 아이들의 손을 잡아보는 것은 결코 같을 수 없다. 이것이 바로 우리 자신이 아닌 타인을 돕는 행위가 우리에게 미칠 수 있는 영향이다.

그날 오후의 경험을 하기 전과 후의 나는 완전히 다른 사람이 되었다. 그리고 이 변화는 타인에게 한 발짝 다가가 그들을 돕는 단순한 행동을 통해 일어난 것이다.

하지만 다른 사람을 돕기 위해 꼭 지구 반대편으로 날아갈 필요는 없다.

좋은 삶이란 선한 삶이다

디온 미첼은 어렵지 않은 환경에서 자란 여성이다. 어린 시절의 그녀는 가난한 사람들과 마주칠 일이 거의 없었다. 디온의 가족이 도움이 필요한 사람들을 위해 지속적으로 봉사활동을 하는 것도 아니었다. 그러나 매년 추수감사절이 되면 그들은 가난한 가족들에게 음식을 나눠줬다.

디온은 머릿속으로 빠르게 계산을 하며 나에게 이야기를 들려줬다. "우리 가족은 6년간 음식을 나눠주러 갔는데, 한 번 방문할 때마다 2시간 정도 걸렸어요. 그러니까 내 인생에서 고작 12시간이었죠. 그런데 신기한 것은 추수감사절에 그 가족들을 만나러 갔던 일이 내 어린 시절의 가장 생생한 기억 중 하나라는 거예요. 다른 사람이 어떻게 사는지 보고, 내가 그들에게 도움이 된 경험 덕분에 성인이 되어서 더 다양한 방식으로 사람들을 도울 수 있게 되었습니다."

봉사는 우리를 변화시킨다. 세계 곳곳을 가지 않더라도 그냥 동네 주변에서도 우리가 도울 일은 많다. 봉사라고 해서 대단한 일일 필요는 없다. 단순한 도움 한 번이 우리의 마음을 변화시키기 때문이다.

《어떻게 나답게 살 것인가The Power of Meaning》의 저자 에밀리 에스파하니 스미스는 〈뉴욕타임스〉에 기고한 칼럼에서 이렇게 말했다. "의미 있는 삶이 비범한 삶이라거나 최소한 그렇게 보여야 한다는 생각은 엘리트주의적일 뿐만 아니라 잘못 이해된 것이다. 가장 의미 있는 삶은 비범한 삶이 아니라 품위를 갖고 사는 평범한 삶이라는 것을 알게 되었다." 그녀는 칼럼에서 이타적인 생활이 우리의 삶을 향상시킨다는 것을 보여준 두 연구 결과를 인용했다. 한 연구에 따르면, 청소년들이 집안일을 하는 것은 자기 자신보다 가족을 위해 기여하는 행동이기 때문에 그들의 행복감에 긍정적인 영향을 미칠 수 있다고 한다. 두 번째 연구에서는 자기 이익에만 도움이 되는 행동은 하는 순간에는 기분이 좋지만 장기적으로 긍정적인 영향을 주지 못한다는 결과를 발견했다. 반대로 이타적인 행동은 비록 친구를 격려하는 것 같은 단순한 행동이라도 장기적으로 긍정적인 효과를 보여줬다.[8]

이타적인 생활은 전반적인 삶의 만족도를 높인다.

스미스는 "좋은 삶은 선한 삶이다. 그리고 그것은 꿈이나 환경에 상관없이 누구나 열망할 수 있는 것이다."라고 마무리했다.[9] 기억할 만한 가치가 있는 조언이다. 의미 있는 일이 꼭 인상적이거나 멀리 있는 목표일 필요는 없다. 모든 사람이 할 수 있는 단순한 일일 수도 있다. 하지만 의미 있는 일은 여전히 우리가 일생을 보내는 최고의 방법이자 우리가 인생을 되돌아볼 때 후회를 남기지 않는 그런 일이다. 풍자 작가인 P. J. 오루크는 "모든 사람이 지구를 구하고 싶어 한다. 하지만 엄마를 돕기 위해 설거지를 하려는 사람은 아무도 없다."라고 말했다.[10] 엄마를 돕자.

진정한 행복의 증거

우리가 진행한 설문조사에서 "자기 욕망을 충족시키는 것과 다른 사람들을 돕는 것 중 어느 것이 당신에게 더 큰 즐거움을 주는가?"라는 질문이 있었다. 나는 이 질문에 대한 결과가 아주 궁금했다. 얼마나 많은 사람들이 행복을 전하는 데 있어서 누군가를 돕는 일이 자기 이익만을 위한 일을 하는 것보다 더 낫다고 생각하고 있을까? 나는 무려 60퍼센트의 응답자가 "다른 사람들을 돕는 것"이라고 대답한 결과를 보고 감격했다. 분명히 당신도 그렇게 대답할 것이다.

Q. 자기 욕망을 충족시키는 것과 다른 사람들을 돕는 것 중 어느 것이 당신에게 더 큰 즐거움을 주는가?

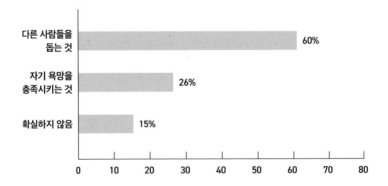

삶을 향한 완벽한 몰입

실증적인 데이터가 타인을 도움으로써 우리 자신을 도울 수 있다는 많은 사람들의 직관을 뒷받침해준다. 이타적인 삶의 중요성에 대한 당신의 불신을 잠재우기 위해 또 다른 연구 결과들을 함께 살펴보자.

컬럼비아대학교의 연구원들은 타인의 정서적 안녕을 돕는 행위로 돕는 사람도 유익함을 얻을 수 있는지 알아보았다. 온라인 플랫폼을 활용해 연구를 진행했으며 참가자들은 각자 인생에서 일어난 스트레스 받는 사건들을 글로 써서 공유했다. 그들은 다른 참가자들이 쓴 글에 피드백이나 조언, 위로를 건네며 정서적 도움을 줬다. 결과는 어땠을까? 더 많은 사람들을 도운 참가자들은 (자신의 문제를 공유하고 타인의 도움만 받은 참가자들에 비해) 우울감이 훨씬 감소한 것을 보여주었다. 그리고 타인을 도움으로써 우리는 자기조절 능력과 정서적 안녕을 향상시킬 수 있음을 알 수 있었다.[11]

독립적으로 연구를 진행한 한 심리학자는 이 연구에 대해 〈사이콜로지 투데이〉에서 이렇게 설명했다.

이 연구 결과는 타인이 감정을 조절할 수 있게 돕는 행위가 도움을 준 참가자들에게 더 나은 정서적, 인지적 성과를 얻게 해준다는 것을 보여줬다. 후속적인 분석 연구들에 따르면, 사람들의 삶을 재평가할 때 이런 성과들이 사람들의 기분과 주관적 행복에도 영향을 미쳤다.[12] 간단히 말하면, 다른 사람들의 정서 회복을 돕는 행위가 우리의 정서 건강을 향상하는 데도 도움이 된다.

또 다른 연구에서 피츠버그대학교의 연구원들은 45명의 참가자들에게 본인이나 자선단체, 도움이 필요한 특정 친구 중 선택해 그들에게 이익이 되는 일을 할 수 있는 기회를 줬다. 참가자들의 뇌를 살펴본 연구원들은 '특정한 사람을 돕기로 선택한 참가자들은 뇌의 보상 중추 두 곳에서 활동이 활발해질 뿐만 아니라 혈압과 염증을 통해 스트레스에 대한 신체적 반응을 알려주는 세 가지 영역에서 활동이 감소했다'는 사실을 발견했다. 결론적으로 다른 사람들을 도운 결과로 참가자들은 더 행복하고 차분해졌다.[13]

자기 이익만 쫓는 행위로 우리가 기대한 행복을 얻을 수 없다는 증거는 분명하다. 이제 우리는 행복을 주는 것이 무엇인지 안다.

빈곤과 불행의 집

몇 년 전, 나는 루실리아라는 여성의 작은 집을 방문하기 위해 엘살바도르에 간 적 있다. 마흔 살의 그녀는 엘살바도르의 태양과 삶이 주는 스트레스 때문에 쉰 살은 족히 넘어 보였다. 루실리아는 열다섯 살, 세 살인 두 딸과 함께 살고 있었다. 마당에는 닭 몇 마리를 키우고 있었는데, 루실리아는 하루에 달걀을 몇 알씩 판 돈으로 가족을 먹여 살리고 있었다.

그을린 얼굴 위로 눈물을 흘리던 루실리아는 큰딸 레이첼의 사정을 들려주었다. 지난 2년 동안 레이첼은 뼈를 공격하는 불치병을 앓고 있었다. 신체가 변형돼 거의 불구가 되었고 이 아름다운 소녀는 곧 삶을 마감할 수밖에 없는 처지였다. 레이첼은 신체가 변형되는 내내 극심한 고통에 시달렸다. 딸의 고통을 덜어줄 진통제가 길 건너편 약국에 있었다. 하지만 루실리아는 죽음을 앞둔 딸에게 줄 진통제를 살 돈이 없었다. 하루 몇 알의 달걀로는 가족들이 먹을 음식과 딸에게 줄 약 모두를 살 수 없었기 때문이다. 너무도 사랑하는 딸을 도와줄 수 없어 괴로워하는 엄마와 어린 소녀를 바라보고 있으니 마음이 찢어졌다.

루실리아와 대화를 나누는 동안 어둡고 지저분한 집의 바닥에서는 다른 장면이 펼쳐지고 있었다. 루실리아의 둘째 딸 애나가 방을 잠시 나가더니 오래된 크레용이 담긴 작은 봉투와 컬러링북을 가지고 들어왔다. 애나는 타일 바닥에 앉아 크레용 두 개를 꺼낸 후 컬러링북의 첫 장을 펼쳤다. 이미 색이 칠해져 있었다. 그러자 애나는 다음 장으로 넘겼다. 역시 이미 색이 칠해져 있었다. 다음 장으로 넘기고, 넘기고, 또 넘겨도 모두 색이 칠해져 있었다. 이건 애나가 가진 유일한 컬러링북이었는데, 이미 한 번씩 다 칠해서 빈 곳이 없었다. 이 가족을 보는 내 마음은 다시 찢어질 것 같았다. 당장 내 딸의 서랍에 있는 컬러링북들 중 한 권을 꺼내 이 소중한 어린 소녀의 손에 쥐여주고 싶었다.

그날 아침 빈곤이 한 가정에 미치는 영향을 눈앞에서 목격한 것은 나에게 가장 강렬한 경험이었다. 필요 이상으로 많이 가진 사람들이 충분히 가지지 못한 사람들과 더 많은 것을 나누게 되길 다시 한 번 간절히 바랐다.

나는 이제 혜택 받은 사람들이 덜 소유하고 더 많이 나눈다고 해서 전 세계에 있는 빈곤의 고리를 끊을 수 있다고 믿을 만큼 순진하지 않다. 빈곤의 문제에는 더 큰 요인들이 작용하고 있기 때문이다. 그러나 죽어가는 열다섯 살짜리 소녀와 집 앞에서 진통제를 구할 수 있지만 돈이 없어서 사줄 수 없는 엄마, 다 써버린 컬러링북밖에 가진 게 없는 어린 소녀를 바라보고 있으면 어떤 행동이라도 해야 할 것 같은 기분을 느낀다. 타인과 나눌 수 있는 사람들의 특권을 이야기하게 된다. 루실리아의 이야기가 우리의 이야기와 밀접하게 연관되어 있다는 것을 깨닫게 된다. 그리고 마침내 우리의 인생에서 다른 사람들을 돕는 것보다 더 성취감을 안겨주는 일은 없다는 걸 이해하게 된다.

그날 내가 루실리아 가족의 모든 문제를 해결할 수 있었다고 말하고 싶지만, 세상일이 항상 그렇게 돌아가는 것은 아니다. 하지만 내가 할 수 있는 일을 했다. 숙소로 돌아와 내 배낭에 남아 있던 약간의 돈을 책임자에게 전해주었다. 그 돈으로 레이첼에게 필요한 진통제를 몇 알만이라도 구할 수 있길 바랐다. 큰 도움은 아니었지만 그것이 내가 할 수 있는 전부였다.

행복을 가져다주는 단 하나의 질문

우리는 우리 자신이 아닌 다른 곳으로 관심을 돌릴 때 더 의미 있고 큰 도움을 줄 수 있는 삶을 살게 된다. 대가를 바라지 않고 타인을 도울 때 우리는 조건 없는 사랑이 주는 선물을 경험한다. 우리가 가진 시간과 돈을 타인에게 쓸 때 물질적인 소유와 명성, 아름다운 외모, 섹스보다 더 값진 일들을 발견하기 시작한다.

이것은 우리 세계관에 영향을 미치는 중요한 변화다. 단지 우리가 세상에 기여할 가능성이 커지기 때문만이 아니라 행복에 대한 개인적인 경험도 늘어나기 때문이다.

일상에서 하는 "이 행동이 다른 사람들에게 어떤 도움이 될까?"라는 질문은 우리가 하는 거의 모든 일에 대한 견해를 바꾸는 중요한 촉매제 역할을 할 수 있다. 이런 질문을 던지는 순간 우리 삶에는 새로운 차원의 행복이 들어온다.

작은 도움으로 시작해 조금씩 늘려보자. 그러다 보면 봉사가 습관으로 자리 잡게 되고 인생을 잘 살고 있는지에 대한 회의와 후회가 줄어든다. 언젠가 행복이라는 새가 당신의 어깨에 앉아 있다는 걸 깨닫게 될 것이다.

6장

'돈'에 잡혀 살지
않을 것이다
얼마면 충분한가

돈은 당신을 행복하게 해주지 않는다.
하지만 모든 사람은 이를 직접 경험하며 깨닫고 싶어 한다.

— 지그 지글러

어느 금요일 저녁, 30대 초반이던 나는 친구의 차 조수석에 앉아 있었다. 우리는 한 달에 한 번씩 만나 저녁을 먹었는데 그날도 함께 식사를 하고 돌아오는 길이었다. 진로에 있어 나보다 한발 앞서 있던 그는 매번 기꺼이 시간을 내 나에게 조언을 해주었다. 늘 그랬듯이, 그는 내가 계산서를 확인할 새도 없이 먼저 저녁값을 내고 팁도 두둑이 남겨두고 나왔다.

그날 저녁 우리 동네에 다다랐을 때 나는 그에게 갑자기 머릿

삶을 향한 완벽한 몰입

속에 떠오른 질문을 던졌다. "너는 항상 이렇게 관대했던 거야? 아니면 관대해지기로 결심한 특별한 순간이 있었어?" 그가 알고 있었는지는 모르겠지만, 내가 이 질문을 한 데는 개인적인 이유가 있었다. 나는 내가 돈을 쓰는 방식에 의문을 품기 시작했고 돈을 더 관대한 마음으로 쓰고 싶었다.

처음에 그는 자신이 남들보다 특별히 더 관대하지도 않으며 한 번도 자신을 그렇게 생각해본 적 없다 말하며 내 질문을 피하려 했다. 하지만 나는 포기하지 않았다. 나는 그를 통해 관대함에 대해 많은 걸 배웠는데, 특히 경제적인 관대함은 여러 형태로 나타날 수 있으며 꼭 부유하지 않아도 가능하다는 것을 깨달았다.

마침내 그는 집 앞에 차를 세워둔 채 내 질문에 답을 했다. 그리고 곧 내 영혼은 희망으로 가득 찼다. "나는 처음부터 관대한 사람은 아니었어." 그가 말했다. "그러다 어느 순간에 내가 존경하고 본받고 싶어 하는 모든 사람은 관대한 사람들이라는 사실을 깨달았지. 그리고 그날부터 나도 관대해지려고 노력했어."

그때 내 친구의 말은 사실이었고, 지금도 사실이다. 우리가 인생에서 가장 닮고 싶은 사람들을 떠올려보면, 우리 중 가장 관대한 사람들이지 않은가? 그들은 친절하고, 다정하고, 배려하며, 이타적이다. 그들은 주저하지 않고 그들의 시간과 돈, 재능, 영혼을 나누어준다. 우리는 부자가 되고 싶어 할 때도 있지만, 마음속 깊은 곳에서는 우리가 존경하는 사람이 부유한 사람이 아니라 관대한 사람이라는 것을 안다. 그리고 인생의 한 시점에서 후회 없는 마지막을 맞이하고 싶다면 우리도 관대한 사람이 되려는 결심을 해야만 한다.

하지만 관대해지기는 왜 이렇게 힘이 들까? 우리가 생각하는 것보다 돈에 대한 욕망이 더 끈질기기 때문일까?

돈, 돈, 돈. 그 끝없는 갈망

"돈을 향한 사랑은 모든 악의 근원이다."라는 유명한 속담도 있다.[1] 이 말에 동의하지 않는 사람은 거의 없을 것이다. 하지만 이 속담의 문제는 그 누구도 자신이 돈을 사랑한다고 생각하지 않는다는 것이다. "돈을 향한 사랑은 모든 악의 근원이다."라는 말을 들었을 때 대부분은 이 메시지를 새겨들어야 할 사람은 따로 있다고 생각한다. 상사나 배우자, 친구, 최근 뉴스에서 본 억만장자면 몰라도 자신은 돈을 사랑하지 않는다고 생각한다.

아무도 돈을 사랑하지 않는다. 하지만 누구나 더 많은 돈을 원한다. 과연 이 정도면 충분하다고 생각하는 때가 오긴 올까?

돈은 미국인들에게 가장 큰 스트레스 원인이며 소득자의 약 70퍼센트는 정기적으로 돈에 대해 걱정한다.[2] 미국은 세계 역사상 가장 부유한 국가 중 하나인데도 말이다. 어떻게 이런 일이 일어날 수 있을까? 왜 이렇게 부유한 국가의 국민 중 70퍼센트가 돈에 대해 걱정하고 있을까? 우리가 충분한 돈을 갖고 있지 않기 때문일까? 돈을 걱정하는 70퍼센트는 잘 곳이 없거나 식량이나 옷이 부족한 사람들일까? 아니다. 그렇지 않다.

돈을 벌어서 돈에 대한 욕망을 충족시킬 수 있다고 생각하면 그건 오산이다. 모두가 부자라고 여기는 사람들조차 자신이 충분한 돈을 갖고 있다고 생각하지 않는다. 87퍼센트의 백만장자들은 자신이 부유하다고 생각하지 않는다.[3] 보스턴칼리지에서 진행한 한 연구에 따르면, 평균 7,800만 달러(약 1,014억 원)의 순자산을 가진 사람들은 자신이 만족하기 위해서는 재산의 25퍼센트가 더 필요하다고 느꼈다.[4] 미국 역사상 가장 부유한 존 D. 록펠러도 "어느 정도의 돈이 있으면 충분한가요?"라는 기자의 질문에 "조금만 더 있으면요."라고 대답했다고 한다.

대부분의 경우에 우리는 돈이 충분하지 않아서 스트레스를 받는 게 아니다. 단지 지금보다 돈을 더 갖길 바라기 때문에 스트레스를 받는 것이다.

우리는 돈이 줄 수 없는 것(예를 들면, 행복이나 안정감)을 돈이 줄 수 있다고 기대한다. '지금 내가 X만큼의 돈을 벌거나 Y만큼의 돈을 모아놨다면 마음이 놓이고 행복할 텐데.'라고 생각한다. 하지만 우리가 생각했던 그만큼의 돈을 번다고 해도 우리는 행복이나 안정감을 느끼지 못한다. '내가 행복을 엉뚱한 곳에서 찾고 있었구나.'라고 생각하지 않고 그저 목표 액수를 바꿀 뿐이다. '만약 Z만큼의 돈이 있으면 삶이 행복하고 안정적일 거야.' 그러나 절대 그런 일은 일어나지 않는다. 아무리 돈이 행복과 안정감을 가져다 줄 것으로 믿고 스트레스를 받는다 해도 돈은 절대 지속적인 행복과 안정감을 보장하지 않기 때문이다.

우리는 사전에 진행한 설문조사에서 "당신이 지금 더 많은 돈을 갖고 있다면 삶이 더 행복해질 가능성이 얼마나 되는가?"라고 물었다. 79퍼센트의 응답자가 돈을 더 많이 갖고 있다면 더 행복할 것이라고 대답했다. 아마 당신도 그렇게 생각할지도 모르겠다. 대부분의 사람들이 그렇게 생각하기 때문이다!

Q. 당신이 지금 더 많은 돈을 갖고 있다면 삶이 더 행복해질 가능성이 얼마나 되는가?

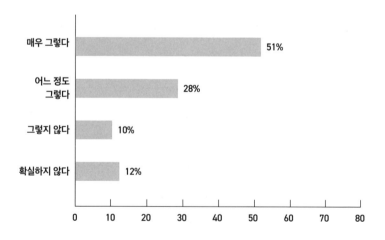

삶을 향한 완벽한 몰입

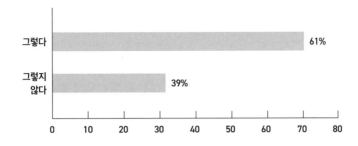

"돈을 더 벌고자 하는 욕망은 당신의 일상적인 결정에 얼마나 자주 영향을 미치는가?"라는 후속 질문에 70퍼센트에 가까운 응답자가 돈을 더 벌고자 하는 욕망이 일상적인 결정에 가끔 혹은 자주, 항상 영향을 미친다고 답했다.

돈이 우리를 행복하게 해줄 것이라 믿고 돈을 더 많이 버는 것에 중점을 두고 일상적인 결정을 한다면, 어떻게 의미 있는 일에 몰입하는 관대한 삶을 살 수 있을까? 그것은 불가능하다. 이를 더 빨리 깨달을수록 좋다.

물질이 아닌 삶을 누리기

몇 년 전까지 제이 해링턴은 디트로이트 중심지에서 일하는 야심 있고 열정적인 변호사였다. 변호사로 일하는 것 외에도 그와 그의 아내 헤더는 기업에 창의적인 해결책을 제공하는 브랜드 전략과 디자인 회사를 운영하고 있었다. 누가 봐도 제이는 두 가지 일 모두 큰 성공을 거두며 많은 돈을 벌고 있었다.

그러나 내면에서 그는 불행했다. "한 해 한 해는 정신없이 지나가는데 하루하루는 느릿느릿 흘러가는 것 같았어요." 제이가 회상하며 말했다. "저는 현실 세계의 경이로움을 직접 느끼는 시간보다 모니터를 보며 더 많은 시간을 보냈어요."[5] '도대체 내가 왜 이러지?' 그는 자문했다. 그는 삶에 대한 열정을 잃어버렸다는 사실을 깨달았다. 인생을 살고 있는 것이 아니라 인생을 위한 돈을 벌고 있었다.

그가 중요하게 여긴 한 가지는 흘러가는 하루의 리듬과 자연에 연결되어 있는 것이었다. 또 다른 한 가지는 아내와 세 딸들과 충분한 시간을 보내는 것이었다. 그가 바라는 이 두 가지를 모두 성취하려면 삶이 어떤 모습으로 바뀌어야 할지는 잘 몰랐지만, 어쨌든 그 방향으로 나아가야 한다는 것은 알았다. 이후에 무슨 일이 일어났는지 그에게 직접 들어보자.

나는 심호흡을 한 번 하고 바로 행동으로 옮겼다. 나는 내가 설립한 로펌을 떠났다. 우리는 집을 처분했다. 세 명의 딸과 함께 값비싼 교외 주택 지역에서 미시건 북쪽에 있는 작은 마을로 이사했다. 다시 앞으로 나아갈 준비가 되었을 때 우리가 나아가고 싶은 길을 현명하게 선택할 수 있는 공간과 시간을 만들기 위해 한 걸음 물러섰다. 헨리 데이비드 소로처럼 우리는 더 의식적인 삶을 살기 위해 '숲'으로 갔다.

5년이 지난 지금, 나는 일과 가정의 균형을 맞추며 어느 때보다 더 바쁘게 보낸다. 그리고 어느 때보다 더 행복하다. 과거와 달라진 점은 내가 선택한 곳에서 내 방식대로 바쁘다는 것이다. 내 야망은 사라지지 않았지만 야망 때문에 나를 소모하지 않는다. 의미 있는 삶에 방해가 될 뿐인 '성공'이라는 과시적인 요소가 아닌 나에게 정말 중요한 것에만 집중한다.[6]

오늘날 제이는 자신을 '새로 태어난 변호사'라고 부른다. 그는 여전히 아내와 함께 디자인 회사를 운영한다. 예전만큼 큰돈을 벌지는 않지만, 지금도 충분하다. 부부는 그들이 내린 선택을 후회하지 않는다. 이제 그들은 가족들과 보내는 유쾌한 시간과 자연이 주는 즐거움을 더 누리며 살고 있기 때문이다.

통장 잔고만큼의 삶

돈에 대한 선택은 우리의 마음을 들여다보게 한다. 우리가 중요하게 여기는 일을 하기 위한 수단으로 돈을 번 것이 아니라 돈 그 자체를 위해 번 것은 아닌지 생각해봐야 한다. 끊임없이 돈을 갈망하며 사는 사람들은 헛된 가능성과 충족되지 않는 욕망을 만들어내며 자기 잠재력을 제한시키는 함정에 빠진다.

돈을 향한 욕망은 절대 충족될 수 없다. 이는 항상 더 많이 갈망하게 하는 희망 없는 사랑이다. 뿐만 아니라 우리의 생각과 행동을 속박한다. 돈에 대한 사랑이 존재할 때 성취감을 얻긴 힘들다. 물질적인 부를 좇음으로써 우리는 끊임없이 인질로 잡혀 있기 때문이다.

돈을 좇기 시작하면 우리의 시간과 에너지, 집중력이 소모된다. 어떻게 돈을 더 벌거나 불리거나 모을지를 생각하다 보면 더 많은 돈을 벌고 싶다는 욕망 때문에 우리의 관심은 계속 돈을 향하게 된다. 부를 키울 기회는 우리 주변에 언제나 존재한다. 야근을 하든, 새로운 고객을 찾든, 부업을 하든, 투자를 하든, 돈을 좇으려면 우리의 시간과 에너지를 써야 한다.

그것뿐만이 아니다. 돈을 추구하다 보면 우리가 중요히 여기던 가치가 바뀌기도 한다. 돈을 향한 욕망은 우리가 평소에 절대 하지 않을 행동을 하게 만들며 완전히 다른 사람으로 바뀌게도 한다. 욕망은 다른 사람들과의 경쟁을 부추긴다. 돈에 대한 사랑은 다른 사람이 가지고 있는 것을 더 욕망하게 만든다. 내가 더 얻으려면 당신은 당신의 것을 내어줘야만 한다. 세상은 질투와 시기가 지배하는 제로섬 게임이 되어버릴 것이다.

돈을 향한 열망은 우리의 시간과 에너지, 가치, 관계들을 지배

삶을 향한 완벽한 몰입

하기 시작한다. 또한 이 세상에 선한 일을 할 수 있는 우리의 잠재력을 제한한다. 우리는 우리가 가장 욕망하는 것보다 더 큰 존재가 될 수 없다. 돈을 버는 것이 인생의 가장 큰 목표가 될 때 우리는 통장의 잔고보다 더 큰 존재가 될 수 없다. 안타까운 일이다. 우리는 이 세상에 그보다 훨씬 좋은 것들을 줄 수 있다.

하지만 돈은 그 자체로 악하지 않다는 걸 잊지 말자. 본질적으로 돈은 도덕성과 관계없으며 중립적인 것이다. 엄밀히 말하면, 돈은 상품과 서비스를 쉽게 교환하기 위한 수단일 뿐이다. 만약 우리가 잘못된 마음을 먹는다면 돈은 우리를 '온갖 종류의 악'으로 이끌 수 있다. 너그러운 마음을 가질 때 돈은 좋은 일을 위해 사용될 수 있다. 그러나 그것은 끊임없이 돈만 좇는 삶을 사는 것과는 다르다.

또한 돈을 버는 행위가 나쁜 것이 아님을 분명히 밝힌다. 모든 사람은 그들이 하는 일에 대해 적절한 보상을 받아야 하며, 5센트로 25센트를 만들어내는 사람들처럼 돈을 버는 것에 특히 재능을 보이는 사람들도 있다. 나는 임금이나 보상, 이익에 반대하는 것이 아니다. 부디 이를 열심히 일하지 말라는 메시지로 오해하지 않길 바란다. (이 주제에 대한 자세한 설명은 9장을 참고하자.) 열심히 일하는 것과 부를 욕망하는 것은 다르다.

우리가 얼마만큼의 돈을 가지고 있는지에 관한 문제가 아니다. 우리가 대답해야 할 더 중요한 문제는 바로 이것이다. 우리는 돈을 갈망하고 더 많이 얻으려고 애쓰면서 한 번뿐인 삶을 너무 낭비하고 있진 않은가? 만약 그렇다면, 장기적으로 의미 있는 것들에게서 멀어질 수밖에 없기 때문이다. 도대체 어느 시점이 되면 충분하다고 느끼게 될까?

어쩌면 우리는 더 많은 돈이 필요하지 않을지도 모른다

나는 모든 사람은 각기 다른 배경과 열정을 가진 유일무이한 존재라는 사실을 기억하려 노력한다. 우리는 모두 다른 국적과 유산, 성별, 가족 구성원, 종교, 문화, 세계관을 갖고 있다. 하지만 이런 사람들을 결속시키는 한 가지 공통점이 있다면, 우리가 진짜 필요한 것보다 더 많은 돈이 필요하다고 생각한다는 것이다.

물론 세상에는 생존을 위해 돈이 더 필요한 사람들도 많다. 그러나 그 사람들에 나는 포함되어 있지 않다. 아마 당신도 마찬가지일 것이다. 당신은 이미 필요를 충족시키기에 충분할 정도로, 어쩌면 그 이상으로 돈을 벌고 있을 가능성이 크다. 이 책을 읽고 있다면 당신은 책을 접할 수 있고 삶의 목표를 고민할 여유와 자유가 있는 교육 받은 사람이다. 당신은 아마도 세계 선진국들 중한 곳에서 살고 있을 것이다. 당신은 매슬로의 욕구위계이론의 첫단계를 이미 충족했을 것이다. 하지만 생각보다 이런 환경을 누리지 못하는 사람들도 많다.

세계은행은 2017년에 다음과 같은 내용을 발표했다.

- 세계 인구의 9.2퍼센트는 하루 1.9달러 미만으로 생활하고
- 세계 인구의 24.1퍼센트는 하루 3.2달러 미만으로 생활하며
- 세계 인구의 43.6퍼센트는 하루 5.5달러 미만으로 생활한다[7]

잠시 책 읽기를 멈추고 당신이라면 하루에 5.5달러로 어떻게 살아갈지 생각해보자. 상상할 수 있겠는가? 오늘날 미국에서는 최저시급을 15달러로 인상해야 한다는 논쟁이 있다. 세계 인구의 44퍼센트가 하루를 버텨야 하는 금액의 세 배다! 더 나아가 네 명의 가족이 일 년에 5만 달러(약 6,500만 원)를 번다면 그 가족은 전 세계 소득 상위 10.6퍼센트에 속한다.[8]

빈곤은 여전히 믿을 수 없을 정도로 만연하고 우리는 빈곤 문제를 해결해야 한다. 나는 더 많은 사람들이 이 문제를 마주하고 끝내기 위해 각자의 도전을 받아들이게 되길 바란다.

평소에 잘 다루지 않던 주제에 대해 이야기를 나눠보자. 세상에는 빈곤과 함께 동반되는 결과와 유혹이 존재하고 우리는 그것이 무엇인지도 짐작할 수 있다. 하지만 부를 얻을 때 따라오는 결과와 유혹도 존재한다.

앞서 언급했듯이, 부유한 사람들은 다른 사람들보다 더 고립되고 외로움을 느끼는 경향이 있다. 그들은 공동체보다는 개인주의

와 자기 신뢰를 중요하게 여기고 공감 능력이 부족하거나 특권의
식, 오만함을 보일 수 있다.⁹ 더 비싼 차를 모는 운전자일수록 횡
단보도에서 보행자를 위해 멈추지 않는 등의 위반을 저지를 확률
이 높다는 사실을 알고 있는가?¹⁰

더 많은 돈이 더 큰 행복을 안겨다 주지 않는다는 것은 엄연한
사실이다. 돈은 결코 모든 문제를 해결해주지 않는다. 오히려 새
로운 문제를 일으키는 경우가 많다. 벤저민 프랭클린은 이렇게 말
했다. "돈은 결코 사람을 행복하게 만든 적 없고, 앞으로도 그럴
것이다. 사람은 돈을 벌면 벌수록 더 많이 가지려 한다. 돈은 공허
를 메우기보다는 또 하나의 공허를 만들 뿐이다."¹¹ 부의 가장 큰
위험은 부를 얻었을 때 아무도 이를 감사히 여기지 않고 끊임없이
더 갈망한다는 것이다. 세계 상위 10퍼센트에 속하는 사람들조차
도 아직 충분한 돈을 갖고 있지 않다고 생각하는 이유다.

나는 돈 없이—정말 한 푼도 없이—살기로 선택한 다니엘 수
엘로라는 남성을 인터뷰한 적 있다. 샬럿 공항에 앉아서 그의 이
야기를 읽게 되었고 즉시 이메일을 통해 그에게 연락을 시도했다.
그의 이야기를 더 자세히 듣고 싶었다. 친절하게도 그는 나의 부
탁을 수락했다.

몇 년째 다니엘은 유타에 있는 동굴을 포함한 다양한 야외 장
소에서 생활하고 있다. 낚시를 하고 베리류나 다른 먹을거리를 찾
아다니며 음식을 얻는다. 근처 마을을 걸어 다니며 쓰레기통에서

삶을 향한 완벽한 몰입

음식을 구하기도 한다. 그는 도대체 왜 이런 생활을 하는 것일까? 다니엘은 경제 공동체에 속하지 않아도 생활할 수 있다는 것을 보여주고 싶어 한다. 또한 생태계에 가능한 한 어떤 영향도 미치고 싶어 하지 않기 때문이다. 이유와 관계없이 다니엘은 돈을 소비하지 않고도 의미 있는 삶을 살 수 있다는 사실을 입증하고 있다. 그와의 대화에서 가장 인상 깊었던 말은 "돈은 두 명 이상의 사람들이 돈의 존재를 믿을 때만 존재한다."는 것이었다.

나는 우리가 돈이 너무 귀중한 자원이며 삶에 온갖 좋은 것을 가져오게 한다는 사고방식에 빠져 말 그대로 하루하루를 어떻게 더 벌 것인지만 궁리하며 보낸다고 생각한다. 그러나 깊이 생각해보면, 돈은 그저 종잇조각과 동그란 금속 조각(혹은 컴퓨터에 저장된 숫자들)일 뿐이다. 그 조각들이 가치 있는 것은 우리가 그렇게 믿고 사회가 그렇게 말하기 때문이다.

물론 돈은 거래를 신속하게 처리해준다. 그러나 우리가 돈을 너무 사랑한 나머지 그 가치를 지나치게 높이 평가했을 가능성은 없을까? 나는 분명히 그렇다고 생각한다. 그리고 이것은 우리에게 해로운 일이다.

다니엘은 극단적인 사례이고 당신도 나만큼이나 동굴에서 살고 싶진 않을 것이다. 하지만 그의 이야기는 현대 선진국에서도 적은 돈으로, 혹은 심지어 돈 한 푼 없이도 살 수 있다는 것을 보여준다. 이 사실을 인지하고 나면 '자유'라는 완전히 새로운 기회가 우리 인생에 나타나기 시작한다.

몇 년 전, 〈USA 투데이〉는 '아메리칸드림을 이루기 위한 가격 표: 연간 13만 달러'라는 제목의 기사를 실었다. 필자는 네 명의 가족 구성원이 건강하고 개인적으로 만족하는 삶을 살기 위해 필요한 모든 비용을 계산했다. 이 비용에는 연간 17,000달러의 담보 대출, 연간 12,500달러의 식료품비, 11,000달러의 은퇴 자금을 위한 저축 등이 포함되어 있다. 그는 계산에 따라 이런 결론을 내렸다. "분명한 사실은 이런 삶을 살 수 있는 사람들이 점점 줄어들고 있다는 것이다."[12]

나는 그 기사를 처음 접하자마자 엉터리 기사라는 것을 알았다. 나는 한 번도 일 년에 그 액수의 반만큼도 벌어본 적 없지만, 우리 네 가족은 네 개의 다른 주에서 꽤 만족스럽고 편안한 삶을 살았기 때문이다. 내 경험에 비춰봤을 때 아메리칸드림에 연간 13만 달러가 들지 않는다는 것을 알았다.

하지만 나는 그 기사를 읽을 다른 사람들의 반응이 염려되었다. 우리 주변의 세상이 좋은 삶을 살기 위해서 더 많은 돈이 필요하다고 끊임없이 외칠 때, 우리는 이미 충분히 부유하다는 사실을 깨닫기보다 충분한 돈을 갖고 있지 않다는 생각에 빠지기 쉽기 때문이다.

나는 12년 동안 미니멀리스트로 살았다. 작은 삶을 살며 얻은 가장 값진 깨달음은 우리에게 필요한 것은 생각보다 훨씬 적다는 것이다. 내가 만나본 많은 미니멀리스트는 생각했던 것보다 훨씬 더 적은 돈으로 좋은 삶을 살 수 있다는 것을 보여줬다. 대부분 사람들은 돈을 버는 것이 아니라 소비와 관련된 문제를 갖고 있다.

우리는 정말 돈이 더 필요한 것이 아니다. 그저 돈을 더 원할 뿐이다. 우리는 주머니에 현금이 더 많이 있길 바란다. 연봉이 더 높길 바란다. 통장 잔고에 더 많은 액수가 찍혀 있길 바란다. 그리고 많은 사람들이 행복을 이 돈과 연결시킨다.

기본적인 욕구가 충족되었음에도 돈을 향한 욕망은 사라지지 않는다. 이 욕망은 우리 내면에서 '필요한 것'으로 인지되어 뿌리를 내리기 시작한다. 미처 깨닫기도 전에 우리가 '바라는 것'에 대해 얘기하고 있다는 것을 잊고 '필요한 것'으로 혼동한다. 그리고 영원히 충분한 돈을 벌지 못한다는 경제적인 스트레스를 받는다. 그러나 실제로는 우리에게 필요한 것과 우리가 원하는 것이 같은 경우는 아주 드물다.

더 많은 돈을 버는 데 시간을 덜 쓴다면, 다른 일을 할 수 있는 시간과 에너지, 여유가 생길 것이다. 우리 자신을 위해 이렇게 많은 돈이 필요하지 않다면 우리에게 가장 의미 있는 일에 투자할 돈이 더 생기는 것이다.

무엇을 위한 저축인가

금융 정보회사 뱅크레이트Bankrate의 최고 재무 분석가인 그렉 맥브라이드는 "계획하지 않은 지출을 충당할 수 있는 돈이 보관되어 있다는 것을 아는 것만큼 밤에 잠을 푹 자게 해주는 것은 없다."라고 했다.[13] 나도 그의 말에 어느 정도 동의한다. 돈을 예상치 못하게 지출해야 할 때를 대비해서 저축해두는 것은 현명한 일이다.

하지만 '지나친 저축'이란 개념이 가능할까? 한 가지 확실한 사실은 이는 인기 있는 경제 잡지들에서는 절대 다루지 않을 주제라는 것이다. 또한 텔레비전에서 우리 자신을 위해 너무 많은 돈을 모으고 있을지 모른다고 경고하는 금융 자문회사의 광고는 한 번도 본 적이 없다. 이것은 일반적인 관습에 반대되는 질문이다. 하지만 우리가 이 문제를 고민해볼 때 더 의미 있고 영향력 있는 삶을 살 수 있지는 않을까?

이런 관점에서 생각해보자. 돈을 저축할 때 우리는 미래에 필요할지도 모르는 돈을 따로 마련해두는 것이다. 그러나 이런 저축에는 항상 기회비용이 따른다. 본질적으로 미래에 개인적으로 필요할지 모르는 가능성을 위해 저축하는 것은 누군가가 오늘 실질적인 욕구를 희생한다는 의미일 수 있다.

우리 주변에는 언제나 도움이 필요한 사람들이 있다. 약 8억

2,000만 명의 사람들은 먹을 식량이 없고 7억 6,800만 명의 사람들은 식수원에 접근하기 힘든 곳에 살고 있으며, 오늘날 전 세계 25억 명의 사람들은 제대로 된 위생설비조차 없이 살고 있다.[14] 당신이 사는 도시에도 판지 상자나 다리 밑에서 사는 사람들이 있을 것이다. 고아들은 가정이 필요하다. 한 부모 여성들은 재정적인 도움이 필요하다. 가정 폭력을 당한 여성들은 새로운 시작이 필요하다. 사회적 약자들은 공평한 경쟁의 장이 필요하다. 당신의 이웃은 의료비를 내기 위해 도움이 필요하다. 오늘날 정서적, 정신적, 신체적 도움을 필요로 하는 수많은 사람들이 깊은 고통을 안고 살아간다.

우리가 가진 돈으로 지금 당장 이런 문제들을 해결할 수 있다. 우리의 돈은 건강과 부당함, 불평등의 문제를 해결할 수 있다. 우리는 길에 있는 노숙자 가족들에게 음식을 제공하기보다 우리도 같은 상황에 처할 것을 대비해서 따로 돈을 모아두기를 선택한다. 우리가 사는 도시의 중심이 되는 초등 교육을 위해 적절한 자금을 지원하기보다는 우리의 자녀들이 최고의 대학에 갈 수 있게 값비싼 등록금을 따로 마련해둔다. 오늘 배고픈 사람들에게 수프를 사주기 위해 돈을 기부하기보다는 딸의 결혼식 날 사람들에게 갈비를 대접할 수 있는 충분한 돈을 모아두길 바란다. 평균적인 미국인들은 노숙자들을 위해 적당한 가격의 집을 짓는 데 도움이 되기보다 노후를 위해 170만 달러(약 22억 원)를 저축하려 노력한다.[15]

이것이 정말 우리가 돈을 가장 잘 활용하는 방법일까? 아니면 우리의 안락과 안전에만 너무 집중하는 바람에 인생에서 더 큰 일을 할 수 있는 기회조차 인식하지 못하는 것일까? 더 많은 돈을 바라는 것이 진짜 의미 있는 일을 하는 데 방해가 되는 것과 같은 이치 아닐까?

아마 미국과 다른 국가들이 최저 저축률을 기록하고 있다는 것을 들어본 적 있을 것이다. 그건 사실이다. 돈을 저축하는 사람들이 거의 없다. 미국의 모든 피고용인의 4분의 3이 간신히 월급만으로 생활하고 있으며, 성인 열 명 중 세 명은 비상용으로 모아둔 돈이 전혀 없다고 한다.[16] 만약 당신도 이 세 명에 해당한다면, 돈이 어디로 나가고 있는지 파악하고 가능한 한 지출을 줄이는 것이 좋다. 그래도 미래를 위해 어느 정도 돈을 모아두는 것이 현명하기 때문이다. 그리고 어쩌면 이것이 당신이 이번 장에서 얻어야 할 중요한 메시지일 수 있다.

그러나 자신에게 지나치게 많이 소비하거나 앞으로 생길지도 모르는 잠재적인 욕구를 위해 돈을 지나치게 많이 모아두는 사람이라면 관용의 편에 한번 서보자. 결국 자신을 위해 모은 돈보다 남들을 돕는 데 쓴 돈이 더 자랑스럽게 느껴질 것이다.

조금 더 베풀기 시작한다면 오늘부터 후회할 일을 줄일 수 있다.

돈의 스트레스에서 해방되는 법

만약 돈에 대해 스트레스를 받고 있다면(우리 중 70퍼센트는 돈에 대한 스트레스를 받는다고 한다), 스트레스를 완화하고 당신의 관점을 바꿀 수 있는 가장 빠른 방법은 약간의 돈을 기부하는 것이다. 말 그대로 과거에 시도한 방법과는 정반대의 방법이다. 재정적인 스트레스를 가라앉히기 위해 지금까지 어떤 방법을 시도했든 그것이 효과가 없었다면 이것이 좋은 시도가 될 수 있다.

시험 삼아 이번 주에 5달러를 기부해보자. 성금으로 내도 좋고 길에서 만나는 자선냄비에 넣거나 다양한 자선단체의 웹사이트를 통해 기부해도 좋다. 그리고 주말에 당신에게 여전히 먹을 음식과 지붕, 옷이 있는지 확인해보자. 분명히 그대로 있을 것이다. 5달러를 기부해도 당신의 욕구는 여전히 충족될 수 있다. 다음 주에도 다시 시험해보자. 이렇게 몇 주 동안 당신의 욕구가 충족되는지 확인한 후, 한 주에 10달러씩 기부해보자. 그래도 여전히 식탁에는 음식이 있고 머리 위에는 안전한 지붕이 있다는 것을 알게 될 것이다. 이 실험의 목표는 매주 몇 달러씩의 돈을 기부하는 것이 아니다. 진정한 목표는 당신의 욕구를 충족시키는 동시에 당신에게 나눌 수 있는 여분의 돈이 있다는 것을 깨닫는 것이다. (이미 자선단체에 기부하고 있는 사람이라면, 다음 주에는 5달러, 10달러, 50달러 정도 더 기부해보자. 그래도 당신의 욕구가 충족되는지 지켜보자. 분명히 그럴 것이다.)

그 순간 관대함이 주는 가장 큰 선물을 발견할 것이다. 충분함에 대한 우리의 생각도 바꿔줄 것이다. 우리가 얼마나 베풀 수 있고, 얼마나 선함을 실천할 수 있는지 보여줄 것이다. 우리와 함께 살아가는 사람들에게 필요한 도움이 무엇인지 알고 도와줄 수 있게 할 것이다.

이것이 내 어머니가 외할머니에게 배운 교훈이다. 외할머니는 놀라울 정도로 마음이 너그러운 사람이었기에 외할머니의 집에는 언제나 돈을 구하러 오는 사람이 찾아왔다. 어머니는 어린 시절 낯선 사람이 집에 찾아와 외할머니에게 경제적인 어려움을 토로하는 모습을 자주 봤다고 말했다. 그때마다 외할머니는 그 사람에게 돈을 쥐여주었다고 한다.

어머니는 당시 그 모습을 지켜보며 쉽게 이해되지 않았다고 했다. 외할머니 자신도 경제적으로 넉넉한 상황이 아니었는데 왜 낯선 사람에게 돈을 나눠주었을까? 하지만 나이를 먹으며 외할머니를 이해하게 되었다고 했다. "우리 부모님은 도움이 필요한 사람을 보았을 때 돕고 싶어 하는 관대한 분들이었지. 우리 가족은 한 번도 많이 가진 적은 없지만 언제나 풍족했어. 그리고 돌이켜보면 어머니가 도움이 필요한 사람들을 돕는 것을 지켜본 기억은 우리가 그 돈으로 살 수 있던 어떤 물건보다 오늘 나에게 더 큰 기쁨을 안겨준단다."

때로 관대함은 받는 사람만큼 주는 사람에게도 큰 선물을 준다.

삶을 향한 완벽한 몰입

자녀의 학비에 대한 고민

내가 첫 책의 선금을 받았을 때 정기적으로 나가는 비용은 이미 내가 다른 일로 번 수익으로 충당되고 있었다. 그래서 어떤 면에서는 여윳돈이 생긴 셈이었다. 미니멀리스트인 나와 아내는 그 돈으로 물건을 잔뜩 사진 않을 것이었다. 그렇다면 그 돈으로 무엇을 하려고 했을까? 우리는 계획을 세웠다.

당시 나는 여동생인 야나와 갑자기 생긴 여윳돈에 대해 대화를 나눴다. 우리는 집 뒤뜰에서 아름다운 가을 저녁을 즐기고 있었다.

"그 돈으로 뭐 할 거야?" 그녀가 물었다.

"개발도상국의 고아들에게 가정에서 생활하는 환경을 제공하는 비영리단체를 설립하려고 해."

잠시 침묵이 흐른 뒤 야나는 "아, 그렇구나. 나는 아이들 대학교 학비 자금 같은 걸 위해 저금해둘 줄 알았지."라고 대답했다.

나는 야나와 나의 어린 시절을 떠올리며 "우리 부모님도 학비를 위해 돈을 따로 모아두지 않으셨지만 우리 둘 다 대학에 갔고 남동생도 마찬가지야. 모든 게 다 잘 풀렸잖아."라고 말했다.

"그렇지." 그녀는 대답했다. "하지만 지금은 상황이 달라. 우리가 다닐 때보다 학비가 얼마나 비싸졌다고."

그녀의 말이 맞았다. 지난 2~30년 동안 대학 등록금은 급격히 비싸졌다. 짧은 순간 나는 어쩌면 두 딸의 교육을 위해 돈을 저금해야 할지도 모른다고 생각했다. 그러나 나는 지속적인 안정감에 관한 중요한 사실을 떠올리며 내 결정을 확고히 굳혔다.

정확히 기억나지는 않지만, 이런 식으로 대답했던 것 같다. "그아들이 가족을 찾도록 돕는 데 이 돈을 쓴다고 해서 나중에 내 딸들이 대학에 가야 할 때 돈이 없을 거라 생각하지 않아. 나는 세상이 그런 식으로 돌아간다고 믿고 싶지 않거든. 관대함은 베푸는자에게 언제나 아낌없이 돌려준다는 사실을 경험해봤잖아."

"뭐, 그렇게 말하니까 그런 것도 같네." 그녀가 말했다.

가족을 부양하기 위해 미래를 계획하는 것은 현명한 일이다. 그러나 우리가 그렇게 할 때 정말 중요한 것들과 오늘 타인이 진짜 필요로 하는 도움을 고려하며 돈을 모아두고 싶은 우리의 욕망을 생각해봐야 한다. 어쩌면 지금 관대함을 베풀고 때가 되면 미래에 닥칠 욕구도 충족될 것이라고 믿는 게 더 중요할지도 모른다. 너그러운 마음으로 남을 도울 때 '기쁨'이라는 선물을 보상받는다는 사실을 알게 될 것이다.

따뜻한 지출이 선사하는 특별한 감정

책 읽기를 잠시 멈추고 당신이 돈을 기부했을 때 마음이 따뜻해짐을 느꼈던 순간을 떠올려보자. 그것은 특이한 경험이 아니며 당신만 그런 기분을 느낀 것은 아닐 것이다.

삶을 향한 완벽한 몰입

글로벌 연구에 따르면, 사회에 이로운 지출(타인을 돕기 위해 당신의 재정 자원을 활용하는 것)은 전반에 걸쳐 베푸는 사람들에게 정서적인 혜택을 제공한다. '심리적 보편성'이라고 할 수 있다. 예를 들면, 힌 연구는 "자선단체를 위한 물품을 구매하도록 무작위로 배정된 캐나다와 남아프리카공화국의 참가자들은 같은 물건을 자신을 위해 구매하라고 배정된 참가자들보다 긍정적인 영향을 더 많이 받은 것으로 보고했다."고 밝혔다. 이 결과는 관대한 행동을 하기 전 느끼는 각종 저항성을 한번 극복하고 나면, 문화적·경제적 환경과 관계없이 '남을 도우면서 경험하는 보상'을 느낄 수 있다는 것을 보여준다.[17]

같은 연구원들이 진행한 다른 연구에서는 "상관 연구와 실험 연구에서 모두 타인에게 돈을 쓴 사람들이 더 큰 행복을 보고한다는 것을 보여줬다. 사회에 이로운 지출이 주는 혜택은 전 세계 성인들 사이에서 나타나고 있으며 베풂의 따뜻한 불빛은 유아들 사이에서도 감지될 수 있다."라는 결론을 얻었다.[18]

무료 분양 강아지의 가치

내 친구 케빈에게는 세 딸이 있는데, 막내딸 이름은 소피아다. 가족 중 가장 저축을 잘하는 그녀는 용돈이 생길 때마다 잘 모아두었다. 아홉 살이 되었을 때 소피아의 저금통에는 200달러나 모였다.

소피아는 아주 오래전부터 강아지를 입양하고 싶어 했다. 인근 농장에서 무료로 강아지를 분양한다는 전단이 붙어 있는 걸 본 그녀는 곧장 아빠를 설득해 다음 날 함께 농장을 방문해보기로 했다.

작은 농장에 도착하자마자 소박하고 겸허한 생활을 하는 농부와 그의 아내를 발견했다. 그들은 매일 열심히 일했지만 가족 소유의 소규모 농장을 겨우 유지하고 있는 듯했다.

강아지들을 만나본 후 케빈과 소피아는 농부와 그의 아내에게 내일 아침까지 결정하겠다고 약속하고 돌아왔다. 케빈은 이미 강아지를 데려오기로 마음먹었지만, 소피아에게 중요한 삶의 교훈을 가르쳐주고 싶었다.

"딸에게 책임감과 노력, 규율에 대해 가르쳐주고 싶었어." 케빈이 내게 말했다. "그래서 그날 저녁 딸에게 직접 모은 용돈으로 강아지의 값을 지불할 마음이 있냐고 물어보았지."

"강아지는 무료잖아요." 딸이 대답했다.

"그렇지." 케빈이 말했다. "그런데 농부와 그의 아내가 지금까지 우리 강아지에게 쏟은 사랑과 보살핌을 생각해봐. 그리고 그들은 부유한 분들이 아니었잖아. 강아지들을 무료로 분양해준다고 하셨지만, 그들에게 무언가 보답하는 게 좋지 않을까?"

케빈이 농장 부부를 돕는 것이 좋을 것 같다고 생각한 것은 사실이었다. 그러나 소피아가 강아지에게 자기 돈을 쓴다면 강아지를 더 진지하게 돌볼 책임감을 가질 것이라고도 생각했다.

"방에 올라가서 농부에게 어느 정도 보답하는 게 좋을지 생각해보렴. 그리고 아빠한테 알려줘. 아빠는 전적으로 너의 의견을 따를게."

소피아는 진지한 얼굴로 그녀의 방으로 올라갔다. 그리고 5분쯤 지나 그녀는 신이 나서 껑충껑충 뛰어 내려왔다.

"강아지를 분양받는 대가로 100달러를 드리고 싶어요."라고 웃으며 말했다.

케빈은 딸의 제안에 깜짝 놀라 마시던 커피를 쏟을 뻔했다. 그는 25달러라도 마음을 표현하기에 충분할 것으로 생각했다. 평생 절약가이던 딸이 강아지를 위해 지금까지 모은 돈의 절반을 내놓을 거라고는 생각하지 못했기 때문이다.

어떻게 반응해야 할지 몰랐던 케빈은 딸이 조금 더 생각하면 마음을 바꿀지도 모른다고 생각했다. 어쨌거나 강아지는 무료로 분양받을 수 있다는 걸 알고 있었기 때문이다.

그래서 그는 이렇게 대답했다. "우와! 정말 큰돈이네. 정말 그만큼의 돈을 주고 싶다면 조금 더 생각해보는 게 어떨까? 다시 한 번만 그 결정에 대해 충분히 생각해보자. 이번에는 5분보다 조금 더 생각해봐. 그런 다음 네가 최종 결정을 하는 거야."

소피아는 다시 계단을 올라갔다. 15분 후 케빈은 소피아가 다른 일에 관심을 뺏겨 임무를 잊은 건 아닌지 궁금해졌다. 딸을 부르려고 하는데, 소피아가 계단을 내려오는 게 보였다. 딸은 다시 껑충껑충 뛰어 내려왔다.

케빈은 딸이 어떤 결정을 내렸을지 궁금했다. 그는 딸이 강아지를 위해 모아둔 돈의 절반을 내놓는다고 한 말을 곱씹어 생각할수록 이번에는 딸이 금액을 약간 낮출 것이라고 기대했다. 강아지를 데려오면 앞으로 훨씬 더 많은 돈이 필요할 것이었다.

"어떻게 하기로 결정했어?" 그가 물었다.

나는 소피아가 한 대답을 절대 잊을 수 없다. 당신의 기억에도 오래 남길 바란다.

"아빠 말대로 농장 부부가 강아지에게 좋은 집을 만들어주고 지금까지 얼마나 큰 노력을 쏟았을지 생각해봤어요. 그리고 내 방을 둘러보면서 우리가 사는 좋은 집, 우리가 가진 좋은 물건들을 생각하고 농장 부부는 얼마나 가진 게 없는지도 떠올렸지요. 그래서 강아지를 데려오면서 그들에게 얼마를 지불하고 싶은지 마음이 바뀌었어요. 100달러가 아니라 내 저금통에 있는 200달러 모두 드릴래요."

사소한 선의와 위대한 의미

관대함의 이야기는 우리의 마음을 움직이고 영감을 준다. 헤드라인을 장식하는 것은 유명 인사들의 이야기겠지만, 우리에게 동기를 부여하는 현실적인 사례는 소피아가 돼지저금통에 있는 돈을 모두 내준 것 같은 이런 이야기들이다.

삶을 향한 완벽한 몰입

한 달에 두 번씩 고아들에게 따뜻한 집을 제공해주는 여성의 기사로는 신문을 많이 팔 수 없다. 자신이 믿는 대의를 위해 500달러를 기부한 세 아이의 아버지이자 고군분투하는 한 정비공의 이야기는 트위터에서 인기를 끌지 못한다. 매주 교회에 수입의 10퍼센트를 기부하는 중산층 가족의 이야기도 인터넷에서는 큰 화제가 되지 않는다. 변변치 않은 집에 살고 있지만 끊임없이 남에게 베푸는 과부의 이야기도 저녁 뉴스에서는 소개되지 않을 것이다. 그러나 이들이 삶을 바꾸고 변화를 일으키는 진짜 사람들이다. 그리고 당신도 그들 중 한 명이 될 수 있다.

어린 세 아이를 키우느라 고군분투하던 우리 부모님이 젊고 가난하셨을 때 익명의 누군가가 봉투에 담은 50달러를 우체통에 넣어둔 적 있다. 전혀 기대하지 않았던 그 돈으로 부모님은 우리 가족이 일주일 동안 먹을 음식을 살 수 있었다. 부모님은 우리가 자라는 동안 수없이 많은 저녁식사 자리에서 그 이야기를 들려주셨다. 그리고 요즘도 가족 모임 자리에서 그 이야기를 하신다(그리고 이제 이 책에도 소개되었다). 오래전에 일어난 사소하지만 관대한 누군가의 행동이 이제 수많은 사람들의 삶에 영향을 미치고 있다. 평범한 어느 날 멘토가 나에게 저녁식사를 사준 행동이 그랬듯이 말이다.

그것이 관대함이 우리에게 미치는 영향이다. 관대함은 내가 더 나은 사람이 되도록 만들고 다른 사람들도 그렇게 할 수 있게 영감을 준다. 그러나 우리가 끊임없이 부를 좇으며 산다면 관대함은 언제나 우리를 피해 갈 것이다. 관대함을 실천하면서 부를 좇을 수는 없기 때문이다.

우리는 돈에 대한 무의미한 추구에서 벗어날수록 타인 중심의 삶에 더 마음이 끌린다. 그리고 타인을 돕는 데 더 마음이 끌릴수록 더 큰 의미를 지닌 삶을 살게 될 것이다.

7장

'소유욕'을
내려놓을 것이다
내 삶을 짓누르는 짐들

> 단순함은 우리의 충동적인 소비에는 분별력을,
> 정신없는 마음에는 평화를 가져다준다.
> 단순함은 물질적인 것들을 있는 그대로 바라보게 해준다.
> 물건은 삶을 억압하는 것이 아니라 삶을 더 나아지게 하는 것이다.
> 단순함은 다시금 소유물보다 사람이 더 중요하게 만든다.
> — 리처드 포스터, 《심플라이프 Freedom of Simplicity》

2017년 나는 폴란드에서 열린 대규모 학회에 초대돼 미니멀리 즘에 대해 강연한 적이 있다. 폴란드가 30년 전에야 독립을 되찾 았다는 것을 알고 있었지만, 개회 만찬에서 내 나이 또래인 통역 사가 10대였을 때 아파트 창문 밖으로 식량 배급을 기다리는 빈민 들을 바라보곤 했다는 이야기를 들으며 현실을 상기했다. 우리가 얼마나 다른 환경에서 자랐는지 실감할 수 있었다.

구소련의 공산주의에서 자유시장 방식으로 전환되는 과정은 쉽지 않았고, 폴란드의 경제 규모는 여전히 상대적으로 작았다.

대부분의 폴란드인들은 다른 서구의 국민들만큼 부유하지 않았던 탓에 다른 국가들에 비해 과시적인 소비로 고통받지 않았다. 그러나 개인의 실질소득은 증가하고 있었기에 물질주의가 더 큰 문제로 자리 잡을 수도 있었다.

그날 내가 학회 참석자들에게 전달한 메시지는 당신의 자유와 창조적 기회를 최대한 활용하라는 것이었다. 그 과정에서 가장 중요한 것들을 놓치지 않아야 하며 장기적으로 중요한 일들을 추구할 때 당신의 자유를 중심에 두어야 한다는 것이었다. 한마디로 그날 내가 강의에서 전한 것은 바로 이 책의 메시지였다.

발표를 끝낸 후, 나는 행사의 주최자인 데렉 큐피얼과 함께 저녁식사를 했다. 데렉은 "조슈아, 내가 오늘 왜 당신을 초대했는지 얘기해도 될까요?"라고 물었다.

테이블 맞은편에 앉아 있던 나는 그가 생각하고 있는 것을 내게 얘기할지 말지 고민하고 있다는 것을 알 수 있었다. 나는 "물론이죠. 얘기해주세요."라고 말했다.

그는 나에게 이야기를 들려주기 시작했다. "젊은 시절 저에게 중요한 멘토가 있었어요. 그는 아우슈비츠의 생존자였는데, 거의 평생을 점령된 폴란드에서 사셨죠. 처음에는 독일에, 그 이후에는 소련의 공산당에 점령되었어요."

"어느 날 그가 제게 한 말이 있는데, 저는 그 이후로 한 번도 이 이야기를 잊은 적 없어요. 그는 서유럽으로 여행을 다녀온 후, 저

삶을 향한 완벽한 몰입

를 불러서 이렇게 얘기했어요. '나는 물질주의가 공산주의와 같은 방식으로 사람들을 포로로 삼고 있다는 걸 깨달았어. 내가 자랄 때 경험한 공산주의는 무력으로 개인의 정체성을 파괴하려 했지. 물질주의도 똑같아. 다만, 물질주의는 자진해서 개인의 정체성을 파괴하는 게 다를 뿐이야.'"

"저는 이것 때문에 오늘 당신을 초대한 겁니다. 우리가 되찾은 자유를 또 다른 굴레에 갇히는 데 쓰지 않도록 개인과 사회에 영감을 주기 위해서요."

나도 그 현명한 아우슈비츠 생존자를 알았으면 좋았을 텐데. 그는 대부분의 사람들보다 현실을 더 깊이 들여다볼 수 있었던 것 같다. 어쨌든 재산과 소유물이 우리의 영혼을 말살시킬 수 있다는 그의 생각은 옳았다. 우리는 물질주의에 너무 깊이 빠져 있어 대수롭지 않게 여기기 때문에 물질주의가 야기하는 문제를 직시하지 못한다. 더 심각한 사실은 우리가 물질적 소유를 좇고 축적하는 것을 옹호하는 사회에 살고 있다는 것이다. 우리는 "많을수록 좋다."라는 신조를 믿으며 자랐다. 그러나 우리의 목표를 성취하는 데 가장 큰 장애물 중 하나가 물질적인 재화를 쌓아두는 것이다.

만약 끊임없이 이런저런 물건을 사는 데 신경을 쏟는다면 누가 도전적인 목표를 성취할 수 있겠는가? 창고를 정리하느라 바쁘다면 누가 의미 있는 일에 시간을 투자할 수 있을까? 우리는 소유의 늪에 빠져 허우적대고 있으며, 우리의 꿈도 함께 사라지고 있다.

나는 지금 15년째 미니멀리즘에 대해 얘기하고 글을 쓰고 있다. 그리고 깨닫게 된 미니멀리즘의 가장 큰 장점은 바로 당신의 가장 큰 열정을 좇기 위한 돈과 시간, 에너지를 확보할 수 있다는 것이다. 물질적 소유에 대한 당신의 태도를 바꾸고 소유를 통제하는 것이 당신의 잠재력을 발휘하는 데 꼭 필요한 단계라고 믿는다. 그리고 이는 누구나 할 수 있는 일이다.

누군가가 나에게 "저는 절대 미니멀리스트가 될 수 없어요."라고 얘기할 때마다 나는 속으로 '당신은 이미 미니멀리스트예요.'라고 생각한다. 모든 사람은 무언가를 축소시키고 있기 때문이다. 만약 당신이 소유를 줄이고 있지 않다면 돈이나 시간, 잠재력을 축소시키고 있는 것이다.

당신이 가진 물건들을 살펴보자. 이들의 일부는 당신이 이룬 성공의 전리품일 수 있다. 몇 가지는 인생을 더 행복하게 만들어 줄 것으로 생각하는 장난감일 수도 있다. 그러나 그것이 인생의 목표들을 성취하는 데 도움이 되는 도구가 아니라면, 그 물건들을 처분해야 할 때가 된 것이다.

불멸의 의미를 남길 것

3장에서 "인간이 진정으로 두려워하는 것은 소멸이 아니라 무의미한 소멸이다."라고 얘기한 인류학자 어니스트 베커에 대해 언급한 적 있다. 베커는 "한때 살아 있었던 것이 의미를 가지기 위해서는 그 영향이 어떤 방식으로든 영원히 남아 있어야 한다."라고도 했다. 죽음을 무찌르고 죽음보다 오래 남고, 죽음에 대한 두려움을 극복하기 위해 인간은 베커가 '불멸의 상징'이라고 부르는 것을 손에 넣는다.[1]

불멸의 상징들은 여러 형태를 취할 수 있지만, 베커에 따르면 자본주의 사회에 사는 대부분의 현대인들은 부와 소유물에 의지한다고 한다. "돈은 지금 권력을 쥐여준다. 그리고 축적해놓은 부동산과 땅, 지분을 통해 미래의 권력을 얻는다." 그는 부와 소유물을 추구하는 것이 너무 흔하기 때문에 "현대 민주주의적 사람들이 경제 평등을 이해하지 못하는 것이 놀랍지 않을 정도다. 집과 차, 은행 잔고가 불멸의 상징이기 때문이다."라고 주장했다.[2]

지금처럼 경제 불평등이 존재하는 세상을 바라는 사람은 없겠지만, 우리의 욕망이 잘못 발현되면 경제 불평등이 일어날 수밖에 없다. 소유와 자산을 좇는 것이 삶의 중심이 되면 우리의 잠재력을 경시하게 될 뿐만 아니라 개인적으로나 사회적으로나 부정적인 결과를 얻게 된다. 많이 모으지 못한 사람들은 더 많이 가지길 바란다. 많이 축적해놓은 사람들은 교만해지지만 이상하게도 만족하지 못한다.

우리는 죽고 난 후에도 세상에 더 오래 남고 싶은 무의식적 욕망 때문에 소유와 자산을 좇는다. 그러나 결국 인생의 마지막에 이르러서는 이를 후회한다. 이유가 무엇일까? 우리가 죽은 후에도 오래 남을 수 있는 더 좋은 방법들이 있기 때문이다. 집이나 디자이너 이름이 새겨진 옷보다도 더 대단한 유산을 남길 수 있다. 당신의 장례식에서 어느 누구도 "그는 정말 비싼 소파를 갖고 있었어요." 혹은 "그녀는 정말 멋진 신발을 많이 갖고 있었지요."라고 얘기하지 않을 것이다. 이보다 훨씬 중요한 유산은 우리가 살면서 누군가에게 어떤 식으로 모범이 되었는지, 어떤 도덕적 기준을 따랐는지, 어떤 품성을 보였는지, 우리 자신과 가족을 위해 어떤 평판을 얻었는지 등이다.

잠시 멈춰 생각해보면, 당신의 소유물이 최고의 불멸의 상징이 될 수 없다는 것을 알 수 있다. 당신은 다정하고 베풀 줄 아는 존재로 기억되고 싶을 것이다. 당신의 인생이 중요한 무언가를 위해 쓰였길 바랄 것이다. 믿기 힘들 수도 있지만 물질적 소유의 축적을 좇는 것은 이와 정반대의 결과를 낸다. 물질적 소유를 축적하기 위해서는 본질적으로 시간과 돈, 집중력을 필요로 하기 때문이다.

일레인은 물질적 소유보다 더 큰 꿈을 좇기 시작했는데, 그녀는 자기 집에서 관대함을 베풀 수 있는 기발한 일을 시작했다.

비울수록 완벽해지는 나의 집

60세의 일레인은 앨라배마에 있는 아름다운 집에 살고 있다. 그녀는 특별한 보살핌이 필요한 29세의 딸 레베카와 함께 살았다. 일레인의 남편은 몇 년 전에 그녀를 떠났고 다른 자녀들도 모두 성인이 되어 독립했다.

일레인은 과거를 회상하며 말했다. "저는 아름다운 집에 살고 있었어요. 남편과 함께 지은 집이었죠. 하지만 지금은 그저 과거를 추억하는 박물관이 되었답니다. 돌아가신 부모님의 물건, 실패한 결혼생활이 남긴 물건, 이제 성인이 되어 독립한 세 아이의 물건으로 가득했어요. 벽장문을 여는 게 무서울 정도였으니까요."

레베카는 24시간 내내 보살핌이 필요했고 그것은 온전히 일레인의 몫이 되었다. 일레인은 레베카를 돌봐주기 위해서는 자신의 삶을 간소화해야 한다는 것을 깨달았다. 그래서 더 이상 삶에 유용하지 않은 물건들을 처분하기 시작했다. 그녀는 "딸을 보살피기 위해 필요한 물건을 빨리 손에 잡을 수 있게 정돈하고 싶었어요."라고 말했다.

그리고 그 과정에서 그녀의 꿈은 단순히 집을 정돈하는 것보다 커졌다. "저는 나이가 들면서 레베카를 어떻게 계속 돌볼 수 있을지 고민하게 되었어요. 집을 정돈하다 보니 덜 소유하는 것이 어떻게 나를 완벽하게 만드는지 깨닫게 되었죠. 내 앞에 펼쳐진 길이 보였습니다. 지역사회에 있는 특별한 보살핌이 필요한 다른 아이들, 성인들, 그들의 부모가 눈에 들어왔어요. 불필요한 물건을 모두 처분하고 나서 저는 집에서 각종 행사를 개최했지요. 특별한 보살핌이 필요한 아이들뿐만 아니라 한숨 돌릴 시간이 절실한 그들의 부모를 위한 행사였습니다."

그녀는 비어 있는 넓은 땅에 동물들을 데려와 키웠고 집안에는 특별한 도움이 필요한 사람들이 어떤 방식으로든 참여할 수 있도록 예술과 음악이 있는 공간을 만들었다. 그녀는 이런 파티와 행사를 도와줄 자원봉사자와 직원들을 채용했으며 지역사회가 특별한 보살핌이 필요한 성인들을 효과적으로 도울 수 있게 만드는 역할도 했다.

오늘날 그녀의 집은 특별한 보살핌이 필요한 성인 여성들이 지낼 수 있는 공간으로 개조되었다. 그녀는 훗날 이 집이 간병인들이 있고 예술, 음악, 자연, 동물이 있는 창조적인 보금자리가 되길 바란다.

일레인은 자신을 위한 다른 계획도 세웠다. "이 집 뒤쪽에 자그마한 오두막을 한 채 지을 생각이에요. 그곳에 살며 딸과 가깝게 지낼 수 있게요. 물건이 가득한 커다란 집은 더 이상 내가 바라는 것이 아니에요. 이제 내 인생에서 더 큰 목표를 좇고 있거든요."

삶을 향한 완벽한 몰입

소유물이 잠재력을 가로막는 3가지 방식

우리가 사는 데 어느 정도의 물건은 필요하지만, 그 이상의 물건들은 의미 있는 삶을 사는 데 방해물이 된다. 소유물이 너무 많으면 우리가 중요하게 여기는 일을 성취하는 속도가 저하된다. 최악의 경우, 어떤 진전도 이루지 못하게 될 수도 있다. 재고정리 세일에서 산 옷들과 이케아에서 주문한 가구들, 코로나 기간 동안 쇼핑몰에서 잔뜩 주문한 물건들이 우리의 뛰어난 잠재력을 발휘하지 못하게 막는다면 얼마나 슬픈 일인가?

자산과 소유물이 방해물로 작용하는 세 가지 방식을 읽으며 당신에게 해당하는 가장 큰 문제는 무엇인지 생각해보자.

1. 돈을 묶어둔다

'오니오마니아Oniomania'는 쇼핑 중독이나 강박적 쇼핑 욕구를 의미하는 학명이다. 오래전부터 존재했지만 최근 온라인쇼핑으로 더 많은 사람들에게 나타나고 있다. 다른 중독들과 마찬가지로 부정적인 감정과 낮은 자존감을 스스로 치료하기 위한 목적에서 생겨난다고 한다. 하지만 스스로 쇼핑 중독을 인정하거나 임상적 정의에 들어맞는다고 인정하는 사람은 많지 않을 것이다. 하지만 옷이 넘쳐나는 옷장과 물건으로 가득 차 닫히지 않는 서랍, 쌓아놓은 물건 때문에 주차할 공간이 없는 차고를 보면 생각보다 많은 사람들이 강박적 쇼핑 욕구를 경험하고 있을지도 모른다.

제시카 피쉬코는 뉴욕의 로펌에서 근무하며 행복한 삶을 살고 있었다. 그러나 맨해튼의 여러 상점에서 사들인 물건들이 그녀의 작은 아파트를 채우기 시작하면서 제시카의 삶은 내리막길로 들어서기 시작했다. 옷장이 꽉 차버리자 그녀는 새로 산 옷들(가격표가 그대로 붙은)을 침대 밑에 쑤셔 넣기 시작했다.

자서전《인 더 레드In the Red》에서 그녀는 지불할 돈이 없는데도 2,200달러짜리 모피 코트를 구매한 경험을 털어놓았다. 그녀의 이야기를 통해 쇼핑 중독자의 슬픈 강박 행동을 볼 수 있다.

> 판매원은 마네킹에서 재킷을 벗겨 나에게 입혀줬다. 마치 누군가가 따스한 포옹을 해주는 것 같았다. 털은 놀라울 정도로 부드러웠다. 화려한 색은 어딘가 위험해 보이기도 했다. 거울 속의 나는 대단하고 가치 있는 사람 같았다. 나는 코트를 벗어 마치 연인인 듯 어루만졌다.[3]

그녀는 모피 코트를 할부로 결제할 계획이었다. "저는 가게에 200달러씩 내러 갔어요. 이렇게 꾸준하게 무언가를 해본 게 처음이었어요." 그녀가 말했다. "당시에 월세를 일주일 혹은 그보다 더 늦게 보낼 때도 있었습니다. 부모님에게도 거의 매주 돈을 갚고 있었지요. 그래도 판매원에게 200달러씩은 꼭 내러 갔어요." 마침내 그녀는 모피 코트의 전액을 지불했다. "집에 돌아오자마자 쇼핑백을 열고 부드러운 털에 얼굴을 파묻었어요."[4]

삶을 향한 완벽한 몰입

그녀가 실제로 감당할 수 있는 것보다 더 비싼 죽은 동물의 털이 당시 제시카가 가장 소중하게 여긴 것이라는 사실이 얼마나 슬픈가. 다행히도 그녀는 자신의 우선순위가 얼마나 비뚤어졌는지 깨닫기 시작했다. 마침내 내면의 악마를 마주하기 위해 그녀는 3만 달러의 빚을 지고 파산 상태에 이르렀으며 두 개의 일자리를 잃어야 했다. "회복으로 가는 험난한 길은 쇼핑백 없이 가는 게 더 쉽다는 것을 그제야 깨달았죠."

많은 사람들이 그녀의 이야기를 듣고 '정말 문제가 심각한 사람이군.'이라고 생각할 것이다. 하지만 이렇게 극단적이지는 않아도 얼마나 많은 사람들이 제시카와 같은 행동을 하고 있는가? 우리는 소유물에 감정적인 애착을 갖는다. 필요하지도 않은 물건들을 사들인다. 우리를 더 큰 빚더미로 몰아넣더라도 사들인다.

그녀의 이야기를 읽고 이렇게 생각할 수도 있다. '도대체 누가 집세도 안 내고 모피 코트를 산단 말이야?' 그 말을 이렇게 바꿔 보면 어떨까? '도대체 누가 더 중요한 일에 쓸 수 있는 돈을 필요도 없는 물건을 사는 데 쓴단 말인가?' 이제 제시카의 이야기가 우리에게 조금 더 가깝게 느껴진다.

우리는 다른 사람들을 돕는 데 더 집중하고 있는가? 아니면 우리를 위해 소비하는 데 더 집중하고 있는가?

흥미로운 사실은 미국에서 GDP 대비 자선 기부 비율이 수십 년째 2퍼센트로 유지되고 있다는 것이다.[5] 그동안 미국의 GDP는

1960년 5,430억 달러(약 706조 원)에서 2019년 21조 달러(약 2경 7,300조 원) 이상으로 성장했다.[6] 우리는 더 부유해지고 있지만 더 관대해지지는 않고 있다. 이 여윳돈은 모두 어디로 간 것일까? 우리는 자신에게 돈을 쓰고 있다. 실제로 미국인은 필요하지 않은 것을 사들이는 데 연간 18,000달러(약 2,340만 원)를 쓴다.[7]

나는 제시카가 필요 없는 모피 코트를 사기 위해 한 번도 빼먹지 않고 200달러씩 돈을 나눠 냈던 것처럼 진심을 다해 내가 중요하게 여기는 일에 돈을 바치고 싶다. 그것이 인생의 마지막에 자랑스러울 만한 삶을 사는 방법이다.

그러나 우리가 쓰는 돈은 소유물이 어떻게 중요한 일들을 방해하는지 보여주는 한 가지 측면일 뿐이다.

2. 시간을 다 써버린다

19세기의 예술 비평가인 존 러스킨은 "소유물이 하나씩 늘어날 때마다 근심도 늘어난다."라고 했다.[8] 두 세기가 지난 지금 그의 말은 어느 때보다 사실이 되었다. 당신이 소유한 물건들은 모두 어느 정도의 관심과 시간을 요구한다. 우선 물건을 사기 위해 검색을 해야 하고, 청소, 정리, 수리, 교체, 재활용 등을 해야 하거나 집을 청소하고 정돈하기 위한 새로운 물건을 살 때 필요한 돈을 벌기 위해 또 일해야 한다.

시간 활용에 관한 설문조사에 따르면, 미국인들은 유지, 보수,

장식, 정원 가꾸기, 세탁, 청소, 부엌일 등을 포함해 집을 가꾸는 데 매일 평균 2시간씩 사용한다고 한다. 남성들은 하루에 1시간 25분을 집안일에 쓰는 반면에 여성들은 하루에 2시간 15분을 쓴다.[9] 나는 그 시간을 더 흥미로운 일에 쓰고 싶다.

시간을 아껴주는 전자제품들(로봇청소기나 스마트 전기밥솥 등)이 집안일에 쏟는 시간을 아껴줄 것이라고 생각한다면 너무 큰 기대는 하지 말자. 1900년 이후 지금까지 집을 관리하는 데 쏟는 총 시간은 늘 일정했다.[10] 몇 가지 전자제품이 시간을 아껴주긴 했지만 그만큼 소유물이 더 늘어난 탓에 결국 집안일에 쏟는 시간은 크게 변하지 않았다.

당신의 집을 둘러보자. 집안에 널려 있는 잡동사니들은 모두 당신의 돈과 시간이었다. 소유물이 많아질수록 소유물이 인생에 지우는 부담은 더 커진다. 그리고 대부분 사람들은 소유물을 처분하기 전까지 그것이 얼마나 큰 짐이었는지 알지 못한다.

중요한 것에 집중하는, 몰입하는 삶을 살고 싶다면 소유물을 줄여야 한다. 하지만 이 문제에 대해서는 잠시 후에 더 자세히 살펴보자. 소유물이 우리를 방해하는 중요하지만 예상치 못한 방식이 한 가지 더 남아 있기 때문이다.

3. 주의를 다른 곳으로 돌린다

자산과 소유물이 우리를 인생의 목표에서 멀어지게 만드는 세 번째 방식은 돈과 시간처럼 또렷하게 계량화할 수는 없다. 하지만 정말 실재하는 방식이다. 너무 교묘해서 셋 중 가장 위험한 것이 기도 하다. 물건들은 우리의 주의를 흐트러지게 함으로써 우리를 방해한다.

옷장이나 지하실에 뒹굴고 있는 상자들을 보면 정리의 필요성을 느끼기 쉽다. 하지만 주변에 있는 모두가 더 많은 소유를 추구한다면 이렇게 물건이 굴러다닐 정도로 많은 것이 정상적인 것처럼 느껴지고, 소유물이 우리를 어떻게 방해하고 있는지 깨닫기 힘들어진다. 우리 주변 세상은 언제나 우리의 열정을 빼앗으려 할 것이다. 미국 광고업계는 새로운 제품들이 어떻게 우리 삶을 개선시킬지에 대한 메시지를 끊임없이 내보낸다. 그들은 우리가 관심을 보이고 애정을 쏟으며 궁극적으로 감탄하길 바란다. 실제로 우리가 인정하고 싶은 것 이상으로 그들은 우리의 관심을 끄는 데 성공한다.

나와 아내는 미니멀리스트가 되기 전, 일요일 오후가 되면 주로 소파에 누워 쇼핑몰의 광고지를 훑어보며 시간을 보냈다. 우리는 이미 필요한 것 이상으로 많은 물건을 갖고 있었다. 그런데도 나는 어떤 물건이 새로 나왔는지, 어떤 물건을 세일하고 있는지, 지금 내가 살 수 있는 물건은 무엇인지 보고 싶었다. 지금 이렇게 얘기하다 보니 정말 어리석게 들린다. 이미 집에는 쓰지 않는 물건들로 가득한데 또 살 물건이 없는지 찾느라 소중한 시간을 쓰다니 얼마나 어리석은가? 그러나 당시에는 그것이 너무 당연하고 정상적인 일이었다. 모든 사람이 물건을 사고 있으면 이렇게 사는 게 맞는 것 같기 때문이다.

미니멀리즘을 발견한 후로 그런 생각이 바뀌었다. 아내와 나는 배낭에 들어갈 만큼의 물건만으로 생활하거나 5평짜리 자그마한 집에서 사는 사람들처럼 극단적인 미니멀리스트는 아니지만, 우리의 가장 큰 목적을 성취하고 우리의 가치에 따라 사는 데 필요한 것들만 남겨두는 단계에 접어들었다. 그 과정에서 소비주의의 공허한 약속과 끊임없이 더 많은 물건을 찾는 것이 잠재력을 발휘하는 데 얼마나 방해가 되는지 인식하기 시작했다.

요즘 나는 아이들과 테니스를 치거나 친구들과 등산을 하고, 이웃들과 시간을 보내거나 나보다 오래 남을 메시지가 있는 책을 쓰면서 일요일 오후를 보내는 것이 훨씬 좋다.

아마 다양한 프로그램(어쩌면 악성 소프트웨어)이 실행 중인 탓에 컴퓨터가 느려지거나 오류가 생긴 경험이 있을 것이다. 작업을 하는 데 영 비효율적이고 성가시다. 그런 것처럼 물질주의는 정신적 에너지—무엇을 살지 생각하고, 다른 사람들은 무엇을 갖고 있는지 살펴보고, 부동산에 대한 TV 프로그램을 시청하고, 방금 지나온 외부인 출입 제한 주택지에 사는 것은 어떨지 상상하는 등—를 소모한다. 주의가 흐트러진다고 당신이 가치 있는 목표를 절대 성취할 수 없는 건 아니지만, 여러 프로그램이 실행 중인 컴퓨터처럼 당신의 속도를 늦출 수는 있다. 그렇게 되길 바라는 사람이 어디 있겠는가? 인생은 짧다.

미니멀리즘은 명료성에 투자하는 것이다. 이것은 정신적으로 손전등과 레이저 광선의 차이다.

의미 있는 일들은 보통 도전 의식이 필요한 일들이다. 최선을 다해 이 일을 해내려면, 우리 안에 있는 모든 노력을 쏟아 부어 몰입해야 한다. 가구나 옷에 지나친 관심을 쏟게 내버려둠으로써 의미 있는 일에 최선을 다하지 못하거나 최악의 경우 중심을 잃지 않게 하자.

다행스럽게도 소유물이 우리를 방해하는 방법이 무엇이건—돈을 빼앗거나 시간을 잡아먹거나 주의를 흐트러트리거나—답은 모두 같다. 필요하지 않은 모든 물건을 처분하고 삶의 생산성을 높이는 것이다. 삶의 규모를 축소하기 위해서는 노력이 필요하지만, 그 노력의 반대편에는 우리가 바라는 것을 성취할 수 있는 더 큰 자유가 기다리고 있다.

쇼핑은 적게, 삶은 풍성하게

브릿 브루스는 캐나다 온타리오에서 그녀의 파트너와 바콜이라는 이름의 사팔눈 고양이와 함께 산다. 최근에 브릿은 일 년 동안 집세, 음식, 세면용품을 제외한 어떤 물건도 구매하지 않기로 결심했다.

어떤 면에서 그녀의 결정은 최근 눈에 띄기 시작한 건강하지 않은 쇼핑 성향에 대한 대응이었다. 그녀는 "가격이 좋거나 내 사이즈에 맞는 옷이 있으면, 정말 마음에 들거나 필요하지 않더라도 그냥 사버렸어요. 세일 중인데 어떻게 안 사겠어요? 저의 온라인 쇼핑 습관을 한마디로 표현하면 '아무 생각 없음'이었어요. 변화가 필요하다는 걸 알았죠."라고 말했다.

그녀가 스스로 쇼핑 금지령을 내린 것은 예상치 못한 자동차 수리비 때문이기도 했다. "저는 돈을 절약하기 위해 쇼핑을 금지했어요. 자동차 수리비로 꽤 목돈을 썼고, 물건을 사지 않는 것이 재정 상태를 원래대로 되돌리는 가장 쉬운 방법처럼 보였거든요." 재정 상태의 위기로 인한 갑작스러운 결정은 그녀의 삶을 바꾸는 결과를 가져왔다.

나는 브릿이 쇼핑을 금한 지 6개월이 지났을 때 어떻게 진행되고 있는지 물어보았다. 그녀가 가장 처음 한 말은 생각보다 힘들지 않다는 것이었다. "6개월 동안 새로운 물건을 사지 않는 것이 힘든 일이라고 생각하거나 논란거리가 될 만한 일이 되어선 안 돼요. 우리는 언제나 새로운 '물건'이 필요하다고 믿는 데 적응되었기 때문에 극단적으로 들릴 수 있겠지만요. 그러나 우리는 그것이 사실이 아니라는 걸 알아요. 그렇게 많은 물건이 필요하다고 설득하는 똑똑한 마케팅일 뿐이에요."

브릿은 쇼핑을 금한 후 얼마 지나지 않아 삶에 감사하는 마음이 커지는 것을 깨달았다. "인생의 공허함을 채우기 위해 물건을 산다는 선택지를 없앴기 때문에 내가 이미 가지고 있는 좋은 것들이 눈에 들어오기 시작했어요. 내가 필요한 것을 갖고 있지 않다거나 내가 가진 것으로 어떤 일을 할 수 없다고 느낀 적은 한 번도 없었지요."

한 해가 끝날 무렵 브릿은 자신에 대해 많은 것을 알게 되었다. "내 인생이 얼마나 소비주의에 큰 영향을 받고 있었는지 깨달았습니다. 그것이 반짝거리는 신제품이거나 내 친구들이 모두 사기 때문에 혹은 단지 세일을 한다는 이유만으로 무언가를 사고 싶은 욕망이 생겼죠. 저는 훨씬 더 의식적인 쇼핑을 하게 되었어요. 정말로 필요할 때만 물건을 삽니다. 요즘은 카트에 넣기 전에 오래 고민하더라도 가능한 한 계획적으로 쇼핑을 하죠."

무엇보다도 시간과 돈의 여유를 되찾으며 브릿은 과거에는 시간이 없어서 할 수 없었던 창작 활동을 할 수 있게 되었다. "저는 늘 옷이든, 예술품이든, 전자제품이든, 정원 가꾸기든 잠재력을 발휘하지 못하고 있는 것을 새롭게 변신시키길 좋아했어요. 저는 이 세상에 있는 것들이 융성하는 걸 보기 좋아하는데, 쇼핑을 하지 않으면서 내 안에 있던 열정이 다시 불타올랐어요."

브릿의 이야기에서 당신의 모습을 볼 수 있는가? 일 년 동안 쇼핑을 금지하지 않더라도 물질적인 소유를 좇지 않는 것이 어떻게 우리 자신과 이 세상에 있는 커다란 기회들에 대해 가르쳐주는지 알 수 있다.

만족은 자유라는 축복을 선물한다

인생의 큰 목표를 추구하기 위해 배우는 많은 것들은 비전을 확장하는 것에 관한 것이다. 당신이 이미 가진 것에 만족한다면 인생이 어떤 모습일지 상상해보자. 아마존 사이트를 확인하거나 콜스Kohl's의 세일을 기다리거나 더 큰 집을 원한다거나 옷이나 다른 물건들을 자주 바꾸지 않는다면 어떨까? 그 열정을 정말 의미 있는 일에 쏟는다면?

특히 어느 정도의 소유욕이 일반적인 문화에서 소유에 대한 열정을 극복하기 위한 열쇠는 만족할 줄 아는 것이다. 만족할 때 따라오는 분명한 자유가 있다. 있는 그대로의 당신으로 있을 자유, 그 모습을 즐길 자유, 당신의 운명대로 삶을 살 자유. 만족감을 느낄 때 따라오는 건강상 장점도 있다. 만족은 스트레스 수치를 낮춰주고 시야를 넓혀주며 신체를 이완해주고 삶을 더 즐길 수 있게 해준다." 모든 좋은 일과 놀라운 축복을 누릴 수 있는 것이다.

지나친 소유가 당연한 삶은 우리의 시야를 좁히고 움직임을 둔화시켜 나무가 빽빽한 밀림과 같다. 물질적으로 단순한 삶은 온갖 의미 있는 일들이 자라고 꽃피울 수 있는 정원이다.

하지만 어떻게 만족할 수 있을까? 모두가 만족하길 바라지만 이를 실제로 성취하는 사람은 많지 않다. 이 놀라운 축복을 발견할 수 있는 한 가지 방법을 알려주겠다. 만족을 찾을 수 있는 가장 빠른 방법은 '작은 삶을 사는 것'이다.

많은 사람들이 반대의 접근법이 옳은 공식이라고 생각한다. 내가 덜 원하게 되면 더 적게 소유하는 것이 쉬워질 것이라고 말이다. 그러나 나뿐만 아니라 이 문제로 상담한 수많은 사람들의 경우에도 올바른 출발점은 지나치게 많은 소유물을 처분하는 것이었다. 우선 정리를 하고 나면, 행복하고 생산적으로 살기 위해 얼마나 적은 물건밖에 필요하지 않은지 알게 되고, 그러면 자연스럽게 구매욕과 소유욕이 줄어든다.

우선 덜 소유하면 덜 원하게 된다.

한번 시도해보자. 그것이 바로 소비주의의 손아귀에서 빠져나와 만족을 찾고, 집안을 가득 채운 물건들 대신 가치 있는 성과를 쌓는 방법이라는 것을 알게 될 것이다.

당신의 물건을 향해 던져야 할 하나의 질문

한 정리 전문가가 물건을 버릴지 말지 결정할 때 던지는 유명한 질문이 있다. "이 물건이 설렘을 주는가?"

나는 이 접근법으로 얼마나 많은 사람들이 물건을 처분하는 데 성공했는지 보았고 그런 점에서 곤도 마리에에게 고마움을 느낀다. 그러나 "이 물건이 설렘을 주는가?"라는 질문은 들리는 것만큼 황홀하지 않을 수 있고 최대한 정리할 기회를 빼앗을 수도 있다. '설렘을 주는 것'은 물건으로 우리가 어떤 느낌을 얻는지에 관한 질문이다. 그것은 우리에게 행복이 가장 중요하며, 소유물이 행복을 가져다줄 것이라는 사실을 받아들이는 것처럼 보인다. 게다가 우리가 사는 많은 물건들은 한 번쯤은 우리에게 '설렘'을 준다. 그래서 우리가 물건을 사고 처분하기 힘들어하는 것이다.

나는 우리가 물건을 보관할지, 버릴지 결정할 때 물어야 할 또 다른 질문을 제안하려 한다. "이 물건이 설렘을 주는가?"라고 묻는 대신에 "이 물건이 우리의 목적을 장려하는가?"라고 물어보자.

당신이 보고 있는 이 물건은 당신에게 중요한 일을 성취하는 데 어느 정도 기여하는가? 예를 들어, 흘러넘치는 옷장을 바라보고 있을 때 이 모든 옷을 갖고 있는 게 당신의 목적을 성취하는 데 도움이 되는가? 아니면 아침마다 시간이 지체되고 옷들을 생각할 때마다 짐처럼 느껴지는가? 효율적인 옷장에 있는 간결한 옷들이 당신이 성취감 있는 하루를 시작하게 해줄 것 같지 않은가?

당신이 책 수집가라면, 책장에 꽂혀 있는 책 중에 다시 읽을 책이 몇 권이나 될까? 혹시 실질적인 이유보다는 장식을 위해서나 감성적인 이유로 보관하는 것은 아닐까? 만약 당신이 진행하는 주요 프로젝트에 도움이 될 홈 오피스를 만들기 위해 책을 어느 정도 처분해야 한다면?

차고에 쌓여 있는 많은 상자들은 어떤가? 폭풍우를 피해 당신의 차를 효율적으로 보관하는 데 도움이 되는가? 아니면 집에 돌아올 때마다 당신의 인생에서 일어나는 어수선하고 복잡한 상태를 상기하게 만드는가?

집은 지구상에서 당신에게 가장 중요한 장소이자 도움이 되는 장소다. 7,000평 토지에 있는 60평짜리 주택이든, 22평짜리 아파트든, 바퀴 달린 6평짜리 집이든, 집은 당신이 쉬고 휴식하고 재충전할 기회를 주는 환경이어야 한다. 또한 집은 당신이 주변에 도움을 주기 위한 출발점 역할도 해야 한다. 당신의 집에 있는 물건들은 그 목적을 이루는 데 도움이 되는가? 아니면 물건이 너무 많아져서 목표와 꿈, 열정, 목적이 있는 사람보다는 단지 물건을 관리하는 사람으로서 살아가는 것은 아닌가?

당신의 중요한 인생 목적들을 이루기 위해 세상을 떠돌아다니며 자급자족해서 먹고살아야 하는 게 아니라면, 어느 정도의 가구, 어느 정도의 주방용품, 어느 정도의 옷 등 '어느 정도'의 소유물은 필요하다. 과거와의 연결을 유지하기 위해 어느 정도의 기념물이나 사진도 필요하다. 또한 아름다움에 영감을 받는 생명체로서 우리는 약간의 예술품과 아기자기한 물건들도 필요하다.

이것들은 삶의 필수품이며 목적들을 이루려면 당신의 욕구가 충족되어야 한다. 그러므로 적게 소유하는 것이 아무것도 소유하지 않는 것이 아니라는 사실을 기억해야 한다. 알맞은 물건을, 알맞은 수만큼 소유하는 것이다.

당신의 목표가 바뀐다면 새로운 물건이나 더 나은 물건을 사야 할 수도 있다. 예를 들어, 내가 작가가 되기로 결심했을 때 내 목표를 이루기 위한 새로운 도구가 필요했다. 나는 고성능 컴퓨터를 사기로 선택했다. 이것은 나의 새로운 목적을 위해 필요한 도구였다. 이 사실을 모른 척할 수도, 돈을 지나치게 아낄 수도 없었다. 그러나 내가 고성능 컴퓨터를 살 수 있었던 이유는 다른 불필요한 물건들을 처분함으로써 돈을 절약했기 때문이었다.

나는 여전히 서구와 선진국에 사는 대부분의 사람들은 물건을 줄이는 데 집중해야 한다고 생각한다. 우리는 필요 이상으로 소유하고 있고 이는 잠재력을 발휘하는 데 방해가 된다. 그러니 우리가 가진 것을 기부하고 재활용하고 처분하자. 일반적인 미국 가정에는 평균 30만 개의 물건이 있다고 한다.[12] 당신의 집에 있는 물건은 몇 개로 줄일 수 있겠는가?

지금 우리가 염두에 두어야 할 한 가지 질문은 '이 물건들이 내 목적을 증진시키는가?'이다. 집을 정리하는 것과 삶을 해방시키는 것 사이에는 큰 차이가 있다. 당신 안에 작은 설렘을 키우는 대신 세상에 불을 지피자.

중요한 것에만 집중하는 '작은 삶'

보니 벨지먼은 38세의 호흡 치료사다. 두 명의 초등학생 아들을 둔 그녀는 남편과 함께 운영하는 가족 목장 일도 돕고 있다. 보니는 그야말로 바쁜 엄마지만 그녀는 소가 분만하는 계절뿐만 아니라 모든 계절을 즐기고 있다고 말한다.

2년 전의 그녀라면 그렇게 얘기하지 못했을 것이다. 몇 년 전, 그녀의 조부모가 돌아가신 후 농장을 관리하기 위해 그녀는 남편과 함께 조부모의 집으로 이사했다. "우리는 작은 집으로 이사했어요. 그분들이 쓰던 모든 물건이 그대로 있는 데다 우리 물건까지 더 가지고 들어온 거죠." 보니가 말했다. "당시 우리 부부는 돈을 잘 벌었고 아이들도 없는 데다 저는 쇼핑을 좋아했어요. 물건이 여기저기 쌓여 있었지요. 그러다가 아이들이 태어나면서 우리는 더 많은 물건을 사야 했죠."

어느 고요한 새벽, 그녀는 문득 집과 인생에 변화가 필요하다는 생각이 들었다. "저는 집에 있는 물품들을 정리하느라 모든 시간을 쏟았어요. 네 가족이 사는 집이 제대로 돌아가기 위해 그날그날의 일을 해내는 것만으로도 벅찼죠. 집안의 다른 일은 신경쓸 수도 없었어요. 쌓아둔 물건 위에 또 다른 물건을 쌓아 올렸어요. 물건 주변을 청소하려면 그 물건더미들을 옮겨야 했어요. 가족과 보낼 시간이 없었습니다. 그래서 우리 가족이 각자의 목표를 성취하는 데 도움이 되지 않는 물건들을 버리기 시작한 거예요."

그녀는 2년이 지난 지금까지도 여전히 물건들을 정돈하고 손질하고 있다고 덧붙였지만, 약 한 달 만에 그들이 사는 집 전체를 정리했다.

보니는 물건들을 처분하기 시작하면서 중요한 깨달음을 얻었다. "우리가 정리하는 모든 물건을 볼 때마다 그 물건에 사용한 돈이 떠올랐어요. 물건들을 기부 상자에 넣을 때마다 그 물건을 사면서 계산대에서 값을 지불하는 내 모습이 보였어요. 매번 '이것이 우리 집과 가족의 삶을 향상시켜줄 거야.'라고 생각하며 합리화했거든요. 그런데 대부분 몇 년이 지나도록 한 번도 사용한 적이 없어요. 그건 그냥 아이들과 보내고 싶던 시간과 에너지를 빼앗는 물건일 뿐이었습니다."

그런 생각이 들자 갑자기 쇼핑에 대한 그녀의 관점이 바뀌었다. "인생을 즐기기 위해 더 많은 물건이 필요한 게 아니었어요." 그녀가 말했다. "저는 그렇게 많은 물건이 필요하지 않아요. 예전만큼 소비주의에 시달리지도 않지요. 그러나 가끔 그런 마음이 들때면 제가 갖다 버린 모든 물건과 그 물건에 쏟은 돈, 시간, 에너지를 떠올려요. 그리고 '이 물건이 정말 평생 보관하고 싶은 것인가?'라고 생각해봐요."

나는 그녀에게 필요 없는 물건들을 정리하고 난 후 어떤 변화가 있었는지 물어보았다. 그녀는 이렇게 답했다. "매일 나에게 중요한 것에만 집중하며 살아요. 중요하지 않은 물건들을 관리하던 때로 절대 돌아가고 싶지 않아요."

이렇게 소유하는 것이 줄어들면 원하는 것도 줄어든다. 보니는 필요하지 않은 물건들을 버리는 행위가 어떻게 우리 주변에 만연한 과소비의 세상에서 벗어나게 해주는지 보여준다. 그리고 이것이 내가 다른 사람들이 미니멀리즘이 주는 장점을 경험해보도록 돕는 데 열정적인 이유 중 하나다. 덜 소유하는 것의 장점을 한번 경험하고 나면 우리가 가진 물건에 만족할 줄 알게 된다.

철학자 알랭 드 보통이 말한 것처럼 장 자크 루소는 "사람을 부자로 만드는 두 가지 방법은 더 많은 돈을 주거나 욕망을 억제하는 것"이라고 믿었다.[13] 내 경험을 비춰볼 때 욕망을 억제하는 가장 빠른 방법은 적은 물건으로 사는 기쁨을 경험하고 그 진가를 인정하는 것이다.

소유를 줄이며 살기로 선택한 보니 같은 사람들은 두 가지 장점을 경험한다. 첫 번째는 가장 중요한 일에 돈과 시간, 에너지, 집중력을 쏟을 여유가 생긴다는 것이다. 그들은 스트레스가 줄어들고, 방해물도 줄어들며, 환경적인 영향도 덜 받으며 살기 때문에 아이들과 가족에게 더 나은 본보기가 될 수 있다. 두 번째는 더 적게 소유하기로 선택한 사람들은 더 빨리 만족감을 느끼고 인생에서 소유욕이 사라진다는 것이다. 이것은 내가 겪은 경험이지만 이제 당신의 경험이 될 수도 있다.

당신이 직접 이 장점을 경험하고 나면, 물질주의 세상의 거짓말과 거짓된 약속을 쉽게 알아챌 수 있다. 적게 소유하면 더 큰 만족을 얻는다. 그리고 더 큰 만족은 당신에게 중요한 일들을 성취할 자유를 안겨줄 것이다.

삶을 향한 완벽한 몰입

8장

'칭찬'에
목매지 않을 것이다

다른 이의 시선이 두려운 이유

나는 모든 사람이 부자가 되고 유명해져서
그들이 꿈꾸던 모든 일을 해봐야 한다고 생각한다.
그러면 돈과 명성이 정답이 아니라는 걸 알게 될 테니까.

— 짐 캐리

〈작은 삶을 사는 법〉이라는 블로그를 통해 나는 가장 깊은 내면에 있는 가치와 내 인생의 중요한 목표들에 대해 생각하게 되었다. 미니멀리즘 덕분에 가족을 위한 재정 상태에 여유가 생기자 나는 이 돈으로 정말 하고 싶은 게 무엇인지 고민했다. 나는 돈이나 소유물이 내가 중요한 일을 하는 데 방해가 되지 않길 바란다는 것을 깨달았다. 사실 나는 이 책에서 언급한 모든 방해물들과 한 번씩은 직면해야 했지만, 이번 장에서는 나에게 가장 큰 방해물로 작용했던 요소를 다뤄보겠다. 시간이 흐를수록 나는 돈과 소유에 대해서는 점점 신경을 쓰지 않게 되었다. 그러나 내가 성취한 일에 대해 다른 사람들이 해주는 칭찬에는 항상 무너졌다.

관심 받는 것을 좋아하는 마음이 내가 성취하려는 일에 방해가 되는 걸림돌이라는 것을 깨닫게 된 계기가 있었다. 창피한 이야기지만 당신도 어느 면에서 공감할지도 모르므로 그냥 얘기해보려 한다. 2014년 초, 몇 주에 걸쳐 일어난 일이었다.

그 시기는 여러 면에서 나에게 중대한 시점이었다. 1월 18일, 내가 쓴 《아이와 함께하는 작은 삶Clutterfree with Kids》이 출간되었고 2주 동안 아마존 육아 부문 베스트셀러 1위를 차지했다. 그것뿐만이 아니었다. 책이 출간된 그날 〈작은 삶을 사는 법〉의 페이스북 가입자가 10만 명에 도달했다. 획기적인 사건이었다. 〈작은 삶을 사는 법〉 웹사이트는 매달 100만 명의 방문자를 기록했고, 방문자 수는 계속 늘고 있었다.

블로그를 시작한 지 6년, 미니멀리즘을 장려하는 일을 본업으로 삼은 지 3개월이 지난 시점이었다. 나는 드디어 해냈다고 생각했고 온 세상이 내 발밑에 있는 것 같았다. 나는 2주 동안 그 기분을 마음껏 즐겼다.

하지만 식탁에 앉아 업무를 보던 중 그 즐거움은 막을 내렸다. 소셜미디어에서 자주 거론되는 이름들이 눈에 띄기 시작했다. 미니멀리스트라고 자칭하는 조슈아 필즈 밀번Joshua Fields Millburn과 라이언 니커디머스Ryan Nicodemus에 대한 기사가 야후 홈페이지에 소

삶을 향한 완벽한 몰입

개되어 있었다. 내가 《아이와 함께하는 작은 삶》을 출간한 무렵에 그들은 《남아 있는 모든 것Everything That Remains》을 출간했는데, 그들도 좋은 판매 성적을 거두고 있었다. 야후 뉴스에서는 미니멀리즘을 주제로 한 기사에 그들을 소개하기로 했고, 소셜미디어에 있는 사람들은 그들을 축하하고 칭찬하고 있었다.

나도 그들을 알고 있었고 좋아하기도 했다. 우리는 사람들이 더 적게 소유함으로써 더 나은 삶을 살 수 있게 돕는다는 같은 목표를 향해 가고 있었다. 기쁜 마음으로 그들을 축하해줘야 했다. 하지만 나는 전혀 기쁘지 않았다. 사실 나는 질투심을 느꼈다. '관심을 받는 것은 나였어야 해.'라는 생각이 들었다. 세계 정상에 서 있던 나는 바닥으로 추락하고 있었다.

하지만 이것은 조슈아와 라이언에 대한 문제만이 아니었다. 같은 주에 나는 또 다른 작가의 페이스북 페이지가 내 것보다 빠르게 성장하고 있음을 발견했다. 그리고 또 다른 블로거의 글이 인기를 끌고 있었다. 엎친 데 덮친 격으로 내 책은 더 이상 베스트셀러 목록에 있지 않았다. 다양한 육아서들이 내 책보다 높은 판매율을 기록하고 있었다. 내 책의 제목을 '당신이 임신 중일 때 기대할 수 있는 5가지 사랑의 언어The 5 Love Languages to Expect When You're Expecting'라고 짓지 않은 것을 후회하기 시작했다.

내 인생에서 최고의 시기를 기뻐하기보다 나는 옹졸한 마음으로 내 주변 사람들을 질투했다. 다음 날 아침 사라진 가벼운 질투심이었다고 말하고 싶지만, 그것은 마음 깊은 곳에 자리 잡은 부러움이었고 아무리 떨쳐내려 해도 떨쳐낼 수 없었다.

다행히도 몇 주 후 나는 샌디에이고에서 열린 작가 앤 라모트의 강연을 들으러 가게 되었다. 질의응답 시간에 청중 한 명이 "제 책에 대한 부정적인 의견을 받으면 어떻게 해야 할까요?"라고 물었다.

라모트는 이렇게 말했다(정확한 단어는 기억나지 않지만 이런 내용이었다). "타인이 나를 어떻게 평가하는지에 따라 자기 가치와 성취감을 느낀다면, 당신은 절대 성취감을 찾지 못할 거예요."

그녀의 말을 듣자마자 정신이 번쩍 들었다. 지난 몇 주 동안 내가 바로 그렇게 행동하고 있었다. 나는 남들로부터 받은 칭찬에서 나의 가치와 행복을 찾고자 했다. 그들이 다른 곳으로 관심을 돌리자 내가 살고자 했던 삶에 대한 내 생각도 바뀌었다.

다른 사람의 인정과 칭찬에서 자기 가치를 찾는 것은 어리석은 일이다. 그것은 우리가 선택한 삶과 앞으로의 결정에 부정적인 영향을 미친다. 게다가 남들의 칭찬은 우리의 마음이나 영혼을 충분히 만족시키지 못한다. 우리 사회에서 명성과 선망의 정점에 있는 사람들조차도 더 많은 칭찬과 인정을 갈망한다. 오랜 속담이 하나 있다. "당신이 행복하기 위해 필요하지 않은 것들은 아무리 가져도 늘 충분하지 않다."

우리의 목표는 다른 사람들의 인정을 얻는 게 아니다. 그것은 공허하고 덧없는 것일 뿐이다. 우리의 목표는 누가 칭찬하든 말

삶을 향한 완벽한 몰입

든, 모든 잠재력을 발휘하며 내게 주어진 인생을 사는 것이다.

달콤한 칭찬의 중독성

칭찬은 미묘하다. 칭찬은 동기를 부여하고 당신에게 유익한 역할을 하기도 하지만 동시에 중심을 잃게 만들 수도 있다. 칭찬을 계속 받기 위해 더 나은 길에서 벗어나 멀리 둘러 가는 선택을 할 수도 있다. 칭찬은 인생의 마지막 순간에 가장 중요한 일을 이루지 못함을 후회하게 만드는 요소 중 하나가 되기 쉽다.

물론 모든 사람이 칭찬이라는 방해물에 대해 같은 태도를 보이는 것은 아니다. 어떤 사람들은 사회에서 자연스럽게 남들보다 더 많은 관심을 받는 역할을 맡는다. 어떤 사람들은 기질적으로 칭찬을 받으면 쉽게 우쭐해진다(내가 여기에 해당한다). 대중의 인정을 받을수록 인생 목표를 성취하는 데 도움이 되는 사람도 있고, 그렇지 않은 사람도 있다. 하지만 누구나 칭찬을 주의할 필요는 있다. 칭찬의 소리는 달콤하고 중독적이다. 칭찬을 듣고 나면 더, 더, 더 원하게 되기 때문이다.

나의 할아버지는 이렇게 말씀하셨다. "칭찬은 향수 같은 거야. 향은 맡되 삼켜선 안 되지." 어쩌면 당신은 인생의 목표를 추구하는 동안 남들의 칭찬을 많이 받고 있을 수도 있다(혹은 칭찬을 받길 바랄 수도 있다). 그렇다면 주의하자. 당신의 목적이 목표가 아니라 칭찬이 되기 쉽다.

혹은 일상에서 칭찬을 바라는 마음이 문제를 일으키는 것일 수도 있다. 사람들이 의미 있는 일을 추구하지 않는 이유 중 하나는 상사에게 깊은 인상을 남기기 위해 너무 많은 시간을 쏟거나, 얼마나 관심을 받지 못하는지에 대해 화를 내거나, 인기를 얻기 위해 틱톡 영상을 만들기 때문이다.

만약 중요하지 않은 심심풀이 활동보다 중요한 인생의 목표를 추구하고 성취하고 싶다면, 칭찬이 당신의 신경을 분산시키지 않도록 주의해야 한다. 과도한 칭찬에 대한 해결책은 그것보다 더 많은 칭찬이다. 단지 당신에게 향하는 칭찬이 아닐 뿐이다. 이게 어떤 의미인지는 곧 자세히 설명하겠다.

여기서 목표는 칭찬이 당신의 목적 성취에 방해가 되는 것이 아니라 도움이 되게 하는 것이다.

가치 있는 사람이 되기 위해 칭찬이 필요한 것은 아니다

명성과 부fame and fortune라는 표현을 들어보았을 것이다. 왜 부보다 명성이 먼저 나오는지 생각해본 적 있는가? 많은 사람들이 부에 대한 욕망보다 남들에게 알려지고 인정받고자 하는 욕망에 더 끌리기 때문일까?

한 연구팀에서 10대 초반 아이들의 목표를 조사했다. 가장 높은 순위를 차지한 목표는 무엇이었을까? 바로 유명해지기 위한 명성을 얻는 것이었다.[1] 그들이 유튜브 스타, 수천만 명의 팔로워를 보유한 가수, 멋진 셀카 덕에 일등석을 타고 세계를 여행하는 인플루언서의 시대에 자란 세대라는 것을 감안하면 놀랄 일은 아니다.

하지만 괜히 아이들을 비난하지 말자. 성인들 또한 유명해지고 싶은 욕망을 갖고 있다. 사회 심리학자이자《나를 봐! 어린 시절부터 죽음에 이르기까지 명성의 동기Look at Me! The Fame Motive from Childhood to Death》의 저자인 오빌 길버트 브림에 따르면, 베이징과 독일의 연구 참가자들 중 30퍼센트는―미국에서는 50퍼센트 이상이―스스로 유명해지는 공상에 빠진다고 한다. 중국 베이징과 독일, 미국인의 30퍼센트에서 50퍼센트는 단지 10분 남짓이라도 일정 수준의 명성을 얻길 바란다.[2]

하지만 성인들의 경우, 명성에는 후유증도 따른다는 것을 알기 때문에 명성에 대한 욕망이 누그러지는 경우가 많다. 그리고 일반적으로 명성을 바라는 마음은 나이를 먹을수록 감소한다. 그럼에도 불구하고 많은 사람들의 관심을 받는 것은 강력한 매력으로 다가온다. 과연 명성 뒤에 숨겨진 매력은 무엇일까?

심리학자인 다라 그린우드와 동료들이 진행한 연구에 따르면, 사람들이 유명해지고 싶어 하는 가장 큰 이유는 "눈에 띄고 싶고, 높이 평가받고 싶은 욕망"이다(잡지 표지에 실리는 것, 대중에게 인정받는 것 등).[3] 과학부 기자인 베네딕트 캐리는 같은 주제의 기사에서 이렇게 썼다. "낯선 사람들에게 널리 알려지고 싶은 욕망이 무엇보다 큰 사람들은 부나 영향력을 탐하는 사람들과는 다르다. 명성을 추구하는 행동은 대단한 명성으로 존재적 확신을 확인하고자 하는 갈망, 사회적 수용에 대한 욕망에 뿌리를 두고 있는 것 같다."[4] 정서적 욕구가 충족되지 않은 사람들이 많아 보인다. (물론 내가 할 말은 아니지만 말이다.)

당신도 이미 알고 있겠지만 한 번 더 강조하자면, 가치 있는 사람이 되기 위해 누군가의 칭찬이나 관심은 필요 없다.

칭찬받고 싶은 욕망은 아마 인류가 존재한 이래 계속 존재했을 것이다. 다만 오늘날 달라진 점이 있다면, 미디어로 인해 모든 사람이 명성 혹은 그것과 비슷한 무언가를 성취할 수 있다고 믿게 된 것이다. 누구나 글이나 사진, 음악, 영상을 세상 모든 사람이 (이론상) 볼 수 있는 플랫폼에 올릴 수 있다. 우리의 생각이나 자기표현으로 얼마나 많은 사람들의 관심을 끌 수 있는지 확인할 수 있는 다양한 플랫폼이 존재한다. 그리고 실제로 수많은 일반인이 올린 사진이나 영상이 우연히 빠르게 퍼지기도 한다.

당신에게 들려줄 소식이 있다. 정말 유명한 사람들은 전 세계 인구의 약 0.0086퍼센트밖에 되지 않는다.[5] 그리고 이것은 아무 문제가 되지 않는다. 명성이 좋기만 한 것은 아니기 때문이다.

물론 약간의 칭찬은 괜찮다. 약간의 칭찬은 충분히 누려야 한

삶을 향한 완벽한 몰입

다. 약간의 보상은 인정받을 만한 사람들에게 주어진다. 만약 당신이 리더라면, 당신을 따르는 사람들이 어느 정도 있어야만 당신의 재능으로 영향력을 발휘할 수 있다.

칭찬이 당신에게 어떤 역할을 하는가? 만약 칭찬을 충분히 받지 못해 괴롭다면, 칭찬이 당신에게 어떤 역할을 하길 바라는가?

문제는 우리가 타인의 칭찬을 목표로 살면―대단한 칭찬이든 사소한 칭찬이든―우리는 건강하지 않은 희생을 하기 시작한다는 것이다. 우리의 목적과 가치, 집중력을 희생시키게 된다.

애당초 인생의 목표를 선택할 때 명성에 대한 욕망이 영향을 미쳤을 수도 있을까? 아마도 지금이 당신의 인생 목표들을 점검하고 수정할 기회일 것이다. 어쩌면 큰 관심을 받지 못할 만한 일들을 기꺼이 해야 할지도 모른다.

당신이 받고 있는 칭찬이 중요한 인생 목표들과 관련이 있든 아니면 다른 일과 관련이 있든, 당신이 선택한 일을 성취하는 데 방해물이 될 수 있다. 이를 해결하고 싶다면,

자기 자신은 더 낮추고 타인은 높이자.

명성을 버리고 진정한 나로 돌아가기

나이지리아의 라고스에 거주하는 올루뷥 프린세스 에그부나는 소프트웨어 엔지니어가 되겠다는 꿈을 가진 젊은 여성이었다. 처음 일을 시작하자마자 그녀는 자신의 분야에서 한순간에 유명해졌고 사람들은 그녀에게 리더십과 전문성을 기대했다. 그러나 한 가지 문제가 있었는데, 아직 그녀의 소프트웨어 엔지니어링 기술이 사람들의 기대만큼 뛰어나지 않았다는 것이다.

당시를 회상한 에그부나는 무엇 때문에 그런 모순된 상황이 일어나게 된 것인지 깨달았다. 테크 커뮤니티에서 그녀는 소프트웨어 엔지니어로 유명해졌지만 당시 그녀는 소프트웨어 엔지니어로서 제대로 일하고 있지 않았다. 그녀는 기술 분야에서 포용과 다양성을 옹호하고 있었는데, 이것이 그녀가 유명해진 이유였다.

사람들이 그녀를 실력 있는 소프트웨어 엔지니어로 여기고 그 분야에 대한 질문을 할 때마다 그녀는 사기꾼이 된 듯한 기분이었다. 그녀는 잠시 일을 미루고 구글에서 답을 검색해야 할 때도 있었다.

"점점 유명해질수록 나는 분위기에 휩쓸려 뛰어난 실력의 소프트웨어 엔지니어가 되고 싶다는 꿈을 완전히 망각했다. 다른 사람이 생각하는 소프트웨어 엔지니어와 멘토로서의 이미지를 지키는 데 집중하느라 그들의 시선만 신경 썼기 때문이다. 나는 내가 연습하지 않은 것들도 가르치고 있었다. 명성에만 정신이 팔렸었던 것이다!"[6]

시간은 걸렸지만, 결과적으로 에그부나는 문제를 알아차리고 이를 해결하기 위해 행동으로 옮겼다. 그녀는 다양성 옹호자라는 사실이 자랑스러웠지만, 이는 진정한 성취감을 안겨주고 그녀만이 기여할 수 있는 일을 성취하는 데 방해가 되었다.

"한참 지난 후, 나는 나 자신을 돌아보며 명성이 나에게 미친 영향을 털어내고 내가 진정으로 하고 싶은 일을 하기로 결심했다. 여정의 시작이었다. 나의 행복한 결말은 진짜 소프트웨어 엔지니어가 되는 것이고 명성이라는 방해물 없이 내가 정말 좋아하는 공동체의 일원으로 돌아가는 것이다."[7]

타인의 칭찬과 인정이 일으킬 수 있는 위험성을 빨리 인지할수록 피해가 줄어든다.

인생을 전력질주하다 놓친 것들

내가 뉴잉글랜드에 살던 시절, 오래전부터 대중의 관심과 관계 없이 의미 있는 일을 성취하는 것의 중요성을 깨달은 친구가 한 명 있었다. 전 농구선수이자 럭비선수인 제이콥 킹은 현재 뉴욕 시러큐스에서 세 아이를 둔 아버지이자 국제적인 부동산 개발업 자다. 하지만 나는 위험한 환경에 처한 청소년들의 멘토이자 가정폭력 피해자를 돕는 비영리조직의 설립자로 그를 먼저 알게 되었다.

제이콥은 매사추세츠의 한 불안정한 가정에서 자랐지만 역경을 이겨내고 큰 성공을 거둔 글로벌 사업가가 되었다.

"저는 고등학생 때 노숙자로 밤을 지낸 적도 많아요." 제이콥이 회상했다. "사실 졸업도 겨우 했습니다. 다행스럽게도 제 인생에 도움을 준 몇 명의 선생님들과 생활지도 카운슬러가 있었어요. 그 중에서 소련학을 가르치던 선생님도 계셨지요. 선생님은 소련학 수업을 듣게 했고 저는 그 수업을 듣자마자 매료되었어요! 주제가 흥미로웠거든요. 대학교에 진학해 저는 역사를 전공하고 부전공으로 소련학을 공부했습니다. 결국 컬럼비아대학교에서 러시아어를 공부했고 정기적으로 소련을 방문했어요."

대학을 졸업한 후 제이콥은 보스턴과 뉴잉글랜드 지역에서 상업용 오피스 건물과 병원, 아파트 등을 다루는 부동산 투자가이자 개발업자가 되었다.

그의 고향에서 부동산 사업이 점점 성공을 거두는 사이 소련은 붕괴하기 시작했다. 1990년대 초중반, 러시아는 떠오르는 주요 부동산 시장이 되었다.

"제가 받은 교육과 경험, 평판을 고려할 때 그것은 자연스러운 단계였어요." 제이콥이 말했다. "서양식 상업 공간과 콘도, 아파트의 수요가 엄청났습니다. 세계 각국의 투자자들이 시장에 뛰어들었고 저의 전문 지식과 언어 능력 덕에 그들의 관심을 끌 수 있었지요. 그래서 저는 영향력 있는 상업 투자자들의 컨설턴트가 되었고 가족과 함께 모스크바로 이주하는 것도 고려했어요. 저의 성공 스토리와 평판은 급속도로 퍼져나갔습니다."

하지만 프레드 워커라는 고향 친구와 대화를 나눈 후 그의 모든 것이 바뀌었다. 제이콥은 자신의 성공담과 몇 가지 실패한 프로젝트에 대해 얘기했다. 그러자 프레드는 이렇게 말했다. "제이콥, 인생은 벽돌, 회반죽, 평판을 쌓아 올리는 게 전부가 아니야."

그의 말을 듣자마자 제이콥은 친구의 말이 옳다는 것을 깨달았다. 지금 그가 있는 곳에서 제이콥이 성취할 수 있는 중요한 일이 많았다.

나는 어떤 사람으로 기억될 것인가

우리는 모두 '어떤 사람'으로 기억될 것이기 때문에 이왕이면 올바른 이유들로 알려지는 것을 목표로 해야 한다.

> 1. **다정함.** 나는 나의 좋은 친구 한 명을 이웃에게 소개한 적 있다. 내 이웃은 얼마 지나지 않아 내게 이렇게 말했다. "밥은

내가 평생 만나본 사람 중 가장 다정한 사람일 거예요." 얼마나 멋진 칭찬인가! 다정함. 나도 그런 사람으로 알려지고 싶다.

2. 끈기. 살다 보면 한 번쯤은 낙심할 때가 온다. 다시 일어나 시련에 맞서 끈기 있게 앞으로 나아가는 것. 끈기 있는 사람으로 기억되는 것도 가치 있는 일이다.

3. 충실함. 인생의 마지막 순간에 이르렀을 때 내 아내와 아이들, 의무에 충실했던 사람으로 기억되는 것의 나의 고결한 목표 중 하나다. 다른 많은 특성으로 알려질 수도 있겠지만, 한 가지만 선택해야 한다면 나는 충실한 사람으로 기억되고 싶다.

4. 공감. 공감은 다른 사람의 기분을 이해하고 공유하는 능력이다. 공감할 줄 아는 사람이라면 타인의 삶뿐만 아니라 사회 전체에 수많은 선행을 실천할 수 있는 토대를 가진 것이다.

5. 기쁨. 만약 당신이 가는 곳마다 그곳을 환하게 밝히고 기쁘게 해주는 사람으로 알려진다면 명성의 중요한 단계에 도달한 것이다.

6. 격려. 용기를 북돋아주는 사람은 자연스럽게 다른 사람들을 응원한다. 그들은 이기는 데 관심이 없다. 오히려 그 반대다. 그들은 모두가 이기는 것을 보고 싶어 하고 그것을 위해 노력한다. 결과적으로 많은 사람에게 사랑받는다.

7. 중재. 오늘날 이 세상에 필요한 것이 있다면, 그것은 더 많은 평화 중재자들이다. 당신이 그중 한 명이 된다면 축복일 것

이다.

8. 사랑. 잘 알려진 말처럼 "그중에 제일은 사랑"[8]이다. 타인을 사랑할 줄 아는 사람으로 기억된다면 당신은 절대 후회하지 않을 것이다.

제이콥의 딸은 몇 년 전 1형 당뇨병을 진단받았고, 그와 아내는 같은 병을 진단받은 브라이언이라는 소년을 그들의 집에서 지내게 했다.

제이콥은 이렇게 말했다. "그때부터 저는 우리 지역사회에서 1형 당뇨병을 앓고 있는 가족들과 아이들을 돕기 시작했습니다. 그리고 지역 비영리단체를 통해 위험한 환경에 있는 청년들에게 멘토가 되어주었지요. 제 인생은 다른 사람들의 도움 덕분에 완전히 바뀌었기에 저도 누군가에게 도움이 되고 싶었습니다. 제 인생 경험이 비슷한 일을 겪고 있는 누군가에게 새로운 시각을 열어줄 수 있다고 생각했거든요."

제이콥은 내가 아는 사람 중 가장 관대한 사람 중 한 명이다. 그가 지역사회에 있는 청년들에게 어떤 영향을 미치는지 보았고, 가정학대의 후유증을 겪고 있는 가족들에게 어떤 도움이 되었는지 보았으며, 개인적으로 그와 나눈 대화 덕분에 지금의 내가 되었다고 생각한다.

그는 모스크바에서 고층 건물을 짓다가 지금은 다른 사람들이 더 나은 인생을 살도록 돕고 있다. 그리고 이것은 명성이나 평판을 위한 일이 아니다. 사실 이 이야기를 읽기 전 당신은 그의 이름을 들어본 적도 없을 것이다. 하지만 그가 선택한 인생은 수많은 사람들의 삶에 큰 감동을 안겨주고 있다.

남들에게 스포트라이트 돌리기

나는 크리스 사우브라는 친구와 함께 대학을 다녔다. 재능 있는 뮤지션이었던 그는 (지금도 여전히 그렇다) 자신의 예술성에 대한 사람들의 인정에 집착할 수도 있었다. 하지만 그는 그러지 않았다. 음악 산업은 워낙 경쟁이 치열한 만큼 명성과 칭찬을 받기 위해 자기중심적인 방식을 취할 수도 있었을 텐데 그는 그러지 않았다.

가장 인상 깊었던 점은 크리스는 진심으로 다른 사람들의 용기를 북돋아준다는 것이었다. 다른 학생이 취업에 성공했을 때 크리스는 당사자보다 훨씬 더 기뻐했다. "진짜 잘됐다! 축하해. 넌 그럴 만한 자격이 있어. 분명 잘 해낼 거야. 정말 잘 됐어."

동료 뮤지션이 음반 계약을 따냈을 때도 크리스는 조슈아와 라이언이 대중의 관심을 더 받을 때 내가 했던 행동 따위는 절대 하지 않았다. 그는 다른 뮤지션들을 위해 진심으로 기뻐했다. "대단한데! 정말 잘됐어. 네 커리어에 큰 도움이 될 거야. 어떤 음악이 나올지 기대된다. 모두에게 이 소식을 알려야겠어."

나는 언젠가 크리스에게 남들의 성공을 왜 그렇게 기뻐하는지 물어본 적 있다. 나는 그의 대답을 절대 잊지 못할 것이다. "다른 사람의 영광은 절대 나의 영광을 앗아갈 수 없어. 나의 영광도 다른 사람의 영광을 앗아갈 수 없고."

그는 이렇게 얘기했다. "인생은 상을 받기 위해 가장 먼저 의자에 앉아야 하는 '의자에 먼저 앉기 놀이'가 아니야. 모두가 앉을 의자는 충분해. 누군가 성공하는 것을 보면 나도 덩달아 행복해져. 인생에서 중요한 단계에 이르거나 한 단계 더 높이 올라가는 것을 지켜보는 건 신나는 일이거든. 나도 영감을 받고 그렇게 할 수 있을 것만 같아."

대학 시절, 나는 이미 칭찬받고 싶은 욕망과 나보다 더 성공한 사람들을 향한 질투심과 싸우고 있었다. 그래서 다른 사람들의 성취에 사심 없이 기뻐하는 크리스를 보고 충격과 감동을 받았다. 나는 25년이 흐른 지금까지도 남을 위해 기뻐해주던 그의 모습을 기억한다. 내 인생에서 더 갖고 싶은 자질이다.

다시 한번 강조하지만 칭찬이라는 방해물에 대한 해결책은 더 많은 칭찬이다. 하지만 이것은 자신을 향한 칭찬이 아니라 다른 사람을 향해 더 많은 칭찬을 해주는 것이다. 스스로의 평판에 대해서는 너무 걱정하지 말자. 가치 있는 다른 사람들의 평판을 쌓아주는 데 집중해보자.

당신은 인생의 주요 목표 중 하나를 실천하기 위해 비영리단체에서 함께 일하고 있는가? 잘된 일이다. 좋은 일에 대한 칭찬이 적절하게 주변에 퍼지게 함으로써 한 사람이 지나친 칭찬을 독점하지 않고 모두가 적절한 칭찬을 받을 수 있도록 하자. 승진하는 것은 그 일 자체지, 당신이 아님을 명심하자.

당신과 배우자가 불안한 환경에 있는 아이들을 위탁보호 하기로 결심했는가? 그것은 정말 쉽지 않은 일인 만큼, 당신의 공을 인정받을 만하다. 하지만 이렇게 남을 도울 때 당신의 배우자도 그곳에 함께 하고 있다는 걸 잊지 마라. 다른 사람들이 당신을 칭찬하는 데 열중할 때 당신은 이 칭찬을 당신의 배우자에게 돌리는 것이다.

대화할 때 다음의 문장을 넣어보는 연습을 해보자.

- "X가 없었으면 해내지 못했을 거야."
- "이건 우리 팀이 수고한 덕분이야. 우리는 훌륭한 팀이야."
- "Y에게 그 이야기를 들려달라고 해야 해."

이런 문장을 말하는 것이 힘들게 느껴지는가? 당신이 리더라고 하더라도 관심의 중심에 있는 것이 당신의 성공에 그렇게 중요하지 않을 수도 있다. 중국의 철학자 노자는 이렇게 말했다. "가장 훌륭한 지도자는 사람들이 그의 존재만 겨우 아는 지도자다. 사람들을 존경하지 않으면, 사람들도 당신을 존경하지 않는다. 말을 아끼는 훌륭한 지도자가 할 일을 다해 모든 일이 잘 이루어지면 사람들은 '우리 스스로 해냈다'라고 말할 것이다."

내가 '나 혼자서 해냈다'라고 말하는 잘못을 저지르기 전에 마땅히 인정받아야 할 만한 사람에게 이 공을 돌리려 한다. 나는 지금까지 내가 성취할 수 있었던 것들이 미니멀리즘 덕분이라고 밝혔다. 하지만 나의 아내 킴의 덕분이기도 하다. 그녀는 나에게 힘을 실어주는 아내이자 다정한 엄마다. 아이들의 모든 스케줄과 학교 준비를 책임진다. 우리의 파트너십 덕분에 그녀는 내가 일에 열중할 수 있게 해준다.

내가 그녀에게 얼마나 큰 신세를 지고 있는지 생각해보면 조슈아와 라이언을 질투했던 것이 더 어리석게 느껴진다. 아내의 이타적인 태도와 능력이 없었더라면 나는 지금까지 성취한 일의 반도 이루지 못했을 것이다. 그런데도 나는 항상 아내보다 더 큰 관심을 받았다.

우리는 남들을 격려하고 응원하는 법을 배우면서 개인적인 명성에 대한 욕망을 이겨낸다. 19세기 미국의 연설가인 로버트 잉거솔은 이렇게 말했다. "뛰어난 사람은 다른 사람들을 올려주면서 일어선다."

우리는 타인의 성취를 축하할 수 있다. 만약 그들이 우리가 받고 싶었던 칭찬을 받는다 해도 괜찮다. 가치 있는 사람들과 그들의 이상을 증진시키는 데 우리가 일부 역할을 했다는 것을 아는 것만으로도 만족감을 느낄 수 있다.

SNS 활동에 대해 물어야 할 2가지 질문

오늘날 소셜미디어에서 유명해지고 싶은 유혹을 받는 사람들
이 정말 많다. 우리는 '좋아요'와 '리트윗retweets', '댓글', '조회 수',
'클릭'을 바란다. 사진을 올리거나 상태를 업데이트하고 몇 분도
지나지 않아 얼마나 많은 사람들이 하트와 좋아요를 눌렀는지 확
인하기 위해 수시로 새로고침을 누르곤 한다.

세상을 변화시키기 위해 꼭 소셜미디어를 활용할 필요는 없지
만, 만약 당신도 나와 같다면 당신의 목표나 활동을 홍보하기 위
해 소셜미디어가 필요할 것이다. 간혹 소셜미디어의 영향력에서
벗어나기 위해 소셜미디어 '단식'을 취할 수 있는 사람들도 있겠
지만, 그럴 호사를 누릴 수 없는 사람들도 있다. 소셜미디어를 활
용할 때는 언제나 그에 맞는 유혹들도 따라온다. 그럴 땐 어떻게
해야 할까?

소셜미디어를 활용할 때 당신의 동기와 행동을 바로잡는 데 도
움이 되는 두 가지 질문이 있다. 지금부터 살펴보자.

1. 나는 왜 팔로워들을 끌어 모으는가?

당신은 유명해지고 싶은가? 아니면 돈을 벌기 위함인가? 당신
안에 있는 정서적 욕구를 충족하기 위해 팔로워들을 끌어 모으려
는 것인가? 아니면 친구들이나 마음이 맞는 사람들과 소통하기

위해서인가? 어쩌면 당신이 중요하게 여기는 사회운동과 사람들을 위해 쓸 소셜 화폐를 벌기 위해서인가?

당신의 목적이 완전히 순수하지 않을 수도, 어쩌면 당신조차 명확히 알지 못할 수도 있지만, 당신이 의도를 인식하고 있다면 소셜미디어 활동을 의식적으로 당신의 의도에 맞게 유지할 수 있다.

2. 나는 어떻게 팔로워들을 끌어 모으는가?

인터넷에는 그저 클릭과 좋아요만 받으려는 사람들과 채널이 제공하는 의미 없는 콘텐츠들이 가득하다. 또 건강하지 않은 정서적 반응을 유발하기 위해 만들어진 콘텐츠들도 한가득이다. 소셜미디어에서 팔로워들을 모으기 위한 다양한 부적절한 방법이 있다.

당신은 품위를 잃지 않은 태도로 팔로워들을 모으고 있는가? 아니면 성실함? 진실함? 일관성? 핵심 있는 콘텐츠? 당신이 소셜미디어에 올리는 글의 기준은 무엇인가? 직접 몇 가지 가이드라인을 세워놓는 것이 중요하다. 팔로워의 수를 많이 늘리지는 못하더라도 소셜미디어 활동을 좋은 방향으로 끌어나가야 한다. 이렇게 하면 계속해서 당신의 메시지를 전달할 수 있을 것이다.

박수 소리보다 더 소중한 것에 집중하기

만약 나처럼 칭찬을 충분히 받지 못한다는 사실에 집착해 중심에서 밀려난 듯한 시기를 겪은 적 있다면, 당신에게 들려줄 두 가지 희망적인 사실이 있다.

우선, 갈수록 더 쉬워진다는 것이다.

당신의 목표에 더 몰입하고 전념할수록 다른 사람들의 칭찬을 덜 갈구하게 된다. 당신이 해야 할 일을 하고 있을 때 내면에 있는 '질투'라는 늑대는 힘을 잃는다.

몇 해 전 여윳돈이 생겼을 때 나는 고아들을 위한 비영리단체 호프 이펙트를 설립하는 데 돈을 쓰겠다고 선택했다. 당시 그것은 높은 우선순위에 있던 일이었고 지금도 마찬가지다. 나는 여전히 내 시간과 재정을 이 일에 쏟고 있다.

그래서 내 친구가 여윳돈으로 멋진 슈퍼카를 산다고 할 때 나는 부러운 마음 없이 친구가 구입한 새 차를 칭찬해줄 수 있다. 나에겐 더 소중한 것이 있기 때문이다. 우리가 제공하는 위탁가정들을 방문할 때마다 부모는 잃었지만 건강하고 행복하며 희망이 가득한 어린 아이들의 눈에서 진짜 소중한 것을 발견한다.

나는 여전히 칭찬에 대한 지나친 욕망과 싸워야 할까? 물론 그렇다. 하지만 분명한 사실은 그것이 더 이상 예전처럼 내게 심각한 문제가 아니라는 것이다. 나에게 의미 있는 일들을 성취하는 데 방해물로 작용하지 않는다.

관심 받고 싶은 욕망도 당신의 앞길을 방해해선 안 된다.

당신이 받아 마땅한 칭찬은 감사하게 받되, 다른 사람들에게 아낌없이 칭찬의 공을 돌려야 한다. 세상이 얼마나 당신에게 많은 관심을 보내는지와 관계없이 절대 당신의 목표에서 눈을 떼지 않아야 한다.

내가 당신에게 줄 두 번째 희망적인 메시지는 사람들은 자신의 사명을 실천하는 사람들에게 끌린다는 것이다.

헌신적으로 네 명의 자녀를 키우고 있는 한 어머니가 있었고 이웃들은 그런 그녀의 모습을 지켜보았다. 바로 길 아래쪽에 살고 있던 이웃이 그녀에게 전화를 걸어 이렇게 말했다. "제 아들 때문에 고민이 있는데, 혹시 괜찮으시면 조언을 듣고 싶어서요."

유능한 직원은 일을 막 시작한 신입 인턴에게서 주목받는다.

훌륭한 코치는 선수들에게 인정받는다.

재능 있는 보조 가수는 업계에서 알려져 있을 수 있다.

이야기를 잘 들어주는 사람은 절망에 빠진 친구가 가장 먼저 전화하는 사람이다.

당신의 사명을 실천하는 데 집중한다고 해도 절대 유명해지지 못할 수 있다(당신에 관한 것). 하지만 영향력이 큰 사람은 될 수 있다(타인에 관한 것).

청찬이 아닌 목적을 목표로 하자.

그런 당신에게 박수를 보내고 싶지만 그것이 당신에게 방해가 되지 않길 바랄 뿐이다.

삶을 향한 완벽한 몰입

9장

'여가'에
취하지 않을 것이다

나는 왜 이 일을 하는가

다음 휴가만 손꼽아 기다리지 말고 도피할 필요 없는 인생을 꾸려나가자.
— 세스 고딘, 《보랏빛 소가 온다》《린치핀》 저자

나는 성취와 성공을 꿈꾸는 의욕 넘치는 사람이다. 하지만 나를 아는 대부분 사람들은 나를 치열하거나 조급하고 집착하며 다른 사람들을 밟고 일어서는 사람으로 생각하지 않을 것이다. 오히려 그 반대다. 나는 차분하고 평온하고 목적의식이 있으며 배려하는 사람으로 알려져 있다. 그것은 내가 천성적으로 일하는 것을 좋아하기 때문만이 아니라 내가 하는 일, 즉 덜 소유함으로써 사람들이 더 의도적인 삶에 몰입하게 돕는 것을 사랑하기 때문이다.

나는 내 일을 할 때 마음이 편하고 느긋해진다.

토요일 아침, 가족들보다 먼저 눈을 뜨는 나는 커피 한 잔을 내려 컴퓨터 앞에 앉는다. 그리고 사람들이 이메일로 보내온 미니멀리즘에 대한 질문에 답을 한다. 물론 토요일 아침에 반드시 이메일 답장을 보내야 하는 것은 아니다. 월요일까지 기다려도 아무 일 없다. 하지만 나는 그날 보내길 원한다. 나의 일은 도피하고 싶은 무언가가 아니기 때문이다. 나는 내가 하는 일에 푹 빠져 있다. 물론 모든 사람이 나와 같은 성향을 갖고 있지 않다는 것을 안다. (모두가 다 같지 않아서 얼마나 다행인가.) 뿐만 아니라 모든 사람에게 일이라는 것은 전부 다른 모습이라는 것도 안다. 세상에는 다양한 종류의 일자리, 직업, 회사가 있으며 누군가는 다른 일보다 특정한 일을 더 편하게 느낀다.

그럼에도 불구하고 대부분 사람들이 장기적으로 가장 큰 성취감을 느끼기 위해 할 수 있는 것은 각자의 일에 집중하는 것이라고 믿는다. 여기서의 '일'은 9시에 출근해 5시에 퇴근하는 그런 일을 말하는 것이 아니다. 그것은 육아가 될 수도 있고, 위원회에서 일하는 것일 수도 있으며, 봉사활동일 수도 있다. 우리가 할 수 있는 일은 정말 다양하다. 보수와 상관없이 다른 사람들에게 도움을 줄 수 있는 모든 것이 일이다.

그런 일을 할 때 가장 큰 방해물은 무엇일까? 대표적인 것이 일의 반대편에 있는 '여가활동'이다. 더 정확히 표현하자면, 여가활

삶을 향한 완벽한 몰입

동에 지나치게 심취한 현대 사회다.

나는 당신이 취미생활을 하지 못하게 설득하거나 당신의 레저용 자동차 열쇠를 없애려는 사람이 아니다. 우리 가족은 매년 여름에 한 번, 크리스마스에 한 번 긴 휴가를 떠난다. 나는 정기적으로 휴가를 내고 학교에 딸을 데리러 가기도 하고, 아들의 운동 경기를 보러 가거나 아름다운 아내와 점심 데이트를 하기도 한다. "매주 이틀은 쉬어야 해요. 하루는 집안일을 해결하는 데 쓰고, 하루는 최대한 휴식할 필요가 있죠."라고 말한 전 멘토의 조언에 따라 나의 한 주는 건강하고 규칙적으로 흘러간다.

그래서 나는 휴식하고 긴장을 풀어주는 즐거운 활동에 반대하지 않는다. 다만 여가활동에 대한 사회적 관념을 무의식적으로 따르느라 당신에게 의미 있는 일들을 놓치지 않길 바라는 것이다. 내가 반대하는 것은 여가활동이 당신의 목표가 되는 것이다. 여가활동이 당신의 목표가 되면, 어쩔 수 없이 가장 높은 우선순위에 있는 일이 여가활동으로 대체될 것이기 때문이다. 우리 사회에서 흔히 일어나는 문제다.

여가활동은 우리가 의미 있는 목표를 추구할 때 장기적인 생산성을 높여주는 역할을 한다. 하지만 여가활동 자체가 훌륭한 목표는 될 수 없다.

여가활동은 의미를 주지 않는다. 여가활동은 의미를 주는 다른 일을 계속할 수 있게 하는 역할을 한다.

여가활동을 목적으로 삼은 사람들은 공허함을 느끼고 결국 여가를 위해 포기한 것들을 후회했다. 해변에서 일광욕을 하고, 골프를 치며, TV를 보는 것은 이내 지루해진다. 나는 우리가 그들과 같은 실수를 반복하지 않길 바란다.

우리 사회에서 여가활동은 주로 두 가지 방식으로 신경을 분산시킨다.

- 일을 필요악으로 여기고 가능한 한 일을 적게 하려고 애쓴다.
- 특정 나이가 되면 일을 그만둬야 한다고 생각하게 되고 보통 은퇴 시기는 가능한 한 이른 나이가 되길 바라며 노후 자금이 준비되길 바란다.

이를 더 잘 이해하기 위해서는 일이 우리에게 어떤 의미인지 더 자세히 들여다봐야 한다.

일보다 여가가 소중한 사람들

역사적으로는 정확하지 않을지 모르지만, 나는 가족들이 사냥, 농사, 건축, 바느질, 요리, 청소 등 생존을 위한 모든 일을 해내야 했던 때를 상상한다. 그러던 어느 날, 한 가족이 자신들은 집을 짓는 일보다 농사에 더 소질이 있다는 것을 깨닫고 이웃에게 "우리가 곡식을 더 많이 재배해 당신에게 나눠준다면, 당신은 우리 가족이 살 집을 지어줄 수 있겠소?"라고 물물교환을 제안한 것이다.

그렇게 분업이 시작되었고 이 방식으로 양쪽 모두 혜택을 얻었다. 한쪽은 더 질 좋은 곡식을 얻었고, 한쪽은 더 튼튼한 집을 갖게 됐다. 결국 사회 전체에 도움이 되었다. 그리고 개인은 농작이든 건축이든 바느질이든 사냥이든 낚시든, 자신의 재능과 열정에 적합한 방식으로 지역사회에 기여할 수 있었다.

하지만 그 과정에서 우리는 일이 모두에게 어떻게 유익한 역할을 했는지 잊게 되었다. 언젠가부터 우리는 타인에게 이로움을 주기 위해서가 아니라 자신에게 보탬이 되는 일을 했다. 일은 이기적인 것이 되었다. 일은 우리가 필요한 돈을 버는 수단이 되었다.

미스터리 소설가인 도로시 세이어즈는 자신의 에세이에서 일에 대해 이렇게 썼다.

> 당시에 내가 주장한 것은 일에 대한 우리의 태도를 완전히 개혁해야 한다는 것이었다. 일이란 돈을 벌기 위해 해야만 하는 힘들고 단조로운 것이 아니라 인간의 역량을 제대로 발휘하고 거기서 기쁨을 찾는 삶의 방식으로 봐야 한다.
> 일은 돈을 벌기 위해 하는 것이라는 생각이 우리에게 너무 깊이 뿌리박혀 있어 일 자체에 입각해 생각한다는 것이 얼마나 획기적인 변화인지 상상조차 하기 힘들다.¹

이것은 80여 년 전 제2차 세계대전 중에 쓰인 글이지만, 오늘날에도 정확히 적용되는 문장이다. 오늘날 일은 돈을 벌기 위한 활동이고, 가능하다면 피해야 할 무언가로 인식되고 있다.

우리가 실시한 설문조사에서 "일찍 은퇴해 여가생활을 하는 것과 만족스럽고 생산적인 직장에서 오래 일하는 것 중 어느 것이 더 매력적인 목표인가?"라는 질문을 던져보았다. 성취감 있는 일을 하는 것이 일찍 은퇴해 여가생활을 하는 것보다 더 매력적이라고 응답한 사람들은 34퍼센트에 불과했다. 사람들은 대부분 원해서가 아니라 단지 해야 하기 때문에 일을 하고 있던 것이다.

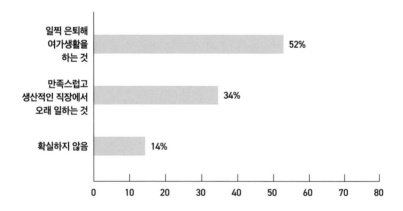

Q. 일찍 은퇴해 여가생활을 하는 것과 만족스럽고 생산적인 직장에서 오래 일하는 것 중 어느 것이 더 매력적인 목표인가?

삶을 향한 완벽한 몰입

여론조사 기관인 갤럽에서는 〈2017년 글로벌 업무 현장 현황 보고서〉에서 전 세계 고용인의 15퍼센트만이 업무에 종사하고 있으며, 67퍼센트는 업무에 종사하지 않고 18퍼센트는 적극적으로 활동을 중단한 상태라고 밝혔다. 참여율이 가장 높은 곳은 31퍼센트로 미국과 캐나다였는데, 여전히 3분의 2는 일을 하지 않고 있었다. 호주·뉴질랜드, 서유럽은 각각 14퍼센트, 10퍼센트의 고용률을 보이며 꽤 뒤처져 있다.[2]

전 세계 일자리의 85퍼센트가 전부 나쁘기 때문일 수는 없다. 직장을 이탈한 비율이 높아진 이유는 따로 있다. 나는 그것이 우리가 일을 보는 관점과 관련 있다고 생각한다. 85퍼센트의 사람들이 직장을 이탈한 이유는 우리가 일에 대해 완전히 잘못 생각하고 있기 때문이다. 우리는 일을 '집을 사고 휴가를 가는 데 필요한 돈을 벌기 위해 하는 행위'로 여긴다. 이렇게 일은 완전히 이기적인 것이 되었다. 일을 그저 돈을 벌기 위해 하는 행위라 생각하고 있다면 주말이나 연휴, 휴가, 은퇴 등의 여가활동에 이렇게 많은 관심을 기울이는 게 당연하다.

쉬기 위해 일하는 아이러니

우리는 직장에서의 휴가를 좋아한다. 다소 거칠게 표현하면 휴가에 집착한다고 말할 수 있다. 많은 사람들이 "주말을 위해 일한다"라고 말하며 그들에게 월요일은 언제나 언짢음의 대상이 된다. 수요일은 주말로 향하는 내리막길의 시작점이기 때문에 '험프 데 이Hump day'라고 부른다. 그리고 우리는 "드디어 금요일이다!(Thank God, It's Friday!)"라고 새긴 머그잔이나 티셔츠, 자석들을 만들어 낸다.

너무 많은 사람들이 월요일과 화요일보다 토요일, 일요일을 찬 양하며 주말을 기다리느라 평일을 허비한다. 사랑하는 법을 배우 고 하루하루를 최대한 활용하는 사람들은 과거를 회상하며 자신 들의 인생을 허비했다고 생각할 가능성이 더 작다. 그러나 우리 는 늘 일하는 시간보다 일을 멈추고 쉬는 시간을 더 소중하게 생 각한다.

미국에서 근로자들이 내는 '병가'의 40퍼센트는 꾀병이라고 한 다.[3] 평균적인 미국인은 일 년에 거의 200시간을 휴가를 꿈꾸는 데 사용한다.[4] 25일간의 근무일에 해당하는 시간이다.

그러나 여기에 역설적인 상황이 있다. 우리는 일에 너무 몰두 해 휴가에 지장을 주기도 한다. 미국 근로자들의 절반 이상이 유 급 휴가를 모두 사용하지 못한다. 비슷한 비율의 근로자들(50퍼센 트가 넘는)이 휴가를 쓰는 것에 죄책감을 느낀다고 보고한다.[5]

또한 많은 미국인들이 휴가 중에도 완전히 직장에서 벗어나지 못한다. 미국 근로자의 70퍼센트는 휴가 중 종종 회사의 연락을 받는다. 뿐만 아니라 30퍼센트는 최소한 하루에 한 번씩, 약 11퍼 센트는 하루에 여러 차례 연락을 취한다.[6]

삶을 향한 완벽한 몰입

우리는 정말 이럴 필요가 있을까? 아니면 힘든 일상에 너무 중독돼 오랫동안 기다려온 휴가에서조차 일을 하지 않을 수 없게 된 것일까? 우리가 너무 자기 가치를 직장에 쏟아버린 나머지 직장으로 돌아가지 않고 일주일을 해변에서 보내거나 열흘 동안 로키산맥을 탐험하는 정도로는 자아를 달랠 수 없게 된 것일까?

우리는 휴가에 대해 지나치게 신경 쓰면서도 제대로 신경 쓰지 않는다. 우리는 휴가를 평일 동안 묵묵히 걸어가면 도착하는 목적지로 생각한다. 하지만 제대로 휴식하고 재충전하는 데 휴가를 쓰지 않는다.

왜 이렇게 모순된 상황이 일어나는 것일까? 우리가 휴식의 역할을 잘못 이해하고 있어 이런 갈등이 생기는 것일까? 휴식하는 이유가 일을 더 잘 해내기 위한 것이라고 생각하기보다 휴식하기 위해 일하는 것이라고 생각해서일까?

우리는 모든 것을 거꾸로 이해하고 있고 그래서 이런 혼란스러운 상황이 발생한다. 일의 목표는 결코 더 많이 쉬는 것이 아니다. 우리가 휴식하는 이유는 일을 더 잘해내기 위해서다.

나는 휴가를 잘 보내기 위해 일을 열심히 하는 것이 아니다. 나는 일을 잘하기 위해 휴가를 잘 보내는 것이다. 이것은 동기부여가 무엇인지를 다르게 보는 방식이다.

주말, 휴무일, 공휴일에는 제대로 휴식하자. 그리고 최소한 일년에 한 번씩은 장기 휴가를 보내도록 하자. 멀리 떠나거나 색다른 경험을 하지 않아도 괜찮다. 직장으로부터 잠시 거리를 두는 것이다. 그리고 제대로 휴식하고 즐겨보자.

일에서 잠시 거리를 두는 것은 직장으로부터 탈출하기 위해서가 아니라 일에 대한 통찰력을 얻기 위해서다. 일하러 복귀했을 때 최고의 컨디션으로 성과를 낼 수 있도록 재충전하는 시간을 갖기 위해서다.

역할과 책임만으로는 충분하지 않다. 우리에게는 휴식과 이완, 즐거운 마음으로 업무로 돌아오는 복귀의 균형이 필요하다.

직장을 탈출하기 위한 몸부림

우리 사회는 인생을 편하게 즐기며 사는 것뿐만 아니라 마침내 '은퇴를 즐길 수 있도록' 인생에서 일을 아예 하지 않는 상태를 최종 목표로 삼는 경향이 있다. 오늘날 대다수 직장인들은 은퇴시기를 더 빨리 앞당기고 싶어 한다.' 이것은 좋은 현상일까? 나쁜 현상일까?

나의 할아버지 헤럴드 세일럼은 내게 은퇴에 관한 많은 이야기를 들려줬다. "은퇴는 정치인들이 고안한 개념이란다. 그게 네가 은퇴에 대해 알아야 할 모든 것을 말해주지."

나는 할아버지의 말씀이 사실인지 궁금했다. 그래서 은퇴의 역사를 조사해보았는데, 과연 할아버지가 말씀한 대로였다.

삶을 향한 완벽한 몰입

'은퇴'는 기본적으로 현대에 진행된 실험이다. 과거에는 신체적 능력이 가능할 때까지 계속 일을 했다. 역사학자들은 독일의 수상인 오토 폰 비스마르크가 1883년에 일하지 않는 70세 이상─몇 년 후 65세 이상으로 바뀌었다─의 독일인에게 연금을 제안하며 현대적인 '은퇴'라는 개념을 만들었다고 한다. 이후에 미국을 포함한 다른 국가들도 이를 따랐다.[8]

한 마디로 65세라는 나이는 선거에서 표를 얻기 위해 정치인들이 정한 임의적인 나이다. 이렇게 한 사람이 의미 있는 삶을 살기 위한 방법과 아무 관련이 없음에도 불구하고 65세는 은퇴를 결정하는 기준이 되어버렸다.

만약 은퇴라는 개념이 사회에서 해본 시도라고 한다면, 어떻게 되어가고 있는가? 나는 그렇게 효과적이지 않다고 생각한다.

노후를 대비해 경제적인 준비를 하는 것은 많은 불안을 야기한다. '은퇴 후 재정'에 관련된 광고가 얼마나 많은지만 봐도 알 수 있다. 노후 자금에 대해 생각하느라 쏟는 정신적 에너지를 생각해보자. 사람들은 얼마나 빨리 은퇴할 수 있을지 계산하느라 바쁘고 은퇴 후 충분한 돈이 없을까 봐 걱정한다. 만약 주식시장에서 조정이 일어나 퇴직을 앞둔 사람들의 자금이 줄어드는 상황이 생긴다면, 예상보다 몇 년 더 일해야 하는 끔찍한 상황이라고 여긴다. (더 일할 수 있다는 것을 축복으로 느낄 수는 없는 걸까?)

이렇게 은퇴에만 집중할 때 어떤 의도치 않은 결과가 발생하게 될까? 무엇보다 일의 기쁨을 앗아가게 된다. 가능한 한 빨리 일에서 벗어나는 것이 목표가 된다면 어떻게 일을 즐기는 법을 배울수 있을까? 우리는 스스로에게 의미 있어서 일하는 것이 아니라언젠가 은퇴하기 위해 일을 한다.

뿐만 아니라 대부분 사람들이 65세 정도가 되면 은퇴하는 것이최선책이라고 생각한다. 따라서 많은 사람들이 정말로 은퇴할 필요가 없는 시기에 은퇴하고, 사회에 여전히 기여할 것이 많고 이에 따른 만족감을 누릴 수 있는 자리를 떠나게 된다.

그렇다면 은퇴는 정말 우리가 생각하는 것처럼 좋은 것일까?아니면 인생의 마지막 순간에 자랑스럽게 여길 의미 있는 일들을하지 못하게 만드는 것일까?

어떻게 행복하게 은퇴할 것인가

만약 반드시 은퇴를 해야 한다고 여기고 있다면, 다시 한 번 생각해보자. 은퇴에 대한 사회적 견해가 일에 대한 당신의 관점이나일에 대한 목표에 얼마나 영향을 미치는가? '은퇴retire'라는 단어는 '사라지다' 혹은 '행위의 중심에서 벗어난다'라는 의미다. 이렇게 되길 원하는 사람은 없을 것이다. 특히 당신이 세상에 기여할수 있는 일이 많을 때는 더욱 그렇다.

나의 할아버지는 늘 "내 장례식 3일 전에 은퇴하고 싶어."라고 말씀하셨다. (실제로 그는 99세의 연세로 세상을 떠나기 9일 전까지 매주 40시간씩 일하셨다.) 그는 언제나 건강한 정신을 유지하는 비결 중 하나로 일을 꼽았다. 그리고 이것이 할아버지가 그토록 자신감 있는 태도로 죽음을 마주할 수 있었던 이유라고 생각한다. 그는 평생 단 하루도 허투루 쓴 적 없었다.

물론 나이는 우리가 일할 때 고려해야 할 요소일 뿐만 아니라 나이가 들수록 어떤 일은 수행하기 힘들어지기도 한다. 하지만 나이가 들었기 때문에 하던 일을 그만두고 은퇴하기보다는 일을 재정비하는 것을 선택할 수도 있다. 예를 들면,

- 풀타임으로 일했다면 파트타임이나 계절별로 근무하며 일하는 시간을 줄인다.
- 육체적으로 덜 힘든 일로 전환한다.
- 선두에서 이끄는 일보다는 상담하고 조언하는 일을 맡는다.
- 월급이 적더라도 자신의 인생 목표에 맞는 다른 분야의 일로 전환한다.

하지만 결국 어느 시점이 되면 보수를 받는 모든 직장에서 은퇴하겠다는 선택을 할 수도 있다. 은퇴가 항상 잘못된 선택은 아니다. 때로는 일의 매듭을 짓는 것이 최선의 선택이다. 특히 은퇴한 후에 당신이 중요하게 여기는 대의에 더 집중하기로 계획했다면 더욱 그렇다.

젊음이 중심이 되는 우리 사회가 나이 듦의 진가를 더 인정하는 사회가 되었으면 좋겠다. 젊은 사람들은 나이 든 사람들에게 더 자주 조언을 구하고, 나이 든 사람들은 남들에게 무엇을 더 베풀 수 있을지 고민한다. 인생의 후반기가 되면 어느 때보다 세상에 기여할 수 있는 일이 많을 것이다. 가장 탐스러운 열매는 성목에서 자라는 법이다.

연구 결과에 따르면, 일반적인 직장에서 은퇴는 올바른 방식으로 행해질 때만 건강과 삶의 만족도가 향상된다고 한다.[9] 최근 은퇴자들의 28퍼센트는 은퇴하기 전보다 삶이 더 악화되었다고 밝혔다. 그들은 '고립감과 방향의 상실감'을 느낀다.[10] 그렇다면 다른 72퍼센트의 은퇴자들은 은퇴 후 어떻게 행복을 찾을까?

금융 자문가인 스티븐 라이트는 이렇게 얘기했다. "행복한 은퇴 생활의 비결은 언제, 어디서 은퇴하겠다는 계획 외에 은퇴 후에 무엇을 할 것인지에 대한 계획을 세우는 것이다. 행복한 은퇴자와 불행한 은퇴자의 차이는 목적의식의 여부다."[11] 한마디로, 무언가에 기여하는 활동을 이어나가야 한다. 일은 꼭 월급을 받아야 하는 것이 아니다. 손주를 키우는 데 도움을 주거나 지역사회에서 자원봉사를 하는 것처럼 의미 있는 모든 것이 일이 된다.

반드시 은퇴해야 하는 순간이 오기 전까지는 은퇴하지 말자. 그리고 은퇴해야 한다면 목적의식을 갖고 은퇴하는 것을 잊지 말자.

당신이 지금 어느 시점에 와 있든, 직장에서 남은 기간을 고민해보고 당신의 최고 목표에 대한 의지를 새롭게 다지자. 숨을 쉴 수 있는 한 당신은 세상에 긍정적인 기여를 할 수 있다.

괴짜 노인 혹은 우리들의 영웅

폴 스트라트맨은 44년 동안 전기 생산업에 종사하며 전선을 설치하고 직원들을 관리하며 3D 모델링 일을 하다 은퇴했다. 그러자 곧 불만족스러운 생활이 시작되었다. "아내는 내게 집에서 해결해야 할 일들이 적힌 긴 목록을 줬죠." 폴이 말했다. "그런데 목록에 적힌 일을 모두 완수하는 데 일 년도 채 걸리지 않았어요. 저는 남은 평생을 집에서 아무 일도 안 하며 보내고 싶진 않았어요. 사람들을 돕고 싶었습니다."

이 무렵 그는 오마하 지역에서 은퇴한 상인들이 모인 단체에 대해 듣게 되었는데, 그들은 스스로 괴짜 노인들the Geezers이라고 불렀다. 적게는 다섯에서 열 명의 괴짜 노인들은 일주일에 두세 번 정도 만나 반나절 동안 빈곤한 마을에서 비영리로 쓰일 집을 리모델링하고 있었다.

"지금 우리는 여섯 명의 전 재소자들이 생활할 집을 다시 짓고 있어요." 폴이 나에게 말했다. "우리는 집을 제공하고, 비영리단체는 그들에게 멘토십을 제공할 겁니다."

그들의 목표는 감옥에 다녀온 사람들이 더 나은 삶을 시작하고, 다시 감옥으로 돌아가지 않도록 돕는 것이다. "우리의 목표는 이 집이 완성된 후 여기서 생활하는 사람들의 재범률을 0퍼센트로 유지하는 것입니다."라고 폴이 말했다. 참고로 미국의 재범률은 83퍼센트에 달한다.[12]

2019년 중서부에서 대홍수가 발생했을 때 폴은 홍수로 집을 잃은 한 50대 부부의 연락을 받고 이 지역에서 자원봉사자로 일하며 많은 가정의 전기를 복구시켜줬다. 이 부부는 10대인 딸과 세 명의 손자들(이 아이들의 엄마는 아이들을 돌볼 수 없는 상황이었다)과 함께 캠핑카에서 생활하며 집을 고치기 위한 돈을 벌고 있었다. 자그마한 캠핑카에 여섯 명이 살고 있었다. 손자들의 생활환경을 점검하기 위해 네브래스카의 아동보호기관에서 방문한다는 소식을 듣고 부부는 걱정하기 시작했다. 그들이 손자들을 데려갈까 봐 두려웠다. 어떻게 해서든 그것만은 막고 싶었다. 폴은 어떤 도움을 주었을까?

폴은 바로 작업에 착수했다. 그는 보호기관의 검사를 통과하기 위해 시간에 맞춰 무료로 홍수 피해를 본 집의 전기 배선과 안전을 위한 보수 작업을 완료했다. 그렇게 그 가족은 헤어지지 않고 함께 지낼 수 있게 되었다.

폴은 그때의 경험을 떠올리며 "도움이 정말 간절한 사람들을 도울 수 있을 때, 그리고 그들의 삶에 약간의 변화를 일으킬 수 있을 때, 다른 사람들을 돕기 위해 자기 삶을 잠시 보류하는 사람들을 볼 때 감동을 느낍니다. 그것이 가장 감동적인 경험 중 하나였고 지금까지 성취한 일 중 가장 의미 있는 일이었어요." 폴은 직장에서는 은퇴했지만 다른 사람들을 돕는 일은 멈추지 않았다.

세상을 위해 실력을 발휘할 나이, 70

몇 년 전 나는 테레사라는 70세 여성을 알게 되었다. 체구가 작은 테레사를 보자마자 나는 그녀가 얼마나 다정한 사람인지 알 수 있었다. 대화를 나누던 중 그녀가 자신이 공인회계사였다고 언급했을 때 우리에게 공통점이 있다는 사실(나도 대학교에서 회계를 공부했다)을 발견했다. 내가 그녀를 알았을 때는 이미 그녀가 은퇴한 후였지만, 여전히 자신의 전문기술을 필요한 곳에 유용하게 발휘하고 있다는 것이 인상적이었다. 그녀는 1월부터 4월까지—소득신고를 준비하는 시기다—매일 피닉스 시내에 가서 저소득 여성들이 소득신고서를 작성할 수 있도록 무료로 돕고 있다.

"저는 이 여성들이 정부에서 제공하는 모든 자원을 활용할 수 있도록 설명하고 도와줍니다." 그녀는 환한 얼굴로 말했다. "저는 평생 여러 기업에 같은 도움을 줬어요. 이제는 사회적 약자들을 돕고 싶어요. 복잡한 납세신고서를 작성하는 것은커녕 글을 읽지도 못하는 사람들이 많거든요. 저는 오랫동안 세법을 공부했으니 은퇴한 후에는 이 지식을 좋은 곳에 쓰고 싶어요."

당신의 일은 곧 사랑이다

우리는 일을 다른 관점에서 볼 필요가 있다. 일은 결코 필요악이 아니다. 일은 젊은 시절에는 한동안 흥미로운 대상이었다가 나이가 들면서 탈출구를 찾을 만큼 권태를 느껴야 하는 그런 것이 아니다.

세상은 당신의 재능과 능력을 필요로 한다. 당신이 열심히 일하고 잘 해내길 바란다. 당신이 하는 일은 사회에 도움이 되고 우리를 앞으로 나아가게 한다. 당신이 기여한 덕분에 우리는 더 나은 사람들이 되며 우리 삶은 더욱 풍요로워진다.

당신이 마트에서 식료품을 봉지에 담아주는 일을 하든, 우편물을 배달하든, 길을 청소하든, 아이들이나 다른 사람들을 돌보든, 당신의 노고는 당신이 돕는 사람들을 향한 사랑의 행위나 다름없다. 그리고 당신의 마음에 따라 일은 회피해야 할 것이 아닌 의미 있고 보람 있는 것이 된다. 더 이상 월요일은 피하고 싶은 날이 아니다.

일을 견뎌내야 하거나 회피해야 하는 대상으로 여기지 말자. 당신이 하는 일에 대해 다시 생각해보라. 중심과 동기를 되찾아 당신의 열정과 능력을 사회의 필요한 곳에 기여하는 데 활용하자. 당신의 일은 다른 사람들에게 사랑을 보여줄 방법이다.

당신의 일이 곧 사랑이니 당신도 일을 사랑하자.

삶을 향한 완벽한 몰입

일에서 월급 외의 성취감을 느끼는가

우리가 진행한 설문조사에서 "당신의 경력·일에서 월급 외의 성취감을 느끼는가?"라는 질문에 절반 정도인 53퍼센트의 응답자들이 "그렇다"라고 대답했다. 31퍼센트는 "그렇지 않다"라고 답했으며, 17퍼센트는 "확실하지 않다"라고 답했다.

이제 우리 모두가 일의 개념을 재정의하고 월급이 아닌 다른 곳에서 성취감을 찾을 때다. 회사에서 훌륭한 휴가 패키지여행이나 건물에 가까운 지정 주차공간을 제안해서가 아니라 당신의 일이 모든 사람의 삶을 개선시키기 때문이어야 한다. 보수를 받든 받지 않든, 당신은 당신이 잘하는 일을 해야만 다른 사람들도 각자 자기가 잘하는 일을 할 수 있고 그렇게 모든 사람이 이익을 얻는다. 그것이 내가 일을 사랑이라고 부르는 이유다.

Q. **당신은 당신의 경력·일에서 월급 외의 성취감을 느끼는가?**

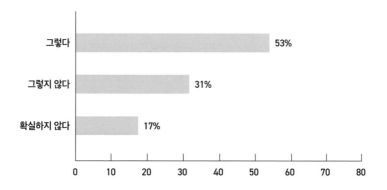

때때로 이 사랑은 튼튼하고 적절한 가격의 집을 지어 올리는 모습으로 나타난다. 품질이 더 좋은 곡식을 재배하거나 더 좋은 옷을 만드는 형태로 나타날 때도 있다. 사람들의 치아를 깨끗하게 해주거나 세금 문제를 도울 수도 있고, 잔디를 깎아주거나 농부들에게 돈을 지불할 수 있게 돈을 수금하는 마트 점원으로 일할 수도 있다.

당신의 직업이 무엇이든 당신은 사회에 이로움을 가져온다. 그리고 우리가 일을 이런 방식으로 바라보기 시작하면 즉각적으로 일에서 더 큰 기쁨을 찾을 수 있다.

수백 명의 사람들과 일에 대한 이런 나의 생각을 나눴던 때를 기억한다. 얼마 후 한 젊은 남성이 다가와 이렇게 말했다. "일에 대한 당신의 생각이 인상적입니다. 그런데 저는 조경사예요. 잔디를 깎고 관목을 다듬죠. 제 일이 세상에 얼마나 이로움을 가져오는지 잘 모르겠군요. 저는 제 일이 사랑이라고 생각하지 않아요."

나는 그에게 대답했다. "우선, 우리 동네를 아름답게 가꿔주셔서 고마워요. 조깅을 나가거나 아내와 산책하고 아들과 자전거를 탈 때마다 주변이 얼마나 아름다운지 감탄하거든요. 당신 덕분이에요. 고맙습니다. 하지만 그게 전부가 아니에요. 바로 지난주에 저의 친한 친구가 병원에서 큰 수술을 받았는데 다행히 수술이 잘 되었어요. 그 의사의 정원을 가꿔준 조경사가 당신이 아닐 수도 있겠지만 누군가가 해주었죠. 누군가가 정원을 관리해줬기 때문에 제 친구의 의사는 친구를 수술하면서 자신의 재능을 발휘할

삶을 향한 완벽한 몰입

시간이 있었던 겁니다. 그러니 당신이 해주시는 일에 감사드려요. 우리 모두에게 큰 이로움을 주는 일이에요. 당신의 일이 제게는 사랑처럼 느껴지는걸요."

이처럼 우리의 일을 바라보는 시각은 완전히 바뀔 수 있다. 월급을 뛰어넘는 무언가를 생각할 때 성취감을 느끼기 시작한다.

파이어족이 다시 일하기로 결심한 이유

로드아일랜드에 사는 마크 마넨스미스는 네 아이를 둔 아버지다. 물리치료사인 그는 자기 일을 사랑하는데 단지 작업이나 사람들, 회사를 좋아해서가 아니라 자기 일을 사랑으로 여기기 때문이다.

마크가 처음부터 그랬던 것은 아니다. 대학 졸업 후 금융업에서 일을 시작한 그는 월스트리트에 있는 가장 큰 투자은행 중 한 곳에서 근무했다. 높은 연봉을 받던 마크는 35세가 되면 은퇴할 계획을 세우고 있었다.

그는 이렇게 말했다. "당시에 저는 제가 무슨 일을 하는지에 대해 전혀 신경 쓰지 않았어요. 그저 많은 돈을 벌고 싶었죠. 하지만 삶에서 무언가를 깨닫기 시작했지요. 밤에 쉽게 잠들 수 없었고 아침에는 일어나기 힘들었습니다. 저에겐 변화가 필요했어요."

그는 이야기를 들려주며 그때를 회상했다. "저는 고등학생 때 운동선수였는데, 언제나 남들보다 더 노력해서 신체 능력을 향상시켰어요. 저는 다른 사람들도 그렇게 할 수 있도록 돕고 싶었습니다. 그래서 저는 물리치료사가 되기 위해 다시 공부를 시작했지요. 물리치료사라는 일은 가족들과 더 많은 시간을 보낼 수 있을 뿐만 아니라 저의 재능과 열정을 통해 다른 사람들을 사랑하고 도와줄 수 있는 직업이었습니다."

마크는 지난 10년 동안 물리치료사로 일했고 지금 훨씬 더 행복하다. 그는 이렇게 말했다. "투자은행에서 일하는 것이 잘못된 게 아니라 지금은 일에 대한 저의 시각이 달라졌기 때문입니다. 그리고 제가 하는 일을 통해 세상에서 저의 역할을 다르게 바라보기 때문이지요."

그는 말을 이어나갔다. "저는 제가 하는 일을 단지 생활비를 벌기 위한 수단으로 보지 않아요. 사람들과 연결될 기회라고 생각합니다. 실제로 저는 누군가가 자기 신체에 대해 더 잘 알도록 도와주거나 그들의 사고방식이나 관점을 변화시킬 때 가장 큰 만족감을 느껴요. 제 일은 다른 사람들이 자기 능력을 최대한 발휘할 수 있게 돕는 것이고, 그것은 타인에게 해줄 수 있는 가장 애정 어린 일 중 하나예요."

마크의 이야기에서 주목해야 할 것은 그가 은행에서 일하는 사람들이나 금융업계를 나쁘게 생각하지 않는다는 점이다. 그와 진로 변화에 대해 대화를 나눴을 때(나는 15년 전 마크가 물리치료사가 되기 위해 학교에 다닐 때 그를 처음 만났다) 그는 금융업에서 일할 당시 일에 대한 자신의 시각이 달랐다면 금융업이 그가 사랑하는 일이 되었을 것이라고 말했다.

세상에서 남에게 도움이 되지 않는 직업은 찾기 힘들다. 은행가, 물리치료사, 자원 교사의 조수, 환경미화원, 보험설계사, 무료 법률상담가, 고속도로 건설 노동자, 정원사 등등 모든 사람은 타인의 삶의 질을 향상시키고 각자의 기량을 최대한 발휘할 수 있게 해준다. 이 모든 것은 우리가 일을 어떻게 바라보느냐에 달려 있다.

인생의 마지막 순간, 최선을 다했다 말할 수 있기를

내가 《작은 삶을 권하다The More of Less》라는 첫 책을 출판했을 때 디자이너가 해변에 안락의자가 있는 표지 시안을 보여줬었다. 나의 반응은 "절대 안 돼요!"였다. 내가 의도한 것과 정반대 느낌의 표지였다. 나는 한 번도 나의 의무와 기회들에서 벗어나기 위한 방법으로 미니멀리즘을 추구한 적이 없었고 사람들이 일반적으로 가지고 있는 미니멀리즘에 대한 오해를 표지에 반영하고 싶지 않았다. 나에게 미니멀리즘의 핵심은 (이 책의 주제이기도 하다) 아무것도 하지 않아도 되는 곳에 일찍 도착하려는 것이 아니다. 미니멀리즘은 우리를 더 생산적으로 만들어준다. 방해물들을 제거함으로써 남들에게 도움을 줄 수 있는 최선의 삶을 살게 해준다.

나는 이 장을 중요한 진실로 마무리하고 싶다. 그것은 바로 가장 의미 있고 성취감 있는 삶에는 언제나 노고가 포함되어 있다는 것이다. 그들은 연결되어 있으며 상호 관계에 있다. 인간으로서 우리는 돈이나 소유물, 명성을 위해서가 아니라 주변 사람들에게 좋은 일을 함으로써 잠재력을 발휘하며 사는 것이 우리의 본성이기 때문에 일을 하는 것이다. 그리고 당신에게 가장 의미 있는 목표를 성취하는 일은 쉽지 않을 것이다. 고도의 집중력과 노력이 필요하기 때문이다.

한 가지 명확히 짚고 넘어가자면, 나는 이유 없이 마냥 바쁜 것을 옹호하는 사람이 아니다. 우리에게 주어진 단 한 번의 삶에서 최대한 많은 것을 성취할 수 있도록 목적의식을 갖고 계획적인 방식으로 몰입해 일(유급이든 무급이든)을 하는 것이 얼마나 중요한지 알려주고 싶다.

나는 몇 해 전 아이오와에서 열린 한 행사에서 일과 일에서 얻는 성취감의 중요성에 대해 얘기한 적 있다. 행사가 끝난 후 한 여성이 다가와 이렇게 얘기했다.

"저는 동네에서 작은 음식점을 운영하고 있어요." 그녀가 말했다. "지난 어머니날에 일손이 부족해 테이블을 정리해줄 10대 소녀 한 명을 고용했어요. 어머니날은 일 년 중 가장 바쁜 날 중 하루거든요. 영업이 끝나고 그 아이가 식기세척기 옆에 있는 의자에 앉아 있었어요. 저는 아이에게 다가가 너무 정신없는 하루였다고 얘기했지요. 그러자 그녀는 이렇게 말했어요. '저는 완전히 지쳤어요. 지금까지 살면서 이렇게 피곤한 적은 처음이에요.'"

그녀는 내 눈을 바라보며 말을 이어나갔다. "저는 그 아이를 바라보며 이렇게 말했어요. '맞아. 그런데 정말 기분이 좋지 않니?'"

다른 사람들처럼 나도 쉬는 날을 좋아하며 느지막하게 일어나 가족들이 먹을 아침식사를 만드는 것을 좋아한다. 책을 읽거나 동네 공원에서 농구를 하고 아이들과 함께 영화를 보는 것도 좋아한다. 그리고 가족들을 만나러 가는 크리스마스 휴가나 봄방학을 맞이해 스키를 타러 가는 휴가도 좋아한다. 내가 기대하는 날들이다.

하지만 그날 내가 가진 모든 노력을 쏟아 부어 의미 있는 일을 해낸 하루를 보내고 마침내 베개를 베고 편안히 누울 때의 기분만큼 좋은 것은 없다. 음식점 주인이 말한 것처럼 정말 기분이 좋다. 인생의 마지막 순간에 나는 최선을 다해 모든 노력을 쏟아 부었다고 느끼고 싶다. 아마도 그건 당신도 마찬가지일 것이다.

여가활동이라는 방해물을 극복하는 방법은 '일'의 개념을 재정립하고 일에서 이타적인 성취감을 찾는 것이다. 만약 직업이 있다면 남을 도움으로써 그 일을 사랑으로 여기자. 육아를 하거나 집안일을 하며 하루를 보낸다면 그 일을 사랑으로 보자. 직장에 나가지 않아 시간이 너무 많다고 해도 남에게 봉사할 수 있는 의미 있는 일들을 찾을 수 있다.

일이란 것은 골치 아프고 절대 완벽하지 않다는 것을 알고 있다. 아무리 당신이 세상에 기여하려는 선한 일이 돈을 받고 하는 일이라고 해도 여전히 힘든 날이나 힘든 관계, 성취해야 할 힘든 일들이 기다리고 있을 것이며 항상 행복하지만은 않을 것이다. 그러나 당신에게 의미 있는 일을 하고 있다면 절대 후회하진 않을 것이다.

10장

'스마트 기기'에
잠식당하지 않을 것이다
SNS 중독의 무서운 함정

> 죽음 앞에 서면, 삶 전체가 사람들을 사랑하는 것이었음을 깨닫게 될 것이다.
> 그리고 텔레비전을 너무 많이 보았다는 사실도.
> ─ 도널드 밀러

〈작은 삶을 사는 법〉은 블로그라는 플랫폼이 등장한 지 얼마 되지 않아 어떻게 해야 하는지도 잘 모를 때 시작한 기록이다. 어느 날 저녁, 지루했던 나는 페이스북과 트위터에 글을 올리게 되었고, 어떤 메시지가 이 플랫폼에 있는 팔로워들을 끌어모았는지, 또 미니멀리즘에 대한 메시지를 퍼뜨리는 데 이를 어떻게 활용할 수 있을지 살펴보았다. '아, 이렇게 돌아가는 거구나.'라고 생각했던 순간이 떠오른다. 솔직히 말하면 그것은 단순히 테크놀로지에 우연히 걸려드는 과정이었다. 앱과 온라인 잡지, 수많은 실시간 영상을 만들고 경험해본 후에 분명한 한 가지 사실을 깨달았다. 현대 테크놀로지가 없었다면 나는 지금과 같은 규모로 미니멀리즘 알리려는 내 목표를 성취할 수 없었을 것이다.

하지만 테크놀로지가 나에게 도움이 되기보다 내가 목적과 가치를 실행하는 데 방해가 될 때도 있다. 이 문제에 경각심을 갖고 있는 나조차도 여전히 소셜미디어나 나와 상관없는 뉴스를 읽느라 너무 많은 시간을 낭비하곤 한다. 나는 '닫기' 버튼을 누르거나 휴대폰을 손에서 내려놓기 위해 몇 번이나 스스로 이를 상기시켜야 한다.

'방해물'이라는 이름을 붙일 것이라면, 현대 기술이 우리에게 들이밀고 있는 전자 뉴스, 오락물, 정보, 시간을 잡아먹는 게임에 붙여야 할 것이다. (우리가 대부분의 경우 이런 방해물에 저항하는 것은 아니다.) 끊임없이 깜빡이는 불빛과 화려한 색의 아이콘들, 황홀한 소리를 모른 척하는 것은 힘들다. 우리가 주의하지 않으면 테크놀로지는 유용한 도구에서 방해물로 바뀔 수 있으며 결국 후회로 이어질 것이다.

관심을 먹고 자라는 신기술들

인간은 FAANG(페이스북, 애플, 아마존, 넷플릭스, 구글)에게 목을 물리기 훨씬 전부터 중요한 일보다 사소한 일에 관여하는 것을 매우 좋아했다. 과거에 사람들이 거실에 있는 큼지막한 라디오로 음악 방송을 듣고, 니켈로데온 극장에서 영화를 보고, 당구장에서 엄청난 시간을 보내던 모습을 떠올려보자. 더 과거로 돌아가면 사람들은 마상 창 시합이나 전차 경주에 푹 빠져 있었을 것이다.

그런데 과거에는 사소한 오락거리를 즐기기 위해 어디론가 떠나야 했다. 바에 가기 위해 집을 나서거나 야구를 보러 가기 위해 오후에는 일을 쉬었다. 내가 어렸을 때는 비디오 게임을 하기 위해 지하실로 내려가야 했다. 왜냐하면 그곳의 TV에 게임기가 연결되어 있었기 때문이다. 하지만 요즘은 저녁식사를 하거나 아내와 데이트를 하거나 아들의 축구 경기를 관람하는 중에도 휴대폰을 꺼낼 수 있다. 우리에게 중요한 일이나 사람들(가장 중요한 사람들은 우리 앞에 앉아 있는 사람들인 경우가 많다)에 집중하지 못하게 막는 방해물은 새로운 차원에 존재한다.

오늘날의 많은 여가활동은 현실 세계에서 가상 세계로 넘어오며 사소한 방해물을 만들고 있다. 수집하기를 좋아하는 사람들은 이제 핀터레스트에서 이미지를 모은다. 과거에 편지를 즐겨 쓰던 사람들은 이제 소셜미디어에 충동적으로 글을 올린다. 과거에 얼굴을 맞대고 정치에 대한 논쟁을 즐기던 사람들은 이제 소셜미디어나 댓글 창에 불만을 올린다.

영상 공유나 사진 보정 앱, 바이럴 해시태그, 가상현실 등이 세상에 나타나기 전까지는 우리가 상상도 할 수 없던 새로운 유혹거리가 많다. 그래서 우리는 마치 헤로인에 중독된 것처럼 계속 휴대폰을 들여다본다.

세상에는 새로운 정보와 오락거리가 끊임없이 나타난다. 우리는 어디를 가든 항상 휴대폰을 갖고 다닌다. 어디서든 무선 인터넷에 연결되어 있다. 광고를 볼 때마다 끊임없이 메시지에 노출된다. 그리고 24시간 동안 계속 업데이트되는 뉴스의 공격을 받는다.

모든 정보는 우리의 관심과 자원을 장악하겠다는 한 가지 목표를 가지고 우리의 머리에 침투한다. 동시에 우리가 하고 있던 일에 쏟던 관심을 앗아간다. 이런 종류의 방해물은 우리가 진정으로 살고 싶은 삶이 어떤 것인지 깨닫지 못하게 할 정도로 심각하지만 이를 간과하고 넘어가기도 쉽다.

우리는 테크놀로지가 이렇게 삶에 깊이 침투하게 될지 전혀 예상하지 못했다. 기술 덕분에 누리는 혜택을 감사히 여기는 동시에 이런 혜택이 우리에게 어떤 대가를 치르게 하는지 고민해봐야 한다. 컴퓨터공학자인 칼 뉴포트는 이렇게 말했다.

이런 기술들은 전체적으로 우리가 처음에 부여한 작은 역할을 넘어서고 있다. 점점 우리가 어떻게 행동하고 느끼는지에 영향을 미치고, 종종 더 가치 있는 다른 활동들을 희생시키면서 건강하지 못한 수준으로 기술을 더 사용하게끔 강요한다. 우리를 불편하게 만드는 것은 통제력을 잃었다는 느낌이다. 매일 다양

삶을 향한 완벽한 몰입

한 방식으로 경험하는 바로 이 느낌 말이다. 우리는 아이가 목욕하는 동안 휴대폰을 들여다보거나 가상의 청중에게 보여주고 싶은 굉장한 욕구 없이 멋진 순간을 온전히 즐기지 못한다. 이것은 유용성이 아니라 자율성의 문제다.[1]

그렇다면 우리는 어떻게 심각하지만 감지하기 힘든 인생의 방해물을 알아볼 수 있을까? 어떻게 가장 중요한 일에 노력을 쏟고 시간을 투자하기 위해 삶의 경로를 규칙적으로 평가할 수 있을까? 어쩌면 그것은 우리가 생각하는 것만큼 힘든 일이 아닐 수도 있다. 약간의 의도와 노력만 있으면 가능한 일이다. 보통 지금 어떤 일이 일어나고 있는지 깨닫는 것이 첫 번째 단계다.

반짝이는 화면은 어떻게 우리를 목적에서 멀어지게 하는가

우리가 실시한 설문조사에서 "테크놀로지라는 방해물(게임, 소셜미디어, 연결성)이 인생에서 목적을 성취하는 데 얼마나 방해가 되는가?"라는 질문에 응답자의 57퍼센트가 "어느 정도" 혹은 "아주 많이"라고 답했다. 나머지 43퍼센트의 응답자는 테크놀로지가 그들의 삶에 얼마나 개입되어 있는지 생각해보지 않았을 수도 있다.

2020년 8월에 발행된 〈닐슨 시청자 조사 보고서〉에 따르면, 그

Q. 테크놀로지(게임, 소셜미디어, 연결성)라는 방해물이 삶의 목적을 성취하는 데
방해되는가?

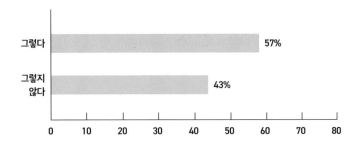

해 미국 성인이 하루 평균 미디어에 소모한 시간은 12시간 21분이었다. 이 시간은 하루의 절반이 넘는 시간이자 깨어 있는 시간의 약 4분의 3에 해당한다. 가장 많은 시간을 쓴 곳은 스마트폰으로 하루에 3시간 46분, 그다음은 텔레비전으로 3시간 43분이었다.[2] 평균적으로 사람들은 하루에 휴대폰을 58회 열어보고(그중 30회는 근무 시간에 열어보았다), 한 번 열 때 사용 시간은 대부분 2분미만이었다.[3]

영국의 수치도 비슷한데, 이보다 조금 더 심각하다. 연구 조사에 따르면, 영국인들은 미디어를 소비하는 데 일 년에 4,866시간 이상(하루에 13시간 이상)을 쓴다. 평생 동안 301,733시간—혹은 34년—에 해당한다.

당신은 휴대폰이나 텔레비전에 얼마나 많은 시간을 소비하는가? 어느 정도 사용할 때 당신에게 생산적인 도구가 되고, 어느

삶을 향한 완벽한 몰입

정도 사용할 때 생산성에 방해가 되는지 생각해본 적 있는가?

의미 있는 일은 보통 시간과 에너지, 집중력이 필요하다. TV로 영화들을 몰아서 시청하거나 스마트폰 게임을 10단계까지 깨는 데 시간을 쏟는 것이 정말 가치 있는 일일까? 만약 스트레스 받는 현실에서 잠시 벗어나야 할 필요가 있을 때는 그럴 수 있다. 하지만 이런 오락 활동이 라이프스타일로 자리 잡거나 가장 의미 있는 일을 성취하는 데 방해가 된다면 그것은 가치 있는 일이 될 수 없다.

그 이유는 다음과 같다. 테크놀로지의 과도한 사용은,

1. 당신의 시간을 앗아간다

인생의 목표를 좇지 않는 가장 흔한 변명 중 하나는 "나는 시간이 없어."다. 우리가 이 책에서 살펴본 모든 방해물이 시간 도둑이다. 이런 면에서 가장 심각한 방해물은 테크놀로지다.

만약 당신도 평균에 속한다면, 테크놀로지를 사용하느라 깨어 있는 시간의 4분의 3을 소비하고 있다. 여기에는 하루 중 가장 정신이 맑고 생산적일 수 있는 시간도 포함되어 있다. 스크린 타임을 줄이는 것은 더 의미 있는 일을 위한 시간을 벌 수 있는 가장 효과적인 방법이다.

2. 자신에 대한 부정적인 생각을 심어준다

이것은 대부분의 오락물이나 광고도 마찬가지지만, 가장 심각한 범인은 소셜미디어다. 소셜미디어는 친구들과 계속 연락하고 지낼 수 있게 해주는 동시에 다른 사람의 인생을 갖고 싶어지게 만들기도 한다.

솔직히 말하면 누구나 소셜미디어에는 소설을 쓴다. 빈집에서 텔레비전을 보며 소파에 앉아 감자 칩을 먹고 있는 사진을 올리는 사람은 없다(핫한 프로그램을 보고 있는 중이 아니라면). 대부분 사람들은 인생의 하이라이트만 편집해서 올린다.

다른 사람들의 계정을 계속 둘러보다가 당신의 삶이 불만족스럽게 느껴진다면—집이 더 컸으면, 더 럭셔리한 휴가를 보냈으면, 콘서트에서 더 좋은 좌석에 앉았으면, 더 멋진 가족이 있었으면, 더 좋은 핸드백이 있었으면—테크놀로지의 허구에 빠진 것일 수 있다. 잠시 소셜미디어에서 벗어나보자. 허구가 아닌 진짜 인생을 살 때만 더 의미 있고 목적의식이 있는 새로운 당신을 창조할 수 있다.

3. 당신을 약하게 만든다

우리가 사용하는 테크놀로지 기기에는 놀라운 혜택과 함께 그에 맞는 대가도 따른다. 이를 뒷받침할 의학적 근거는 다음과 같다. 기기 사용시간이 늘어나면 "회색질이 줄어들고, 백색질의 소통 능력에 문제가 발생하며, 욕구가 더 강해지고, 인지행동 능력이 낮아지는" 증상을 동반하도록 뇌가 재구성될 수 있다.[4] 또한 "화면을 들여다보는 시간이 길어질수록 우울증에 걸릴 확률이 높아진다."[5] 뉴스를 지나치게 많이 시청하는 것은 불안을 야기한다.[6] 화면을 지나치게 오래 볼 때 나타나는 신체 증상에는 눈의 피로, 체중 증가, 고립감, 감정의 반응성 저하, 흐트러진 수면 패턴 등이 있다. 한 연구에 따르면 52퍼센트까지 사망률을 높이기도 한다.[7]

무섭지 않은가?

하지만 반대로 생각해보자. 스크린 사용 시간을 줄이면 더 건강하고 정서적으로 안정되며 더 냉철하게 사고할 수 있다. 당신이 성취하고 싶은 목표를 이루기 위해 최고의 컨디션을 유지하고 싶지 않은가?

4. 당신의 업무 효율을 떨어뜨린다

근무 중에 일과 관련된 목적으로만 기기를 사용할 때도 비효율적인 방식으로 사용한다면 큰 대가를 치러야 할지 모른다. 직장에서의 방해물이 주는 영향을 조사한 한 연구에 따르면, 평균적으로 연구 참가자들은 한 번 주의가 흩어진 후 업무로 돌아가는 데 약 23분이 걸렸다.[8] 따라서 잠재적으로 당신이 일을 하는 도중에 어떤 이메일을 확인하느라 주의가 분산된다면, 더 의미 있는 일을 할 수 있는 23분의 시간을 잃어버리는 것이다.

그리고 테크놀로지는 업무뿐만 아니라 살아가며 꼭 필요한 능력인 집중력과 오래 사고하는 능력에 영향을 미치기도 한다. 《생각하지 않는 사람들: 인터넷이 우리의 뇌 구조를 바꾸고 있다The Shallows: What the Internet Is Doing to Our Brains》의 저자 니콜라스 카는 이렇게 말했다.

> 우리가 인터넷의 풍요로움과 맞바꾼 것은 (미디어 블로거인 스
> 캇) 카프가 언급한 "우리의 구식 선형적 사고방식"이다(아주 특
> 이한 사람들만이 인터넷의 풍요로움을 거부할.것이다). 조용하고 집
> 중적이면서도 산만하지 않은 선형적 사고는 간결하고 해체된,
> 때로는 보다 신속하고 축약된 정보의 흡수를 원하고 필요로 하
> 는 식의 사고방식에 밀려났다.[9]

칼 뉴포트는 디지털 연결성이 아무리 가치 있는 것이라도 우리
는 그가 '딥 워크deep work'라고 부르는 능력—인지적으로 힘든 일
에 방해받지 않고 집중하는 능력—을 잃어선 안 된다고 말한다.[10]
앞서 살펴봤던 것처럼, 일은 인생의 목적이나 목표와 밀접한
관련이 있다. 비록 월급을 받고 하는 일이 우리가 꿈꾸던 일이 아
니더라도 이것은 우리가 남을 사랑하고 위하는 방식이기 때문에
최선을 다해야 한다. 직장에서 테크놀로지의 불필요한 사용을 제
한하는 것은 업무에 온전히 집중할 수 있는 즉각적이고 확실한 방
법이다.
테크놀로지는 이 책에서 함께 살펴볼 반드시 제거해야 할 마지
막 방해물이다. 두려움이나 이기적인 행복 추구와 같은 방해물과
달리 테크놀로지는 우리 내면에서 일어나는 것이 아니라 외부에
서 들어오는 것이다. 그러나 우리의 정신과 마음, 의지에 치명적

삶을 향한 완벽한 몰입

인 영향을 미친다. 그 영향을 모른 척하거나 우리가 해결할 수 있다고 말하며 그냥 넘어갈 수 없을 정도로 만연하고 영향력이 크다. 인생의 주인이 우리인지 아니면 테크놀로지인지 결정해야만 한다.

비즈니스 저술가인 에릭 바커에 따르면, 뉴포트는 "몰입하는 능력이 21세기의 초능력""이라고 한다. 테크놀로지가 당신을 얼마나 산만하게 만드는지 생각해보면 그의 말은 과장이 아니다.

삶의 통제력을 잃다

펜실베이니아에 거주하는 보니 두메인은 두 명의 10대 자녀를 둔 다정한 어머니로 남편과 함께 동네 학교에서 학생들의 관리자 역할을 맡고 있다. 그녀는 테크놀로지가 그녀와 주변 사람들에게 어떤 영향을 미쳤는지 다음과 같이 설명했다.

테크놀로지가 내 인생에 미친 영향을 따져볼수록 해로운 면이 더 많아 보였어요. 예를 들어, 나는 매일 생각 없이 소셜미디어의 스크롤을 내려보는 것이 내 관점, 자존감, 집중력, 기분에 부정적인 영향을 미친다는 것을 발견했죠. 소셜미디어에는 누구나 인생의 긍정적인 면만 올린다는 사실을 알고 있지만, 여전히 내 현실과 너무 다르다는 생각에서 오는 질투, 비교, 슬픔에서 벗어나기 힘들었습니다.

일과 가정을 오가며 보니는 바쁜 나날을 보낸다. 테크놀로지가 그녀의 일정을 점령한다면 테크놀로지는 그녀의 친구가 아니다.

그녀는 이렇게 말했다. "언제든지 접속할 수 있는 넷플릭스, 홀루, 다른 스트리밍 사이트들은 프로그램을 계속 연달아 보게 만들면서 생산성을 떨어뜨립니다. 내가 해야 하는 일을 미루고 죄책감을 느끼게 하죠. 밤늦게까지 깨어 있느라 아침에 컨디션이 좋지 않을 때도 있고요. 잠깐 즐기려고 했던 게임조차 내 계획보다 너무 많은 시간이나 집중력을 쏟게 돼요."

보니는 테크놀로지가 그녀의 친구와 가족들에게도 영향을 미치는 것을 발견했다.

나는 친구들이 끊임없이 변하는 최신 트렌드에 뒤처지지 않으려 노력하는 모습을 보곤 해요. 남편도 항상 부모님이 최신 기술을 배우거나 새로운 업데이트를 할 수 있도록 도와드리죠. 몇 년 동안 장난감에 손도 대지 않던 우리 아이들은 뉴스와 라이프스타일 트렌드를 매시간 확인하고 불안감 때문에 글을 올렸다가 다시 삭제하고, 잠시라도 휴대폰을 손에서 놓으면 혼자 신나는 일을 놓치게 될까 봐 두려워해요. 아이들은 현실에서 사람들과 시간을 덜 보내는데, 앱이나 게임에서 항상 친구들과 '함께' 있기 때문이에요.

삶을 향한 완벽한 몰입

보니는 그녀 자신과 그녀가 아끼는 사람들이 테크놀로지의 매력 때문에 삶에 대한 통제력을 잃고 있다는 사실을 알아챌 만큼 그 위험성을 경계하는 여성이다. 나는 많은 사람들이 그녀의 반응에 공감할 것이라고 생각한다. 지금은 테크놀로지의 어두운 면을 아주, 아주 두려워해야 할 때다.

중독은 후회로 돌아온다

칼 뉴포트는 《디지털 미니멀리즘Digital Minimalism》에서 이렇게 말했다. "우리는 사소한 이유로 신기술을 우리 주변에 추가했다가 어느 날 아침 눈을 떠보니 이 신기술이 우리 삶의 중심을 식민지로 만들어버렸다는 사실을 깨닫게 되었다. 다시 말해, 우리는 현재 확립된 이 디지털 세상을 바란 적 없다. 엉겁결에 그 세계로 빠진 것이다."[1][2] '엉겁결에 빠졌다'라는 표현이 바로 내가 블로그와 소셜미디어를 처음 사용하게 된 상황과 비슷하다.

엉겁결에 빠진다는 것은 무해한 일처럼 들린다. 하지만 그렇지 않다. 우리의 테크놀로지 중독은 규모가 큰 사업이 된다.

뉴포트는 앞서 언급한 내용에 흥미로운 단서를 제안했다. "고성능의 디지털 기기 회사와 관심 경제의 복합 기업들에 떠밀렸다고 말하는 것이 더 정확하다. 그들은 기기와 앱이 지배하는 문화에서 큰돈을 벌 수 있다는 것을 발견했다."[13]

우리는 디지털 기기에 왜 이렇게 많은 시간을 쏟는 것일까? 그것은 세상에서 가장 똑똑한 사람들이 우리가 디지털 기기에 많은 시간을 쏟게 하기 위해 열심히 일하고 있기 때문이다. 비즈니스 언론인 리디아 벨랑거는 이렇게 말했다.

> 푸시 알림이나 미리 알림부터 평점, 보상 프로그램들까지 테크놀로지는 특정한 시간에 특정한 방식으로 생각하고 행동하게 만드는 힘이 있다. 중독적인 디자인은 당신을 계속 사로잡고, 알고리즘이 당신에게 노출될 아이디어나 옵션들을 필터링하며, 당신이 남긴 데이터의 흔적은 이후에 당신을 겨냥해 다시 돌아온다.[14]

테크놀로지 디자이너들은 심플한 색과 빛, 소리, 촉각 피드백(진동이나 우리가 느낄 수 있는 다른 움직임) 등을 제대로 활용한다. 실시간 A/B 테스트를 반복적으로 적용하고 있는 개인화된 광고, 추천 영상, 변동 비율 계획(슬롯머신 상금 같은 랜덤 보상), 새로운 레벨과 달성, 사회적 상호 관계(예를 들어, 만약 당신이 링크드인 네트워크에서 누군가를 추가하면 그 사람과 연결되어 있는 사람들에게도 접근할 수 있다) 등을 포함한 다양한 방식을 활용한다.

뉴욕대학교 심리학 및 마케팅 교수인 아담 알터는 우리가 테크놀로지에 빠지는 것은 물질 중독과 비슷하다고 밝혔다. 이것은

'행위 중독'이다. "행위 중독의 시대가 시작된 지는 얼마 되지 않았지만 초기 징후들이 위기를 가리키고 있다. 중독이 해로운 이유는 일이나 휴식, 기본적인 위생, 사회적 상호작용 같은 다른 기본적인 활동을 하지 못하게 하기 때문이다."[15]

니르 이얄은 《훅: 일상을 사로잡는 제품의 비밀Hooked: How to Build Habit-Forming Products》이라는 책을 썼다. 한마디로 그는 많은 기업들이 사람들의 관심과 주의를 끌어 우리에게는 방해물이자 그들에게는 소득원이 되는 제품을 만들게 해주는 책을 쓴 것이다.

그는 헤로인을 팔았다. 하지만 그는 헤로인 중독 치료제도 팔았다. 그는 이후에 《초집중: 집중력을 지배하고 원하는 인생을 사는 비결Indistractable: How to Control Your Attention and Choose Your Life》이라는 책도 발표했다. 이 책은 어떻게 다른 사람들이 생산하는 불필요한 제품들을 거부하고 해야 할 일을 해내며 자율성을 누릴 수 있는지에 관한 것이다.

그가 발표한 두 책을 나란히 보았을 때 생기는 아이러니에 대해 이얄은 이렇게 썼다.

기업들이 사람들의 마음을 더 사로잡는 제품을 개발하는 것이 꼭 문제라고 할 순 없다. 오히려 발전하고 있는 것이다. 하지만 거기에는 어두운 면도 있다. 철학자 폴 비릴리오는 "배를 발명하는 순간 침몰도 발명된다."라고 했다. 사용하기 쉬운 제품과 서비스의 경우, 사람들이 쉽게 사용할 수 있고 상품을 매력적으로 만드는 특징이 사람들을 방해하는 요소가 되기도 한다.

이런 방해물들이 점점 감당하기 힘들어지면서 우리의 선택이 자신의 의지가 아닌 것 같은 느낌을 받는 사람들이 많다. 지금 시대에는 이런 방해물을 다루는 능력을 갖추고 있지 않다면 뇌가 시간을 잡아먹는 방해물에 조종당할 것이다.[16]

이얄은 이 디지털 기술들이 사회 전체에 위험한 영향을 미칠 수 있다고 지적했다.

전 구글 디자인 윤리학자인 트리스탄 해리스는 이렇게 설명했다. "30억 명의 인구가 살고 의존하는 사회 통신 인프라에 주입된 비즈니스 모델은 사회구조와 맞지 않으며, 특히 민주주의와 제대로 기능하는 사회에 실존적 위협을 가한다."[17]

사회에 대한 테크놀로지의 실존적 위협은 우리가 되고자 하는 부류의 인간에 대한 실존적 위협과 비슷하다. 나는 우리가 디지털 기기에 방해받으며 의도 없는 삶을 살다가 이에 굴복할 때, 인생의 마지막 순간에 다다라서 왜 이렇게 많은 시간을 낭비했는지 후회할까 봐 걱정된다.

테크놀로지가 우리 삶에 압제적인 존재가 되었다면 그것은 전문가들이 의도적으로 그렇게 만들었기 때문이다. 그러나 다른 사람들을 탓하기보다 (남을 탓할 때는 변화할 기회가 없다) 스스로 테크놀로지의 압제에 굴복한 것에 대한 책임을 지자. 불빛을 깜빡이는 교활한 기기들의 영향에서 벗어나는 것이다.

몰입하는 삶을 위한 반항

만약 테크놀로지가 당신이 의미 있는 일을 추구하는 데 방해되고 있다면―혹은 미디어와 엔터테인먼트의 지배자에 의해 조종당하는 것에 질렸다면―당신을 위한 단어가 여기 있다. 반란.

무슨 일이 일어나고 있는지 똑바로 바라보고, 우리 삶에 있는 테크놀로지가 우리를 통제하게 내버려두는 대신 우리가 테크놀로지를 통제하는 것이다. '우리에게 가장 중요한 일에 더 몰입하기 위해서'라는 더 큰 목적의식을 마음에 새기자. 자랑스럽게 '테크놀로지 반항자'라는 이름을 달고 우리의 삶과 미래를 되찾자.

이것은 알람을 끄거나 앱 사용량을 감시하는 앱을 사용하는 것과 같은 몇 가지 기술을 찾으려는 것이 아니다. 물론 이런 기술들을 적용해야 할 때가 있으며 이에 대해서는 앞으로 다시 언급할 것이다. 이것보다 더 중요한 것은 디지털 기기들이 우리에게 미치는 정서적·심리적 영향을 벗어던지기 위한 전략이다.

테크놀로지의 횡포에 저항하자

딱 29일만 디지털 휴식에 도전하라

일 년에 한 번, 나는 테크놀로지로부터 긴 휴식을 갖는다. 테크놀로지 단식을 할 때 나는 내가 생각했던 것보다 더 중독되어 있다는 사실을 깨닫는다. 하지만 그것이 원래 중독의 본질 아닌가? 중독된 물질이 사라지기 전까지는 우리가 그것에 얼마나 중독되어 있었는지 깨달을 수 없다. 테크놀로지가 삶을 얼마나 지배하고 있는지 제대로 파악하는 유일한 방법은 기기를 끄고 자리를 떠난 후 다시 켜고 싶은 마음이 얼마나 간절한지 느껴보는 것이다. 내가 디지털 디톡스를 할 때마다 테크놀로지 및 그것이 제공하는 혜택과 나의 관계가 리셋되는 걸 느낄 수 있다.

나는 특정 식품에 민감하다거나 유제품이나 글루텐 등에 대한 알레르기 반응을 갖고 있지 않지만, 이런 어려움을 겪고 있는 친구들이 있다. 그들은 종종 문제를 일으키는 것으로 추정되는 식품을 전혀 섭취하지 않는 '클린' 기간을 갖는다. 그리고 그 음식이 몸에 어떤 영향을 미치는지 살펴보기 위해 서서히 섭취량을 늘려본다. 거기서부터 본인에게 가장 적합한 방향을 결정할 수 있다.

우리도 테크놀로지에 대해 이 방법을 시도해보는 것이 어떨까? 잠시 휴식기를 갖자. 그리고 천천히 다시 사용해보다가 건강한 단계에서 멈추는 것이다.

29일 디지털 디톡스로 시작해보는 건 어떨까? 물론 29일 동안 진행하지 않더라도 성공적인 디톡스 효과를 누릴 수 있지만, 대부분의 사람들이 테크놀로지를 사용하지 않고 이에 대한 새로운 관점을 얻을 수 있는 적절한 시기는 29일인 것 같다.

디지털 디톡스를 진행할 때 최대한 광범위하게 시작하는 게 좋다. 몇 가지 예외 상황은 있다. 어쩌면 직장에서 이메일이나 문자를 사용해야 할 수도 있다. 운전면허증을 딴 10대 자녀가 있어 그들이 차를 가지고 외출하는 동안은 휴대폰을 켜놔야 할 수도 있다. 그렇긴 하지만 디톡스 기간에 소셜미디어는 완전히 꺼둘 수 있지 않을까? 아니면 텔레비전의 전원을 꺼두는 것은 어떤가? 비디오 게임을 한 번도 하지 않을 수도 있다. 뉴스의 헤드라인에 전혀 신경 쓰지 않는 일은 가능할 것 같지 않은가? (그래도 당신은 괜찮을 것이다. 나를 믿어도 좋다.)

더 많이 차단할수록 디톡스의 효과가 커질 것이다. 그리고 29일 차가 될 때까지는 절대 포기하지 말자. 지금 우리는 반란을 일으키는 중이라는 것을 잊지 말자. 겁쟁이 테크 반란군이 되지 말자.

디지털 디톡스가 필요하다는 5가지 신호

1. 당신이 의도한 것보다 디지털 기기에 더 오랜 시간을 쓴다

테크놀로지는 늪과 같다. 흡입력이 있고 탈출하기 힘들다. 뉴스 기사를 읽다가 나도 모르게 다음 기사를 클릭하고, 댓글을 쓰고, 공유한 경험이 있지 않은가? 읽는 데 5분이나 10분밖에 걸리지 않을 기사를 클릭했다가 페이스북 뉴스 피드를 계속해서 내려본 경험은? 생각 없이 화면을 바라보다가 어느새 정신 차려보면

15분, 20분이 훌쩍 지나있기도 하다.

게임과 각종 웹사이트, 앱에 숨겨놓은 매력에 빠지면 시간이 낭비되는 것은 당연한 결과다. 그리고 당신은 각종 테크놀로지 사용을 완전히 중단하고 새로운 습관을 들이는 것이 단지 사용 시간을 제한하는 것보다 더 쉽다는 것을 깨닫게 될 것이다.

2. 전자기기를 사용하며 시간을 보낸 후 죄책감이나 불만을 느낀다

감자 칩을 처음 입에 넣을 때는 넣자마자 혀에서 짠맛을 느낀다. 하지만 계속 먹다 보면 결국 짠맛은 잘 느껴지지 않고 기름기만 남는다. 손끝에는 부스러기가 묻어 있다. 그러나 이렇게 영양가 없이 칼로리만 높은 음식을 많이 먹고 나면 아무리 먹어도 만족감이 느껴지지 않는다.

테크놀로지도 비슷한 보상-후회 순서를 따른다. 웹사이트와 뉴스 기사들은 즉각적인 만족감을 준다. 하지만 너무 많은 시간을 여기에 쏟고 나면 후회하게 된다. 테크놀로지에 시간을 쓴 후에 부정적인 감정이 가득하다면, 당신에게 디톡스가 필요하다는 명백한 신호일지 모른다.

3. 나만 소외되거나 놓치는 것에 대한 두려움이 크다

포모 증후군FOMO(다른 사람들은 모두 누리는 것을 나만 놓치거나 소외될까 봐 걱정되고 불안한 마음—옮긴이)은 우리 시대에 더 심각해진 사회 불안의 한 형태다. 당신이 없을 때 다른 사람들은 온라인

삶을 향한 완벽한 몰입

에서 즐거운 시간을 보낼까 봐 걱정하는 것이다. '내가 그 영상을 보지 않거나 피드를 확인해보지 않으면, 유행에 뒤처지는 루저가 될 거야.'

하지만 당신은 언제나 무언가를 놓치고 있을 수밖에 없다. 우리가 참여할 수 있는 일은 많지만 시간은 한정되어 있고 지금보다 더 바쁘게 지내는 것은 정답이 아니기 때문이다. 이 사실을 깨닫기 위해서 의도적으로 오락거리를 보지 않고 지나가거나 대화에서 빠져보자.

29일 테크놀로지 단식 기간 중에는 가장 중요한 사람들에게 긴급 상황에 당신에게 연락할 방법을 알려주자. 그 외 다른 것은 기다릴 수 있다.

4. 계속 확인하고, 또 확인하고 싶은 욕구를 느낀다

조그맣고 빨간 숫자가 당신에게 15개의 새로운 이메일이 도착했다고 알려준다. 중요한 이메일이면 어떡하지? 당장 확인해보라고 재촉하는 것 같다.

당신은 불과 30분 전에 페이스북에 접속했었다. 하지만 그사이 페이스북 피드에는 새로운 글이 많이 올라와 있다. 좋아하는 뉴스 채널에 있는 헤드라인을 여러 번 확인했지만, '속보 알림'이 또 깜빡거리고 있을지도 모른다.

몰입 상태를 깨뜨리지 않는다면 당신이 얼마나 많은 일을 해낼 수 있는지, 그리고 강박적으로 계속 확인하던 그 모든 정보가 얼마나 불필요한 것인지 느껴보자.

5. 언제나 시간이 부족하다

어느 날 나는 부엌 조리대에서 아이들과 테크놀로지가 삶에 어떻게 방해가 되는지에 대해 얘기하고 있었다. 아이들은 휴대폰을 꺼내 스크린 타임과 가장 많이 사용한 앱의 기록을 보여주었다.

"아빠는 어때요?" 세일럼이 물었다.

공정함을 위해 나도 내 휴대폰을 보여줘야 했다. 그날 내 휴대폰에서 확인한 수치는 충격적이었다. 나는 그날 휴대폰을 50회 이상 확인했다. 이메일과 소셜미디어, 문자메시지, 웹 검색 등에 두 시간 이상을 소비했다. 그중 많은 부분이 업무용이었지만 그래도 내가 생각했던 것보다 혹은 정당화할 수 있는 것보다 훨씬 많은 사용량이었다.

많은 사람들이 하루 일과가 끝나고 나면 엄청나게 바쁜 하루였다고 생각한다. 당신이 느낀 바쁨과 스트레스는 실재하는 것이지만, 만약 디지털 기기 사용을 줄인다면 중요한 일을 할 시간을 더 확보하고 더 차분한 하루를 보낼 수 있을지도 모른다.

후회 없는 온라인 생활

디지털 디톡스를 끝낸 후 더 나은 기기 사용 습관을 만들도록 도와줄 중요한 질문은 바로 이것이다. 나는 지금 세상에 유용한 일에 기여하고 있는 것일까? 아니면 그저 남들이 기여한 것들을 소비하고 있는 것일까?

테크놀로지를 사용하는 대부분의 시간에 우리가 얼마나 수동적인지 생각해본 적 있는가? 우리는 누군가가 쓴 글을 읽는다. 누군가가 찍은 영상을 시청한다. 누군가가 만든 규칙을 따르며 그들이 만든 게임을 한다.

큰 기여 없이 지속적으로 미디어를 소비하는 것은 테크놀로지에서 자유로운 사람보다는 노예가 되는 지름길이다.

다시 한 번 말하자면, TV에서 스포츠 경기를 보거나 아이들과 재미있는 영상을 보는 행위 자체에는 아무 문제가 없다. 하지만 한번 보다 보면 멈추지 못하고 계속 보기 쉽다. 기여할 때보다 그저 소비할 때는 정신적 에너지를 덜 소모한다는 사실과 연관이 있다. 또한 우리는 스트레스를 느낄 때 이런 활동으로 스트레스를 완화한다고 느끼기 때문에 TV나 영상을 계속 찾게 된다.

다음 목록이 조금 주관적이라고 느낄 수도 있지만 나에게는 효과적인 온라인 기여 방식이었다. 하지만 이것은 죄책감을 느끼기 위한 것이 아니라 우리의 소중한 시간을 잡아먹는 활동들에 저항하기 위한 것임을 기억하자.

인터넷을 사용할 예정이라면 창의적이거나 가치 있는 일에 기여하는 활동을 시도해보자.

- 유익한 생각을 담은 글을 블로그에 쓴다.
- 의도적으로 질투심을 유발하지 않는 사진, 그림을 공유한다.
- 활용할 수 있는 무언가를 배운다.
- 당신이 가진 전문 지식을 남들에게 가르쳐준다.
- 우울해하는 친구를 위로한다.
- 다른 사람들에게 영감을 줄 수 있는 이미지나 명언을 올린다.
- 누군가의 글에 '좋아요'를 누른다('좋아요'는 돈이 들지 않는 데다가 당신이 동의한다는 작은 표시다).
- 외로워하는 누군가에게 문자를 보낸다.
- 통찰력 있는 글을 공유한다.
- 유익한 영화나 책을 추천한다(우선, #삶을향한완벽한몰입).
- 당신이 중요하게 여기는 사회운동을 위한 모금 행사를 개최한다.
- 아파서 요리하지 못하는 이웃에게 음식을 갖다 주는 등 주변에 도움이 필요한 사람들과 소통해 필요한 도움을 준다.
- 당신이 나누고 싶은 물건들의 사진을 올린다.

만약 당신이 온라인에서 한 활동이 다른 사람에게 도움이 된다면, 시간을 낭비하지 않고 잘 사용한 것이다. 당신이 사용하는 플

삶을 향한 완벽한 몰입

랫폼의 문화를 바꾸도록 도울 수도 있다. 긍정적인 메시지를 올림으로써 최소한 당신의 친구들이나 지인들에게 영향을 미칠 수 있다. 나도 그럴 수 있도록 늘 노력한다. 수동적인 관찰자가 되기보다는 긍정적인 변화를 직접 일궈내보자.

삶의 마지막 순간에 우리는 과거에 내린 선택들이 부끄럽지 않길 바란다. 거기에는 우리가 테크놀로지를 긍정적으로 활용하기로 선택한 것도 포함될 것이다.

장난감 혹은 도구, 무엇을 선택할 것인가

퇴근 후 드라마 한 편을 보는 것은 전혀 문제가 되지 않는다. 다만 딸이 당신과 그날 하루에 대해 얘기하고 싶어 하는 순간만 아니라면 말이다.

당신이 하던 일을 잠시 멈추고 뉴스 기사를 읽는다고 비난할 사람은 아무도 없다. 당신의 눈앞에 마감일이나 중요한 기회가 기다리고 있는 경우만 아니라면 말이다.

일요일에 풋볼 경기를 시청하는 것은 부도덕한 일이 아니다. 하지만 일주일에 3일을 당신의 친구들과 스포츠 바에서 시간을 보낸다고 가족들을 내버려두는 것은 부도덕한 일일지도 모른다.

때로는 목적의식이 있는 삶에서 잠시 머리를 식히기 위해 오락거리를 즐길 수도 있다. 하지만 동시에 그 오락거리는 정당화될 수 없는 삶의 도피처가 될 수도 있다.

테크놀로지를 소비하기보다는 이에 기여하기로 선택한 후, 테크놀로지와의 관계를 건강하게 재정립하도록 도와줄 또 다른 방법은 기술을 장난감보다 도구로 활용하는 것이다. 디지털 기기를 사용할 때 오락물, 특히 우스꽝스럽고 생각 없이 즐기는 재밌거리에 쏟는 시간을 최대한 줄이는 것이다.

예를 들면,

- 멀리 떨어져 있는 가족들과 이메일이나 문자로 연락하기: YES
- 몇 시간 동안 유머 동영상 보기: NO
- 전문 지식을 키우고 싶은 분야에 대해 온라인으로 조사하기: YES
- 댓글로 분노를 표출할 만한 글을 찾아 읽기: NO

무가치하지만 즐거운 오락거리에 어느 정도의 시간을 쏟는 것이 합리적인지 결정할 수 있는 사람은 자기 자신밖에 없다. 테크놀로지가 어떻게 당신을 더 나은 사람 혹은 영향력 있는 사회운동가가 되는 데 도움이 될지 결정할 수 있는 사람은 당신밖에 없다. 하지만 이 사실을 기억하자. 테크 반란자는 사소하고 피상적이고 실없고 불쾌하며 죄스럽고 어리석으며 하찮은 것을 걷어참으로써 힘을 얻는다. 당신을 집어삼키려고 하는 괴물에게 먹이를 주지 말자.

습관 형성을 위한 요령들

사실 이미 테크놀로지를 가두기 위한 비법과 요령을 알려주는 블로그와 기사가 넘쳐난다. 아마 당신도 몇 가지 시도해봤겠지만 성공하지 못했을 것이다. 과거에 그 방법들이 효과적이지 않았던 이유는 어쩌면 그 밑에 깔린 원리를 깨닫지 못했기 때문일 수 있다. 나는 당신이 다시 한 번 시도해보길 권한다.

우선 '29일 디지털 디톡스'로 시작해보자. 그런 다음, 그저 소비하기보다는 인터넷에서 남에게 기여할 수 있고, 테크놀로지를 장난감이 아닌 도구로 활용하는 방법을 고민해보자. 그리고 당신이 안전선을 벗어나지 않도록 도와줄 한두 가지의 비법을 실천해보자.

사람들이 성공적으로 시도한 현실적인 방법 몇 가지는 다음과 같다.

- 집에 도착하면 휴대폰을 치워두는 습관을 만든다.
- 집에 전자기기를 사용하지 않는 구역을 따로 만든다.
- 알림을 꺼둔다.
- 이메일은 하루에 두 번만 확인한다.
- 휴대폰 바탕화면에 있는 앱의 개수를 줄인다.
- 일정 시간이 지나면 기기를 종료시키는 앱을 사용한다.
- 그리고 이외에 더 다양한 방법이 있다.

모든 사람에게 똑같이 효과적인 방법은 없다. 게다가 시간에 따라 테크놀로지도 변화하는 만큼 우리와 같은 반란자들이 맞서 싸우기 위한 방법도 바뀌어야 할 것이다.

그러므로 당신에게 맞는 규칙을 세우자. 당신이 자기 행동을 살펴보는 관리자가 되는 것이다. 테크 리더들이 당신을 위해 선택하게 내버려두는 대신 당신이 테크놀로지를 어떻게 활용할지 직접 선택해야 한다. 휴대폰을 확인하는 것을 잊을 만한 일들을 더 많이 해보자.

더 자세한 방법이 궁금하다면, 칼 뉴포트의 《디지털 미니멀리즘Digital Minimalism》과 《하이브 마인드: 이메일에 갇힌 세상A World Without Email》을 읽어보길 추천한다.

소셜미디어 없는 삶이 가능할까?

펜실베이니아의 작은 마을에 사는 킨슬리 스미스는 네 자녀를 둔 어머니다. 2017년 그녀는 많은 사람들이 상상할 수 없는 일을 했다. 바로 소셜미디어를 삭제하기로 결심한 것이다.

어떤 사람들은 킨슬리를 전형적인 과잉성취자라고 부를 수도 있다. 그녀는 의과대학을 수석으로 졸업한 후 석사학위를 시작했으며, 지역 커뮤니티 센터의 이사직도 맡고 있었다. 그러다가 첫째 아이가 태어나자 그녀는 일을 그만두고 육아에 전념하기로 선택했다. 처음에는 일시적인 선택이었다. "남편이 안정적인 직장에 다니고 있었어요." 그녀가 말했다. "그래서 저는 일 년 동안 휴직하고 집에서 아이를 돌보기로 했습니다. 그해 말에 둘째 아이를 가지게 되었고 아이들과 함께 집에 있는 것이 지금 인생의 시기에 내가 할 수 있는 가장 중요한 일이라고 생각했어요."

하지만 전업 육아는 힘들고 스트레스가 많은 일이다. 큰 성공을 거두며 자유를 누리던 생활에서 모든 일정이 말도 못 하는 작은 두 아이들에 의해 정해지는 생활로 가는 과정은 쉽지 않다.

내가 그 시기에 대해 물어보자 킨슬리는 이렇게 대답했다.

저는 긴장 상태에서 벗어나기 위해 휴대폰을 더 자주 확인했어요. 소셜미디어가 내 삶에 평온을 가져다주길 바라면서요. 잠시 혼자 있고 싶어서 화장실로 몰래 도망갈 때도 있었어요.

하지만 제 기대와는 다르게 한 번도 소셜미디어를 사용한다고 기분이 좋아지진 않았어요. 사실 상황이 더 악화되기만 했지요. 소셜미디어를 확인할 때마다 많은 친구들이 내가 한때 바랐던 삶을 사는 걸 보게 됐어요. 그들이 어떤 휴가를 보내고 있는지도 봤죠. 그럴 때마다 친구들이 부러워지면서 심술도 났습니다.

어느 날 오후, 첫째 아들을 재운 다음 막내에게 우유를 먹이고 있었어요. 고요함 속에서 휴대폰을 들고 소셜미디어를 확인하다가 아래를 내려다봤는데, 아이가 우유를 먹으며 저를 바라보고 있는 거예요. 저는 휴대폰을 보느라 아이가 저를 보고 있는 줄도 몰랐던 거죠.

저는 제 스스로 되고 싶던 엄마의 모습이 아니라는 걸 알았어요. 아이가 저의 얼굴을 바라볼 때 저도 아이의 눈을 바라봐주는 엄마가 되고 싶었어요. 그리고 아이들이 휴대폰을 하는 엄마를 방해한다거나 엄마를 귀찮게 하고 있다고 느끼지 않길 바랐어요.

처음에는 소셜미디어를 석 달 동안만 꺼둘 계획이었어요. 첫 석 달 동안은 휴대폰을 쓰고 싶은 마음이 간절했습니다. 포기하고 지금 온라인에서는 무슨 일이 일어나고 있는지 확인하고 싶었던 적이 많았지요. 하지만 그것이 소셜미디어와의 관계가 건강하지 않다는 것을 알려주는 신호였어요. 그래서 저는 그 기간을 1년으로 연장했고, 그 후엔 평생 사용하지 않기로 결심했죠.

디지털 디톡스를 시작한다고 해서 모든 사람이 소셜미디어를 영원히 끊게 되는 것은 아니다. 하지만 킨슬리의 경우, 그럴 만한 가치가 있다고 말한다.

저는 지금 훨씬 행복하고 삶을 즐기게 되었어요. 제 영혼의 목소리가 이렇게 클 줄은 상상도 못했지요. 소셜미디어 때문에 질투심, 경쟁심, 무능함 같은 감정이 올라온다는 것도 알지 못했

삶을 향한 완벽한 몰입

습니다. 인플루언서들이나 다른 사람들이 나에게 중요하다고
얘기하는 모든 주제와 문제들에 신경 쓰기 위해 얼마나 압박감
을 느끼고 있었는지도 깨닫지 못했어요.

이제 저에게 가장 중요한 일에만 몰입할 수 있게 되었습니다.

파워 업을 위한 파워 오프

당신은 단지 당신만을 위해 테크놀로지의 횡포에 맞서 싸우고
있는 게 아니라는 사실을 기억해야 한다. 당신은 당신에게 가장
의미 있는 사람들과 대의를 위해 싸우고 있다.

집중을 방해하는 사소한 요소들이 최근에서야 나타난 문제는
아니지만(텔레비전은 70년, 라디오는 100년 동안 존재했다), 테크놀로
지는 새로운 방식으로 의미 있는 일을 성취하지 못하게 우리를 유
혹한다. 테크놀로지가 우리를 통제하기 전에 우리가 테크놀로지
를 통제할 수 있어야 한다.

한 가지 사실은 분명하다. 테크놀로지 리더들은 우리의 집중력,
시간, 돈을 앗아가기 위한 전쟁을 멈추지 않을 것이다. 의미 있는
삶을 살고 싶다면, 책임감 있는 방식으로 이에 반격하는 법을 배
워야 한다.

나는 테크놀로지를 유용하게 활용할 수 있다고 믿는다. 우리

삶에서 테크놀로지를 완벽히 제거하려는 것이 목표가 아니다. 앞서 얘기한 것처럼, 나는 테크놀로지가 없었다면 지금 내가 하는 일을 성취하지 못했을 것이다. 만약 당신이 블로그나 유튜브 채널, 소셜미디어 피드 등을 통해 나를 알고 이 책을 읽게 되었다면, 당신이 바로 내가 이 세상에 변화를 일으키는 데 테크놀로지가 어떤 역할을 하는지 보여주는 좋은 사례다.

하지만 장기적으로 바라보자. 사람들이 불을 피우는 법을 처음 발견했을 때 인류는 이를 적합하게 사용해야 했다. 불은 밤에 어둠을 밝히고, 몸을 따뜻하게 하고, 음식을 만들고, 물을 살균하며, 철을 벼릴 수 있는 무한한 가능성이 있는 놀라운 도구였다. 하지만 동시에 불은 육체를 위협하고, 곡식을 태우며, 마을 전체와 숲을 파괴할 힘도 갖고 있었다. 불은 삶을 향상하고 개선할 도구로도 사용될 수 있지만 삶을 파괴할 수도 있다.

테크놀로지와 관련하여 오늘날 세상은 이와 비슷한 전환점에 직면해 있다. 테크놀로지와 뉴미디어, 소셜미디어에 있어서 무엇이 건강하고 가치 있는 것인지 평가할 시기가 반드시 올 것이다. 또한 어떤 면이 건강하지 않고 영혼을 앗아가는지 평가할 시기도 올 것이다. 우리가 과거에 사회적 발전을 이룬 것처럼 인류는 결국 테크놀로지를 좋은 방향으로 활용할 방법을 배우게 될 것이다. 하지만 그동안 우리는 테크놀로지를 방해물이 아닌 의미 있는 도구로 활용하기 위해 우리가 할 수 있는 일을 해야 한다.

당신이 접하는 모든 플랫폼과 상호작용에 '의도성'을 부여하자. 디지털 기기의 전원을 끄는 것이 목적을 실행할 힘을 주는지 확인하고, 당신의 삶에 테크놀로지가 어떤 역할을 하는지 재평가하기 위해 의미 있는 휴식기를 가지자.

당신의 정보와 관심으로 이익을 얻는 테크 기업들의 은밀한 동기에 저항하자. 그러다 보면 테크놀로지에 방해받기보다는 의미 있는 일을 성취하는 데 도움을 주는 도구로써 테크놀로지를 활용하게 될 것이다.

4부

**몰입하는
삶의 기적**

11장

반드시 원하는
인생을 살 것

마음 하나하나 깊이 파고들면
의미에 대한 갈망과 목적을 추구하려는 열망을 찾게 될 것이다.
아이가 숨을 쉬는 것처럼 반드시 아이는 언젠가 궁금해할 것이다.
내 인생의 목적은 무엇인가?

— 맥스 루케이도, 《하나의 신, 하나의 계획, 한 번의 삶ONE GOD, ONE PLAN, ONE LIFE》

이 책의 마지막 장은 당신에게 손을 내밀어 악수를 청하는 것에 가깝다. 당신에게 축하의 인사를 전하고 싶다. 당신은 인생에서 가장 중요한 일을 성취하는 데 있어 가장 큰 방해물을 다룰 수 있게 되었다. 그것보다 더 큰 보상은 세상에 없을 것 같다. 모두가 삶의 목적을 성취하기 위해 기꺼이 생활방식을 바꾸려는 마음을 갖고 있지 않다는 걸 안다. 하지만 당신은 노력하고 있다. 지금 당신이 얼마나 멀리 걸어왔는지 확인하고 만족감을 누려보자.

두려움이나 죄책감, 수치심이라는 내면의 방해물. 이기적인 욕망을 추구하는 데서 찾는 행복. 우리보다 다른 사람들에게 더 필요할지도 모르는 돈을 쌓아두고 싶은 유혹. 목적을 추구하는 데 방해되는 물건들로 가득한 삶. 남들의 칭찬에 목매고 여가활동이 인생의 전부라고 생각하며 바뀌는 진로. 하루 종일 집중하는 데 방해가 되는 번드르르한 전자기기들. 당신은 이제 이들의 실체를 알게 되었다. 당신의 인생에 이를 허락하는 순간 당신이 후회할 삶을 살게 할 힘을 가진 요소들이다. 하지만 이제 당신은 그렇게 되도록 내버려두지 않을 것이다.

이 책을 다 읽었다고 해서 우리를 방해하는 요소들과의 싸움이 끝나는 것은 아니다. 우리가 함께 살펴본 것처럼 죽기 전까지 이 투쟁은 끝나지 않을 것이다. 하지만 당신의 적이 누구인지, 무엇인지 분명히 알고 있다면 이 투쟁의 결과는 달라진다. 그리고 그들이 어떻게 당신의 목적의식과 싸우는지 파악하는 게 중요하다. 그들을 뿌리 뽑아 옆으로 밀쳐두고 음소거로 설정해둘 준비가 되었다면 승산 있는 싸움이 될 것이다.

그럼에도 불구하고 모든 방해물을 제거하는 것이 궁극적인 목표는 아니다. 우리의 궁극적인 목표는 의미와 목적이 있는 삶에 몰입하는 것이다. 그러므로 인생에서 등장하는 방해물들을 통제할 수 있는 지금의 상황을 최대한 활용하자. 당신에게 의미 있는 일을 계속 추구해나가자.

꽤 쉽지 않은 여정이 될 것이다. 한 가지 분명한 사실은 당신이 예상한 대로 흘러가지만은 않을 것이라는 점이다.

목표 위의 목표

해발 12,637피트의 험프리스 피크Humphreys Peak는 애리조나에서 가장 높은 산이다. 나와 내 친구가 아들들을 힘든 모험에 데려가고 싶을 때 시도할 수 있는 적합한 산 같았다. 이 산의 정상으로 향하는 마지막 10마일의 길은 등산객들에게 '아주 힘든' 곳으로 알려져 있다.

몇 시간의 하이킹 후 우리 넷은 수목 한계선 위로 올라갔고, 가운데 산등성이를 따라 가자 산의 정상이 보이는 가파른 오르막길에 도착했다. 나는 안도감을 느끼며 이렇게 생각했다. '휴, 조금만 더 올라가면 이제 끝이다. 바로 저기가 산 정상이니까.'

하지만 우리가 그 정상에 도달했을 때 길이 계속 이어지는 것을 보고 실망했다. 그 위로 더 올라가니 산의 정상이 또 나타났다.

'아, 그렇지.' 나는 생각했다. 길의 입구에서 '가짜 정상'이라고 적힌 푯말을 본 기억이 떠올랐다. 이것이 가짜 정상이었다. 특히 이렇게 힘겨운 등산 중에는 가짜 정상이 등산객의 마음에 막대한 영향을 미친다. 나는 '이제 왜 밑에 그 푯말을 세워두었는지 이해가 되는군.'이라고 생각했다.

이후에도 같은 일이 반복되었다. 산꼭대기에 도착했다고 생각했지만, 아직 진짜 산 정상은 나타나지 않았다. 우리가 도착한 곳은 또 다른 가짜 정상이었다.

마침내 우리는 험프리스 피크의 정상에 서서 360도의 경치를 즐겼다. 플래그 스태프는 남쪽 숲에 자리 잡고 있었고 다채로운 색의 사막은 북쪽으로 그랜드 캐니언까지 쭉 뻗어 있었다.

산에 있는 가짜 정상은 길의 끝에 다다랐다고 생각하게 만들지만, 사실은 여전히 갈 길이 더 남았음을 알려준다. 나는 가짜 정상에 도착할 때마다 (심지어 이미 알고 있었는데도) 가슴이 철렁 내려앉았다. 또한 가짜 정상에 도착할 때마다 나는 또 다른 정상을 향해 계속 걸어가기 위해 결의를 다져야 했다.

우리 삶을 의미 있는 일에 바치겠다는 목적이 있는 길을 걷기 시작할 때도 마찬가지다. 출발지에서 목적지까지 가는 길은 결코 잘 닦인 길처럼 수월하지 않다. 수많은 오르막, 내리막길을 만나고 제대로 가고 있는 것인지 고민한다. 전망이 좋은 곳에서 잠시 가던 길을 멈추고 풍경을 즐기기도 한다. 잠시 숨을 고르며 챙겨온 간식을 먹고 배를 채워야 할 때도 있다. 올바른 방향으로 잘 가고 있는 것인지 표지판을 살펴보기도 한다. 이렇게 고된 여정 중에 가짜 정상을 만날 때도 있다.

사람들에게 내 블로그 〈작은 삶을 사는 법〉을 알리는 것은 미니멀리스트로서의 의도적인 삶을 살기 시작한 후 나의 최종 목적지가 아니었다. 그저 출발지일 뿐이었다. 내가 다음에 올라야 할

산의 정상은 무엇이 될지 전혀 예상하지 못했다. 소셜미디어를 좋은 방향으로 활용하기 시작한 후, 갑자기 내가 쓰고 싶은 책들이 떠올랐다. 그러다가 물건을 덜 소유하는 삶을 살고 싶어 하지만 실행에 옮기는 데 어려움을 겪는 사람들에게 도움을 줄 수 있는 강의를 개설할 기회도 발견했다. 처음에는 생각지도 못했지만, 앱을 만드는 것도 좋은 방법 같았다.

그리고 미니멀리즘만 고집할 이유도 없었다. 단순한 삶 덕분에 나는 과잉 소유 외에 인간에게 필요한 다른 영역을 다룰 수 있는 시간과 돈을 갖게 되었다. 그래서 아주 어린 고아들을 돌보는 '호프 이펙트'라는 비영리단체를 세울 수 있었다. 그리고 나의 아이들에게 친절하고 의식적인 아버지가 되고, 아내에게 충실한 남편이 되는 것에 대해 느끼는 자부심은 말할 것도 없다.

오늘날 나는 10년, 20년 전에는 꿈꿀 수도 없고 예상하지도 못했던 방식으로 세상에 변화를 일으키는 일을 실천하고 있다. 내가 이런 일들을 성취할 수 있었던 것은 의도적인 삶을 산 덕분이다. 거기에는 나를 제자리에 멈춰 세우거나 발전 속도를 늦출 방해물들을 제거하는 것도 포함되어 있다. 나는 이제 열정과 활짝 열린 가능성을 갖고 미래를 바라본다. 이것이 더 큰 집을 사고 더 럭셔리한 차를 몰고, 더 멋진 휴가를 계획하는 것보다 훨씬 신나는 일이다.

이제 당신 앞에 하나의 목표와 그곳에 도달하는 단순한 길이 펼쳐져 있을 수 있다. 하지만 내 경험에 비춰보면, 사람들은 흔히 더 나은 것을 발견하고 경로를 여러 차례 바꾸기도 한다. '의미 있는 일'이라는 산을 지나면 '새로운 의미 있는 일'이라는 더 높은 산이 나타난다. 여정 자체가 새로운 목적지를 보여준다. 우리가 방해물을 제거하고 의미 있는 산 정상에 다다랐을 때—우리가 목표하던 일을 성취했을 때—그 정상 너머로 더 높은 정상을 발견하고 놀라지 말자. 우리는 지치지 않을 것이다. 저절로 힘이 생길 것이다. 왜냐하면 더 멀리 있는 정상이 놀라운 기회로 보일 것이기 때문이다.

우리 모두 모험가가 되어보자. 여러 산꼭대기를 거쳐 우리가 상상하지도 못한 곳을 향해 가는 여정을 시작하자.

옳은 선택으로 삶을 이끌 것

어쩌면 왜 내가(고아도 아니고 많은 고아들을 아는 것도 아닌 내가) 고아를 돌보는 일에 관심을 갖게 되었고 이것을 내 삶의 목적 중 하나로 삼게 되었는지 궁금한 사람도 있을 것이다. 부분적으로는 내 아내가 어린 시절 고아로서의 경험을 들려준 덕분일지도 모른다. 그리고 나의 목사였던 조 다라고가 고아들에 대해 계속 언급한 덕분일 수도 있다. 그는 정말 고아에 대한 이야기를 자주 했다. 그 이유는 무엇이었을까?

어느 날 나는 조에게 고아들을 위한 복지 사업이 그에게 왜 그렇게 중요한 문제인지 물어보았다. 그러자 그는 나에게 자신의 이야기를 들려주었다.

25년 전, 조와 그의 아내에게는 한 명의 친자가 있었지만 어느 날 저녁 조는 외국에서 아이를 입양해야겠다고 결심했다. 비교적 짧은 시간 안에 기회의 문이 열렸고 부부는 한국에서 어린 딸을 입양하게 되었다.

아이를 입양하고 15년이 흐른 후, 그들은 동양의 다른 국가에서 딸을 한 명 더 입양했다. 그녀의 어린 시절은 언니가 지낸 환경과는 완전히 달랐다. 막내딸은 갓난아이 때부터 여덟 살이 될 때까지 보육원에서 살았는데, 사람들의 관심도 거의 받지 못했을 뿐만 아니라 보육원의 관리자들은 이 아이가 교육을 시킬 만큼 똑똑하다고 생각하지 않았기 때문에 교육도 제대로 받지 못한 상태였다.

조와 그의 아내는 두 딸들을 동등하게 사랑했지만, 어릴 때 어떤 환경에서 자랐는지가 아이들에게 어떤 영향을 미치는지 매일 직접 목격했다. 한국에서 갓난아기일 때 입양한 딸은 정서적으로, 발육상으로 또래 아이들과 차이가 없었다. 그녀는 행복하게 잘 지냈다. 하지만 늦게 입양한 막내딸은 조의 집에서 몇 년을 지낸 후에도 정서적인 애착이 형성되지 않았고 어떻게 가족의 구성원이 되어야 할지 몰랐으며, 발달 지연을 극복하는 데 큰 진전을 보이지 않았다. 어른들의 애정과 관심이 부족했던 어린 시절에 형성된 그녀의 생각과 감정을 완전히 떨쳐내기 힘들어했다.

전 세계에는 약 1억 4천만 명의 고아가 있는데, 일 년 안에 입양되는 아이들은 채 1퍼센트도 되지 않는다.' 결국 많은 아이들이 보육원에서 자란다. 조가 입양한 막내딸처럼 보육원에서 자란 많은 아이들이 거의 모든 발달 척도에서 또래 아이들보다 늦게 성장한다. 조는 내가 이런 사실에 눈뜨게 해주었다.

조와 나눈 대화에서 영감을 받아, 어린 고아들이 일반적인 보육원 대신 위탁 가정처럼 환경이 더 나은 가정에서 자라게 도와주는 '호프 이펙트'를 설립하게 된 것이다. 그리고 나는 이 비영리조직을 이끌어갈 적임자가 누군지 알고 있었다. 미니멀리즘 블로거로 진로를 바꾸기 전의 나처럼 조도 목사 일을 사랑했지만 알맞은 기회가 찾아오면 인생의 새로운 길을 갈 마음이 있었다. 그는 자신의 가정에서 좋고 나쁜 보육 환경이 아이에게 어떤 영향을 미치는지 직접 경험해보았기 때문에 호프 이펙트를 아이들에게 필요한 것이 무엇인지 더 세심하게 이해하는 조직으로 발전시켜나갈 수 있었다.

우리가 인생에서 마주치는 일들은 우리가 민첩하게만 반응한다면 신비하고 멋진 방식으로 변화를 일으킬 수 있는 곳으로 안내한다. 이런 삶을 밖에서 바라보는 사람들에게는 우리가 내리는 선택이 이해되지 않을 수 있다. 하지만 우리는 그것이 옳은 선택이라는 것을 안다.

삶을 향한 완벽한 몰입

우리의 영혼은 간절히 의미를 바란다

이 이야기가 필요한 사람들은 언제나 존재하기 때문에 내가 반복해서 말하는 몇 가지 슬로건이 있다. 가장 많이 이야기하는 메시지 중 하나는 바로 이것이다. "당신은 남들처럼 살 필요가 없습니다. 사실 남들처럼 살지 않을 때 더 행복해질 거니까요."

3부에서 언급한 모든 방해물을 떠올려보자. 다른 방법은 알지 못하기 때문에 대부분 사람들이 그렇게 살거나 혹은 그렇게 살아야 한다고 생각하지 않는가?

- 자신을 위해 살기 — 모두가 그렇게 살고 있다.
- 더 많은 돈을 위해 쟁탈전 벌이기 — 모두가 그렇게 하고 있다.
- 더 많은 물건 사기 — 모두가 그렇게 한다.
- 눈에 띄려고 노력하기 — 모두가 그렇게 한다.
- 주말과 휴가를 위해 살기 — 모두가 그렇게 살고 있다.
- 시간이 날 때 심심하지 않으려고 휴대폰 꺼내기 — 이것도 모두가 하는 행동이다.

위에서 언급한 '모두'라는 단어에 따옴표를 썼어야 할지도 모르겠다. 정말 지구상의 모든 사람이 이런 행동을 하는 것은 아니기 때문이다. 그저 대다수의 사람들이다.

무리에서 분리되는 것이 얼마나 힘든지 잘 알고 있다. 우리는 다른 사람들과 행동을 같이하도록 강요받는 문화에 살고 있다. 다양한 메시지를 통해 우리를 하나의 틀에 끼워 맞추려고 한다. 사회가 규정하는 일들이 우리의 마음과 영혼을 완벽히 만족시키지 못하더라도 우리는 사회가 말하는 의견이나 기대, 열망을 믿고 갈구하도록 스스로에게 압박을 가한다. 어떤 주제에 대해서도 남들과 다르게 생각하면 안 된다고 말이다.

그렇게 사회에 순응하며 우리는 개인의 고유성을 잃는다. 우리의 열정을 잃는다. 우리의 에너지를 잃는다. 우리는 다른 미래를 선택할 기회를 잃는다. 엉뚱한 것을 좇느라 너무 바빠서 우리는 이번 생에 더 성취감을 주는 일이 무엇인지 찾을 기회를 놓친다.

하지만 적어도 우리 중 많은 사람은 (정말 그럴 것이라고 믿는다) 다르게 살고 싶다는 마음이 들었을 것이다. 우리 영혼은 각자의 열정을 찾고 싶어 한다. 우리 영혼은 의미를 간절히 바란다. 우리의 내면은 기존의 가치관과 반대되는 삶을 살길 갈망한다.

이 책을 읽으며 당신은 벌써 인생에서 가장 큰 방해물들과 마주했다. 그리고 그 과정을 통해 당신은 더 강해졌다. 이제 당신은 남들과 다를 수밖에 없다는 새로운 사실을 직시해야 할 때다. 당신은 대중 속에서 걸어 나오게 될 것이다.

어떤 사람들은 당신의 독창성을 좋아하지 않을 수도 있다. 당신을 비난하는 사람도 있을 수 있다. 하지만 많은 이들이 당신의 독창성을 존경할 것이다. 당신의 그런 모습에 끌려 따라 하고 싶은 마음이 생길지도 모른다. 나의 경험을 비춰보면 그렇다. 우리가 생각하는 것보다 커다란 무리의 사람들 중에는 불만을 느끼는 사람이 많다. 이 책을 시작하며 얘기했던 것처럼, 의미가 있는 의식적인 삶을 사는 당신은 누군가의 본보기가 될 수 있다.

그러므로 기존의 문화를 거부하고, 반대 의견을 내며, 순응하지 말자. 당신만의 고유성을 다른 사람 앞에 과하게 드러낼 필요는 없지만 숨길 필요도 없다. 그저 받아들이자.

다른 대안은 무엇이 있을까? 소 떼가 하는 일이라고는 주변을 서성거리며 풀을 뜯어 먹는 것이 전부다. 누가 그런 삶을 원하겠는가?

당신은 가야 할 곳이 있고, 올라야 할 정상이 있으며, 성취해야 할 일이 있다. 아주 선한 일 말이다.

세상을 더 나은 곳으로 만들고 떠나기

여러 해 전, 네브래스카대학교에서 금융을 전공하고 갓 졸업한 나는 오마하에 있는 큰 교회에서 인턴 생활을 시작했다. 젊은 청년이 경험할 수 있는 대단한 기회였다. 사회초년생이었던 나에게 그런 기회가 주어진 것에 감사함을 느낀다.

어느 날, 스무 명이 넘는 목사들과 모인 자리에서 담임 목사가 들려준 이야기는 지금까지도 기억에 남는다. 나는 여전히 그 공간과 내가 앉아 있던 자리, 담임 목사가 서 있던 자리까지 생생하게 기억한다. 아주 짧은 문장이었다. "저는 어느 공간이든 제가 들어갔을 때보다 조금이라도 더 나은 상태로 만들고 나오려 합니다."

개인의 책임감에 대한 그의 말은 과거에도 한 번쯤은 들어본 적 있는 메시지였지만, 그의 진심 때문인지 전혀 다르게 와 닿았다. 그는 이를 삶에서 실천하기 위한 구체적인 사례들을 들려주었다. 집에 있는 방들을 청소하고, 교회의 공간들을 정돈하며, 공중화장실을 쓸 때마다 세면대 위를 닦는다고 했다.

"제 목표는 다음 사람을 위해 조금이라도 더 깨끗하게 그 공간을 떠나는 거예요."

그는 얘기를 끝낸 후 우리를 주차장으로 데려갔다. 주차장에는 온갖 종류의 쓰레기가 뒹굴고 있었다. 근무복을 입은 스무 명의 남성과 여성이 주차장의 한쪽 끝에서 다른 쪽 끝까지 어깨를 나란히 하고 걸으며 쓰레기를 주웠다. 그렇게 새긴 교훈은 절대 잊히지 않았다.

인생에서 추구하기로 선택한 큰 목표들은 이타적인 행복이 주는 만족감과 성취감을 줄 것이다. 오랜 등산 끝에 마침내 산의 정상에 도달한 것만큼 신나는 일일 것이다. 하지만 개인이 얻는 이익은 부산물일 뿐이다. 목표 자체는 다른 사람들의 필요를 충족하는 데 중점을 둔다.

의미 있는 일을 추구하는 것은 구분하기 힘든 대다수의 사람들과 비교해 우리를 더 흥미롭고 특별한 사람으로 만들어줄 것이다. 당신의 이야기가 흘러가는 방향과 나의 이야기가 흘러가는 방향이 어디든 관계없이, 목적을 추구하는 모든 사람의 행동이 정말 의미 있는 것인지 판단할 수 있는 한 가지 방법은 그것이 타인에게 이로움을 주는지다. 당신의 의식적인 삶에 묻겠다.

- 건강한 인간관계를 맺고 있는가?
- 가난한 사람들이 더 잘 살거나 아픈 사람들이 건강해지거나 교육받지 못한 사람들이 교육받을 수 있는가?
- 물리적인 세상이 더 나은 상태가 되었는가?
- 즐길 수 있는 아름다움이 더 많은가?
- 따를 수 있는 지혜가 더 많아졌는가?
- 여린 마음을 가진 사람들을 위한 다정함이 더 많아졌는가?

물론 세상에 있는 모든 문제를 해결할 수는 없겠지만, 어느 시점이 되면 당신이 하고 있는 일을 보여주는 유형의 결과가 드러나야 한다. 만약 그렇다면, 인생의 마지막 순간에 다다랐을 때 당신이 이 세상에 나오기 전보다 더 나은 곳으로 만들기 위한 일을 했다고 떳떳하게 말할 수 있을 것이다. 당신의 삶은 의미 있고 중요한 삶이었다. 거기에 후회는 없을 것이다.

모든 결정에 파트너를 고려하라

많은 돈을 기부하고 적은 소유물로 생활하며 휴식을 다른 방식으로 바라보기로 선택하고 나면, 주변 사람들도 놀라겠지만 무엇보다도 당신과 가까운 가족들이 큰 영향을 받을 것이다. 과거에 누리던 취미 생활보다 중요해진 새로운 봉사 활동을 시작하는 것도 사랑하는 사람에게 영향을 미칠 수 있다. 그리고 변화에 대한 가족들의 반응을 모른 척해선 안 된다.

몇 해 전, 나는 정리정돈 강의를 듣던 한 여성과 대화를 나눈 적이 있다. 그녀와 그녀의 남편은 둘 다 연봉이 높은 직업을 갖고 있었다. 그들은 결혼할 때 앞으로 펼쳐질 삶에 대해 비슷한 그림을 그리고 있었다. 돈을 많이 벌고 큰 집에 살며 한 명의 아이를 낳고 일찍 은퇴해서 걱정 없는 '좋은 삶'을 사는 것이었다. 그녀의 남편은 여전히 그런 삶을 꿈꾸고 있었다. 하지만 아내는 이제 다른 방식으로 인생을 바라보기 시작했다.

나는 그녀가 소유물을 줄이는 문제에 대해 남편에게 어떻게 얘기해야 할지 의논할 것이라고 생각했다. 실제로 많은 사람들이 그런 질문을 하기 때문이다. 하지만 소유물을 줄이는 것에 대한 그녀의 관심은 더 큰 변화의 첫 신호일 뿐이었다.

"조슈아, 지금보다 돈은 절반밖에 못 벌지만 비영리단체의 변호사로 일하고 싶은데, 남편에게 어떻게 얘기해야 할지 모르겠어요. 우리 가족이 쓸 돈은 줄어들어도 세상에 더 큰 영향을 미칠 수

삶을 향한 완벽한 몰입

있잖아요. 그래도 이건 그가 생각했던 내 모습이 아닐 거예요."

도움이 되는 조언을 주려고 최선을 다했지만 내가 그녀에게 어떤 말을 했는지 정확히 기억나지 않는다. 하지만 그날 이후로 나는 이 문제에 대해 자주 생각하게 되었다.

다른 사람에게도 영향을 미치는 인생의 큰 변화를 시작할 때 내가 가장 먼저 하는 조언은 당신이 그 사람들과 얼마나 가까운 관계인지 판단하라는 것이다. 이런 변화로 배우자나 10대 자녀가 영향을 받는다면, 이들은 가까운 관계이므로 그들의 반응을 고려해 결정해야 한다. 하지만 이모할머니가 당신의 선택을 이해 못하거나 직장 동료가 당신을 정신 나간 사람처럼 생각한다면, 그들의 의견은 크게 고려하지 않아도 좋다.

당신과 함께 사는 누군가가 당신이 고려하고 있는 변화에 대해 걱정하거나 불편해한다면, 먼저 그들과 소통하는 것이 가장 중요하다. 당신이 어떤 일을 하고 싶은지, 왜 그런 결심을 하게 되었는지 얘기하라. 그들은 당신과 다른 관점과 감정을 갖고 있기 때문에 그들의 의견을 물어보고, 결정하기 전에 그들의 의견을 진지하게 고려해야 한다.

의미 있는 일을 좇기 위한 열정도 중요하지만, 절대 당신의 파트너와 아이들(만약 있다면)과의 관계의 중요성을 간과하지 말자. 이들과의 관계는 당신의 삶을 구성하는 중요한 요소다. 의미 있는 활동으로 채운 미래를 그릴 때 우리 앞에 놓인 가장 중요한 임무들의 가치를 되새기는 것은 물론 중요하다. 하지만 우리가 지켜야 할 중요한 임무에는 우리가 헌신하기로 한 사람들과 건강한 관계를 유지하는 것도 포함된다는 것을 잊지 말자.

인생의 마지막 순간에 다다랐을 때 당신이 살면서 한 일에 대해 후회하지 않는 것도 중요하지만, 당신의 목적을 어떻게 성취했는지에 대한 후회도 없어야 한다.

그러니 절대 사랑하는 사람의 손을 놓지 말자. 당신이 인생에서 얼마나 많은 일을 성취했든지 사랑하는 사람을 잃는 것은 전부를 잃는 것이다. 절대 사랑하는 사람을 놓지 말자. 가까운 관계의 사람들이 당신에게서 멀어지게 만들지 말자. 그들은 당신과 한 팀을 이루는 협력자이자 파트너, 지지자가 되어야 한다.

당신도 그들의 팀이 되어줄 준비가 되어 있어야 공평하다. 당신이 아끼는 사람들이 시간을 "부주의하게 낭비"하고 "선하지 않은 활동"에 쓰지 않고 의미 있는 목표와 목적을 좇는 데 쓰도록 장려하자. 그리고 그들의 협력자이자 파트너, 지지자가 되어주자.

5장에서 나는 10대 청소년들과 에콰도르로 떠난 짧은 선교 여행에서 만난 쓰레기장 거주자들에 대해 얘기했다. 그 경험은 선교 여행을 떠난 모든 사람의 삶을 바꾸는 계기가 되었다. 하지만 그 여행을 떠올릴 때 마음이 불편해지는 한 가지 기억이 있는데, 선교를 떠나기 전의 일이다. 아이들은 간절히 떠나고 싶어 했지만, 자녀가 선교 여행을 떠나는 것을 반대하는 부모들이 있던 것이다.

"물론 부모님들의 의견이 중요합니다." 나는 그들에게 말했다.

삶을 향한 완벽한 몰입

"그런데 반대하시는 이유가 뭔지 여쭤봐도 될까요?"

그들의 대답은 언제나 비슷하다. "그곳이 아이들에게 안전한 곳일지 걱정이 돼서요."

나는 이런 일이 일어나는 것을 수없이 목격했다. 다른 해외여행과 마찬가지로 선교 여행에도 어느 정도 위험이 따를 수 있겠지만, 솔직히 그렇게 큰 위험은 없다. 집에 남은 청소년들은 도움이 필요한 사람들을 직접 만나 감수성이 예민한 어린 마음들을 연민으로 가득 채울 기회를 놓칠 수밖에 없다는 명백한 사실과 비교하면 그 위험은 아무것도 아니었다. 나는 단지 그들이 이런 기회를 놓친 것을 후회하지 않길 바랄 뿐이다.

함께 가야 멀리 간다

당신에게 전하려는 마지막 메시지가 너무 상투적으로 들리지 않을까 걱정된다. (하지만 진부한 표현은 주로 진리인 경우가 많으므로 이렇게 오래도록 남아 있는 것이다.) 진부하지만 꼭 전하고 싶은 말은, 의미 있고 중요한 일을 추구하는 것은 목적지 자체보다는 목적지로 향하는 '여정'에 관한 것이라는 얘기다.

이 책에서 성취나 성과라는 단어를 많이 사용했는데, 그 이유는 여정이 이어지는 동안 당신은 몇 가지 목표에 도달하고 산 정상에도 도착할 것이기 때문이다. 하지만 그 과정에서 우리가 만들어가는 삶이야말로 새로운 일을 성취하면서 얻게 되는 후회 없는 궁극적인 산물이다.

카드를 너무 빨리 뒤섞으면 그것이 어떤 카드인지 구분할 수 없는 것처럼 인생의 방해물은 하루하루가 어떻게 흘러갔는지 모르게 우리를 정신없이 바쁘고 산만하게 만든다. 놀랍게도 목적이 있는 삶은 더 생산적일 뿐만 아니라 더 평화롭다. 지금 해야 하는 일을 하면서도 휴식 역시 취할 수 있다는 것을 알기 때문이다. 그러니 당신의 삶에서 이 새로운 목적을 활용해 인간관계를 극대화하고 특별한 순간을 기념하며 당신의 경험이 불러일으킬 기쁨과 슬픔 등 여러 감정들을 온전히 느껴보자.

그리고 가능한 한 당신의 여정을 다른 사람들과 함께 공유해보자. 내가 처음 블로그를 시작했을 때만 해도 10년이 지난 지금까지 블로그를 운영하고 있을 줄은 상상도 못 했다. 블로그가 이렇게 오랫동안 유지될 것이라고 생각지도 못했고, 소수의 사람들만 내 이야기에 관심을 보이고 자신의 경험담을 공유해줄 것이라 생각했다. 또한 나는 블로그를 내게 완전히 새로운 생활방식이었던 미니멀리즘에 대한 여러 생각을 수집하는 도구로 활용할 수 있길 바랐다. 나는 언제나 글을 작성하는 과정을 통해 생각을 명확히 정리할 수 있었다.

내가 지금까지 블로그를 계속 유지할 수 있어서 다행이라고 생각한다. 블로그가 나의 사명과 생계 수단의 기초가 되었기 때문만

삶을 향한 완벽한 몰입

이 아니다. 처음 블로그를 시작했을 때보다 블로그에 관심 가져주는 사람들이 더 많아졌다는 차이만 제외하면, 블로그는 여전히 내 생각을 정리하는 동시에 다른 사람들과 내 생각을 나눌 수 있는 수단이기 때문이다.

당신은 어떤 방법으로 당신의 여정을 남들과 공유할 수 있을까? 내게 그랬던 것처럼, 당신에게도 블로그가 적합한 수단이 될 수 있다. 하지만 그 외에도 다양한 선택지가 있다. 친구들이 볼 수 있도록 진행 상황을 소셜미디어에 올릴 수도 있다. 어쩌면 영상 공유를 통해 비공식 자문위원 모임을 만들 수도 있다. 혹은 그저 즉흥적으로 가족들이나 친구들과 나누는 대화를 통해 과정을 얘기할 수도 있다.

당신만의 어두운 동굴에서 혼자 의미 있는 일들을 해나가지 말자는 것이다. 밝은 곳으로 가지고 나와서 당신과 비슷한 생각을 하는 사람들이 당신을 격려하고 응원할 수 있게 만들자. 당신에게 의미 있는 일들을 세상에 알리자.

언젠가 당신에게 누군가 이런 질문을 던지는 날이 올 것이다. "어떻게 후회하지 않고 의미 있는 일을 하며 살 수 있을까요?"

그러면 당신은 그 사람에게 대답해줄 준비가 되어 있을 것이다. "잘 선택하는 거예요. 인생에서 의미를 찾기 위해 덜 중요한 일들은 제쳐두어야 합니다. 그리고 이것을 매일 반복하는 거예요. 제 경험담을 들려드릴게요."

당신의 차례

나는 죽음을 앞둔 지인과 대화를 나눈 적 있다. 나는 그에게 요즘 어떻게 지내냐고 물어보았다. 그는 "그저 남은 날들을 최대한 누리려고 노력 중이야."라고 대답했다.

나는 그의 대답을 듣고 이렇게 생각했다. '정말 좋은 조언이야. 누구나 앞으로 얼마나 많은 날이 남았든지 간에 남은 날들을 최대한 활용하려고 노력해야 해.'

이제 당신이 당신의 인생을 누리는 여정을 이어갈 수 있도록 내가 작별 인사를 할 때가 되었다. 당신은 당신에게 의미 있는 일들을 발견했다. 당신의 두려움과 욕망을 깊이 들여다보고 당신의 목적에 다가가는 데 방해가 되는 요소들을 제거하는 힘든 일을 시작했다. 나는 진심으로 지금은 상상할 수조차 없는 아름다운 일, 영감을 주는 일, 놀라운 광경, 이 세상에서 놓치고 싶지 않은 일들이 당신 앞에 기다리고 있다고 믿는다.

당신이 의미 있는 일을 어떻게 성취해나가고 있는지 나와 공유하고 싶다면, joshua@becomingminimalist.com으로 이메일을 보내주길 바란다. 당신의 이야기를 읽고 영감받을 기회가 생긴다면 기쁠 것이다.

하지만 우선 당신이 해주었으면 하는 일이 한 가지 있다.

삶을 향한 완벽한 몰입

당신이 나를 위해 이 책의 마지막 문장을 마무리 지어주길 바란다. 이제 나의 역할은 끝났으며 지금부터는 당신이 책임자가 되어야 한다. 이것은 당신의 삶이고, 당신이 잘 살아내야 한다. 이제 펜이나 연필을 꺼내 이 책의 마지막 문장을 완성해보자.

이것은 의미 있는 삶에 몰입하기 위한 새로운 약속의 시작이다. 오늘 나는 _____를 할 수 있도록 방해물들을 제거할 것이다.

삶의 목적을 발견하기 위한 질문들

당신의 인생에서 가장 중요한 것은 무엇인가?

당신은 아마 이 질문에 대한 답을 이미 알고 있을 것이다. 내 경험으로 볼 때, 많은 사람들이 자신에게 가장 중요한 것인지 무엇인지 대강 알고 있지만, 목표들을 명확히 세우고 의식적으로 그 목표들이 삶을 형성하게끔 만드는 데 도움을 필요로 한다. 물론 자신에게 무엇이 가장 중요한지 고민하는 사람들도 있다. 만약 인생의 목적을 찾고 있거나 이 문제에 대한 현재의 생각을 재평가하고 싶다면 이 지표가 좋은 도구가 되어줄 것이다. 시간이 흐름에 따라 우리의 삶과 가족, 열정이 변할 때 목표를 다시 검토해보는 것이 유익하다.

우선 나는 이 문제에 있어서 각자에게 맞는 하나의 '정답'이 있다고 생각하지 않는다. 당신에게는 성취감 가득한 삶을 살게 해줄 여러 가지 일과 열정이 있다. 그러므로 꼭 한 가지를 선택해야 한다고 생각하지 말자. 하지만 당신에게 의미 있는 일과 열정이 무한히 많은 것은 아니다. 그리고 그 일을 실행하기 위한 무한한 시간이 있는 것도 아니다. 따라서 당신의 가장 큰 목적을 명확히 세우는 것이 중요하다. 당신의 일상과 장기적인 선택에 영향을 줄 수 있기 때문이다.

당신이 인생에서 성취할 사명에 대한 생각이 정리되었다면, 그것을 향해 움직이기 시작하자.

나는 어느 날 오후, 루디 셉톡과 버거킹에서 점심을 먹다가 그에게 내 꿈에 대해 말한 적 있다. 루디는 대학 시절 내 인생에 큰 영향을 미쳤다. 나는 그를 매우 존경했고 언제나 그의 의견과 조언을 구했다. 나에게 가장 중요한 일들을 해낼 때마다 나는 그날 그가 들려준 이야기를 떠올린다.

"때때로 꿈은 마트의 출입문 같아." 그가 말했다. "네가 서 있는 곳에서 보면 문이 닫힌 것처럼 보이지만, 꿈을 성취하기 위해 앞으로 나아가기 시작하면 네가 준비된 그 순간에 저절로 문이 열릴 거야."

가장 중요한 일 찾기

당신에게 가장 중요한 일은 이미 당신 안에 있다는 말은 진실이다. 세상의 어떤 문제가 당신을 행동하게 만드는지, 어떤 기회를 잡고 싶은지, 어디서 가장 좋은 성과를 낼 수 있는지 당신은 이미 알고 있다. 당신은 이미 당신이 살면서 책임져야 할 의무와 같은 일이 무엇인지 잘 알고 있을 것이다. 하지만 그런 일들을 삶의 목적이 무엇인지 알려주는 중요한 힌트로 바라본 적 없을 수도 있다. 그 정보에 접근할 수 있는 좋은 방법이 여기 있다. 당신의 열정과 능력, 타인이 필요로 하는 것의 교집합을 찾아보자. 이 세 가지 현실이 겹쳐지는 벤 다이어그램이라고 생각하면 된다.

나의 열정

당신의 열정은 당신을 흥분시키는 것들이다. 시간 가는 줄 모르게 만드는 일, 머릿속을 떠나지 않는 주제, 마음에 와닿는 문제나 사람들이다.

예를 들면, 나는 사람들이 적은 소유를 통해 삶을 더 누리며 살도록 돕는 일에 열정적이다. 지금 그 일을 10년 넘게 하고 있지만 여전히 질리지 않는다. 사람들이 자신에게 자유를 선사하는 것을 볼 때마다 나는 여전히 흥분된다. 그들이 자유를 누리는 데 나도 작은 역할을 했다는 사실이 감격스럽다. 하지만 나는 나의 가족과 신앙, 의식적인 삶에 기여하는 건강한 습관을 기르는 것에도 열정적이다.

다른 사람들은 연극, 환경, 기도와 명상, 청소년 스포츠, 정치, 영양학, 어린이 교육, 피트니스, 자신의 기업 사명 등 다양한 주제에 열정을 갖고 있을 수 있다. 선택지는 무한하고 감사하게도 우리는 모두 다른 것들을 좋아한다.

나의 능력

당신의 능력은 타고난 혹은 습득한 재능과 역량을 말한다. 다른 사람들에게 어떤 일을 하도록 영감을 주거나 상처받은 사람들에게 공감하는 일, 또는 목공, 요리, 컴퓨터 프로그래밍과 같은 특정한 기술처럼 당신이 늘 소질을 보이던 일이 될 수 있다. 혹은 살면서 발견하거나 개발한 기술도 될 수 있다. 회계 감사 통과하는 법, 중국어 하는 법, 문제를 빨리 해결하는 법 등에 대한 지식이 될 수도 있다.

나는 글이나 말을 통해 타인과 소통하는 데 타고난 재능이 있다. 하지만 나는 30대 중반이 되어서야 내가 사람들의 마음에 와

삶을 향한 완벽한 몰입

닿는 글을 쓸 수 있다는 사실을 알게 되었다. 내가 가진 재능이었지만 한 번에 깨닫지는 못했다. 나에게 그런 능력이 있다는 것을 알게 된 후 나의 벤 다이어그램에 있는 '능력'의 원이 확장되면서 내 인생의 새로운 목적이 생겼다.

이런 것처럼 당신의 능력은 당신이 세상에 베풀 수 있도록 주어진 재능이다.

타인이 필요로 하는 것

여기에는 만성 질병을 앓고 있는 당신의 가족 구성원을 돌보거나 지역사회에 있는 위탁 가정을 돕고, 자연재해를 겪은 국가에 구호 기금을 보내는 것과 같은 일이 포함될 수 있다. 불치병을 진단받은 아이들의 부모를 위해 온라인 포럼을 통해 도움을 제공하거나 최근 배우자를 잃은 이웃과 함께 앉아 슬퍼해줄 수도 있다. 도움이 필요한 개인에게 더 마음이 쓰일 수도 있고 한 국가를 돕는 일에 더 마음이 갈 수도 있다. 우리의 상황이 타인을 도울 수 있는 방법을 좌우하기 때문에 시간이 지남에 따라 다시 생각해봐야 할 중요한 부분이다.

여기는 목표goals가 목적purpose과 분리되기 시작하는 범주다. 그랜드 캐니언을 오르는 것은 당신을 노력하게 하는 목표가 될 수 있지만(그리고 이런 목표를 가진다고 해서 아무런 문제는 없지만) 하이킹을 좋아하는 당신의 마음을 개구쟁이 아들과 가까워지거나 아버지를 잃은 소년에게 멘토가 되어주는 데 활용하는 것은 당신의 목적이 될 수 있다.

당신 주변에 도움이 필요한 곳이 너무 많아 부담감이 느껴진다면, 벤 다이어그램을 떠올리자. 당신은 세상에 있는 모든 문제를 해결하려는 것이 아니다. 당신의 열정, 능력과 겹치는 영역에 있는 일에만 집중하면 된다.

당신에게 가장 의미 있는 일을 찾기 위한 생각 정리

인생의 목적을 찾기 위해 벤 다이어그램에 있는 세 영역은 모두 필요하다.

당신이 열정을 갖고 있지 않은 일이라면 지속할 수 없다.

당신이 가진 능력 밖의 일이라면 비현실적이다.

타인의 필요를 충족하지 못한다면 누군가에게 도움을 줄 수 없다.

이 세 영역의 교집합이 당신이 가장 생산적이고 성취감을 느낄 수 있는 일이다. 당신의 열정과 능력, 당신이 도움이 될 수 있는 일을 찾는 데 도움이 될 몇 가지 중요한 질문에 대한 답을 생각해보길 바란다. 당신에게 가장 의미 있는 일에 대한 진실은 이미 당신 안에 존재한다. 이 질문들에 대한 답을 생각하는 동안 당신의 생각을 더 명쾌하게 정리할 수 있을 것이다.

당신이 답을 적을 수 있는 공간을 남겨두었다. 꼭 펜으로 답을 적지 않더라도 각 질문에 대한 답을 생각할 시간을 가져보자. 자신에 대한 깊은 통찰은 즉각적으로 떠오르지 않을 수 있다.

1. 어떤 일이 나를 흥분시키는가?

당신의 '열정' 발견하기

대부분의 사람들은 '일work'이라는 단어를 들으면 즉각적으로 돈을 벌기 위한 직업을 떠올린다. 하지만 이 질문에서 의미하는 '일'은 꼭 당신의 직업에만 국한되지 않는다. 사전에서 정의하는 '일'은 월급과는 아무런 관련이 없다. "무언가를 성취하거나 생산하기 위한 애씀 혹은 노력"이라고 정의하고 있다.' 내가 말하는 '일'의 의미도 바로 이것이다.

당신을 흥분시키는 일에 대해 생각할 때 당신의 직업이 가장 먼저 떠오를 수도 있다. 나도 그렇다. 모든 사람에게 해당하는 경우는 아니지만, 만약 당신의 직업과 당신을 흥분시키는 일이 같다면 당신은 운이 좋은 사람에 속한다.

만약 그 두 가지가 일치하지 않는다면, 어떤 생산적인 활동이 당신을 흥분시키는가? 정원 가꾸기나 그림 그리기, 요리하기 등이 될 수도 있다. 어쩌면 글을 쓰거나 사람들을 이끌거나 개발하는 일이 될 수도 있다. 그리고 지금 당신이 하는 일의 모든 측면은 아니더라도 어떤 측면은 당신이 진심으로 즐기고 있을지도 모른다. 인생의 목적을 명확히 하려면 당신이 즐기는 일이 무엇인지 알아내는 것이 가장 중요한 출발점이다. 인생의 목적을 찾는 것이 반드시 쉽지는 않겠지만 보통 당신에게 끌리는 일이 되는 경우가 많다.

나는 다른 사람들이 소유를 줄이는 일의 기쁨과 장점을 발견하도록 도와주면서 돈을 번다. 이런 측면에서 나의 직업은 나를 흥분시키는 일이다(모든 면은 아니지만 대부분 그렇다). 반면에 내가 설립한 비영리단체인 호프 이펙트에서는 한 푼도 벌지 못한다. 하지만 이 조직의 비전을, 그리고 이사회를 이끌며 이 조직의 문화에 영향을 미치는 일을 사랑한다. 비록 돈을 받는 직업은 아니지만 여전히 나를 흥분시키는 일이다.

그러므로 이 질문에 대한 답을 고민할 때 당신의 직업 중 어떤 부분이 당신에게 잘 맞는지 또 전념하고 싶은 과제가 존재하는 부분은 어디인지 생각해보자. 당신이 꿈꾸는 일자리는 무엇이며 그 이유는 무엇인가? 당신이 직장에 있지 않을 때 당신을 가장 신나게 하는 일은 무엇인가? 만약 당신이 자원하여 완벽한 근무 환경을 만들 수 있다면 여기에는 어떤 것이 포함될까?

내 열정이 어디 있는지 보여주는 일의 종류

① _____

② _____

③ _____

삶을 향한 완벽한 몰입

2. 세상에 대한 이해와 당신의 관심사에 결정적인 영향을 준 긍정적인 경험과 부정적인 경험은 무엇인가?

우리는 모두 최소한 어느 정도는 과거의 산물이다. 우리에게 평생 영향을 미치는 경험들도 있다. 이런 긍정적이거나 부정적인 경험은 지금의 우리를 형성하는 데 한 역할을 했다. '나에게 가장 큰 영향을 미친 경험들은 무엇인가?'라는 질문에 떠오르는 네 가지 혹은 다섯 가지 경험을 나열해보자.

- 외국을 돌며 자란 선교사들의 아이는 마치 세계가 자기 고향처럼 느껴진다.
- 발달 장애를 가진 여동생을 둔 사람은 세상을 다르게 바라본다.
- 부유한 아버지가 돈을 낭비하는 모습을 보며 자란 사람은 부에 대한 특정한 견해를 갖고 있을 것이다.
- 비극으로 아들을 잃은 아버지처럼 차 사고로 아버지를 잃은 청소년의 세상은 순식간에 바뀌게 된다.

오늘의 내가 되는 데 가장 큰 영향을 준 경험

① _____

② _____

③ _____

④ _____

⑤ _____

3. 내가 잘하는 것은 무엇인가?

당신의 '능력' 발견하기

사람들이 당신의 어떤 기술을 칭찬하거나 요청(혹은 돈을 지불하는)하는가? 다른 사람이 당신의 어떤 재주를 부러워하는가?

너무 어렵게 생각하지 말자. 머릿속에 가장 먼저 떠오르는 재능이 아마 가장 정확한 답일 것이다. 사소해 보이는 것부터(골프) 중요해 보이는 것까지(의학 진단) 다양할 수 있다. 기억할 수 있도록 열 가지(혹은 그 이상)의 재능을 적어보자. 목록을 보며 이들 사이에 어떤 패턴이 있는지 살펴보자.

내가 잘하는 것

① _____

② _____

③ _____

④ _____

⑤ _____

⑥ _____

⑦ _____

⑧ _____

⑨ _____

⑩ _____

4. 나를 어떤 성격으로 묘사할 것인가?

당신만이 가지고 있는 기질과 그것이 세상에 얼마나 중요한 역할을 하는지 아는 것은 당신이 자신과 타인에게 줄 수 있는 가장 큰 선물 중 하나다. 이런 자질들은 당신의 재능이나 기술과는 다르다. 여기서 의미하는 것은 당신의 성격, 기질, 가치, 방식, 성향 등이다.

어쩌면 이 질문에 도움이 될 MBTI나 애니어그램, DISC 같은 성격 테스트를 이미 받아보았을 수도 있다. 당신의 기질을 알고 나면 어떤 일을 목표로 삼는 것이 가장 편안한지 이해하는 데 도움이 된다. 또한 자기 인식은 우리가 아닌 다른 누군가가 되길 바라기보다 있는 그대로의 모습을 받아들이게 해준다.

다섯 가지 나의 성격

① _____

② _____

③ _____

④ _____

⑤ _____

5. 세상에서 도움이 필요한 일 중 나의 관심을 끄는 일은 무엇인가?

당신이 '주고 싶은 도움'이 무엇인지 알아내기

안타깝게도 세상에는 우리의 도움이 필요한 문제가 무궁무진하다. 내가 한 가지 깨달은 것이 있다면, 대부분의 사람들이 한 가지 혹은 두 가지 정도의 분야에는 관심을 가진다는 사실이다. 뉴스에 계속 보도되는 사건이 아님에도 당신의 눈길을 끄는 세상의 문제는 무엇인가? 인종차별, 위탁 아동, 정신 질환, 빈곤, 저·중소득자들을 위한 주택, 여성을 향한 폭력, 종교의 결핍, 당신의 지역사회에 필요한 특정한 도움 등이 있을 수 있다. 이것들은 당신이 이미 주목하고 있는 일들이다. 세계적인 문제일 수도 있고 개인의 문제일 수도 있지만, 이들은 항상 당신의 열정과 능력을 어디에 집중해야 할지 알려준다.

나의 관심을 끄는 타인의 문제들

① _____

② _____

③ _____

④ _____

⑤ _____

6. 같은 상황에 있는 타인을 공감할 수 있게 해준 과거의 경험이 있다면 무엇인가?

당신이 살면서 겪었던 고통과 괴로움이 그저 견뎌내야 했던 문제들이 아니라 교훈을 얻을 수 있는 경험이라면 어떨까?

고통에서 좋은 점을 찾는 한 가지 아름다운 방법은 같은 상황에 있는 다른 사람들을 위로하는 것이다. PTSD를 회복한 경험이든 아이를 잃고 슬퍼하거나 직장에서 해고되거나 괴로운 어린 시절의 기억을 극복한 경험이든, 당신의 경험을 공유하며 다른 사람들을 위로하고 도와줄 수 있다.

여기에 해당하는 몇 가지 경험들은 2번 질문의 대답과 중복될 수 있지만 괜찮다. 당신이 열거한 가장 큰 고통 중 몇 가지는 당신에게 가장 큰 영향을 미친 경험일 것이다. 다만, 여기서는 같은 상황에 있는 타인을 공감할 수 있게 된 구체적인 고통이나 괴로움을 말할 수 있어야 한다. 최대한 많은 경험을 나열해보자.

다른 사람들의 문제에 공감할 수 있게 해준 경험들

① _____

② _____

③ _____

④ _____

⑤ _____

나에게 의미 있는 3가지 일

당신의 인생에서 가장 중요한 일들이 더 선명해지고 있길 바란다. 우리 자신에 대해 더 알아가고 새롭고 다른 재능과 경험들이 쌓이면서―위의 여섯 가지 질문에서 평가한 종류의 경험들―세상에서 우리만이 해낼 수 있는 고유한 역할에 대해 더 잘 알게 된다.

삶의 상황과 관계들이 바뀌며 벤 다이어그램의 중심에 모이는 관심사들도 조금씩 변할 것이다. 하지만 이제 당신의 열정과 능력, 다른 사람들을 도울 수 있는 분야를 더 잘 알게 되었기 때문에 새로운 기회가 왔을 때 이를 잡을 수 있을 것이다.

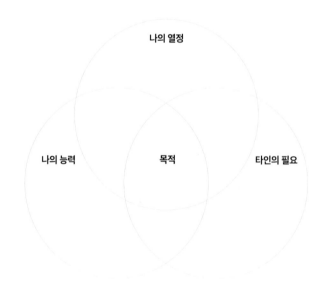

삶을 향한 완벽한 몰입

만약 종이에 벤 다이어그램을 그렸다면 각자 써둔 것을 확인하고, 그렇지 않다면 마음의 눈으로 당신의 열정과 능력, 타인을 향한 도움이 겹치는 곳을 바라보자.

이 집합점의 결과로 떠오르는 의미 있는 활동 세 가지

① _____

② _____

③ _____

위의 세 가지 활동이 지금 당신에게 가장 의미 있는 일임에 동의하는가? 벤 다이어그램의 결과에 공감할 수 있는가? 그렇지 않다면 무엇을 바꾸고 싶은가? 앞서 작성한 대답을 바탕으로 어떤 능력이 떠오르는가? 당신이 열정을 가지는 일은 무엇이 있을까? 어떤 방면에서 남들을 도울 수 있을까?

마무리하기 전에 한 가지 더 생각해볼 질문이 있다. 만약 누군가가 당신의 일상을 본다면, 그 사람은 당신에게 가장 중요한 일이 이 세 가지 활동이라는 사실을 눈치챌 수 있을까? 그렇다면 그 이유는 무엇인가? 이 세 가지 일이 가장 중요하다는 사실을 당신과 세상에 상기시키기 위해 어떤 변화가 일어나야 할까?

당신의 목적을 달성하기 위해 지금 한 걸음이라도 앞으로 내디뎌보자. 어느 방향으로 나아가야 할지 확신이 없더라도 그런 불확실함이 앞으로 나아가는 데 방해물이 되지 않게 하자. 어서 앞으로 움직이자! 세상은 수많은 길로 가득하다. 후회 없는 미래를 향해 나아가는 한, 언제든지 다른 길로 우회할 수 있다.

감사의 말

당신이 왜 세상을 지금과 같이 바라보게 되었는지 알아내기 위해 당신의 삶을 되돌아보는 것은 매혹적인 여정이다. 나도 이 책을 쓰면서 같은 여정을 지나왔다. 당신이 세상을 바라보는 방식에 만족한다면 분명 즐거운 여정이 되었을 것이다. 나의 경우는 전적으로 즐거운 경험이었다.

이 책을 완성하는 동안 돌아가신 나의 할아버지 해럴드 E. 세일럼 목사에게 이 책을 바친다. 내가 할아버지에게 배운 삶의 교훈은 이 책의 모든 곳에 숨어 있다. 하지만 나의 세계관을 형성하는 데 영향을 준 사람은 할아버지뿐만이 아니다.

나의 네 명의 조부모 아놀드, 에드나, 해럴드, 뷸라 모두 믿음과 의미, 목적이 있는 삶을 사셨다. 나에게 무한한 사랑을 베풀어주고 훌륭한 본보기가 되어주심에 감사드린다.

나의 부모님인 로이와 패티가 보여준 충실함, 신앙심, 사랑, 안정감 덕분에 오늘의 내가 될 수 있었다. 감사의 말을 전한다.

내 아내 킴벌리의 사랑과 희생, 이타적인 마음은 내 삶의 하루하루 그리고 이 책의 모든 페이지에 드러난다.

내 삶에 기쁨을 안겨주고 세상을 새롭게 보도록 하며, 이 책을 쓸 수 있는 기회를 준 나의 아름다운 아이들 세일럼과 알렉사에게도 고마움을 전한다.

이 책을 쓰는 데 도움을 준 사람들은 가족뿐만이 아니다. 나는 오랜 세월을 함께한 친구든, 비교적 짧은 기간을 함께한 친구든, 소중한 우정을 나눌 수 있는 축복을 받았다. 로버트 슌, 마크 아랑, 잭과 린다 아랑, 루디 셉톡, 조 다라고, 잭과 다이애나 스티멀, 스콧과 다이앤 슬로컴, 그렉 월쉬, 제프 콜록은 모두 이 책의 일부다. 중요한 일에 몰입하는 삶을 보여준 이들에게 감사의 인사를 전한다.

이 책은 에릭 스탠퍼드의 뛰어난 재능 덕분에 존재한다. 내가 이 책을 쓰도록 끊임없이 독려하고 내 생각을 글로 표현하기까지 보여준 인내심과 믿음에 감사드린다.

표지 디자인부터 일러스트, 편집, 홍보까지 다양한 작업을 맡아준 워터브룩WaterBrook의 모든 팀에게 감사의 인사를 전한다. 처음부터 이 책의 내용을 구성해준 수전 타덴에게 특별히 진심 어린 감사의 말을 전하고 싶다.

나의 에이전트 크리스토퍼 피어비가 보여준 나와 이 책에 대한 믿음 덕분에 지금 이 책이 나올 수 있었다.

내가 이 일을 해나갈 수 있게 용기와 지지를 보내준 '비커밍 미

삶을 향한 완벽한 몰입

니멀리스트' 커뮤니티에도 고마움을 전한다.

안타깝게도 여기서 언급한 사람들보다 언급하지 못한 사람들이 더 많다. 하지만 예수님께 감사를 전하지 않고는 마무리할 수 없을 것 같다. 예수님의 은혜 덕분에 나는 인생에서 선한 일들을 이룰 수 있었다. 감사드린다.

참고문헌

1장 | 후회 없는 인생을 살 자신이 있는가

1. Bronnie Ware, "Regrets of the Dying," https://bronnieware.com/blog/
   regrets-of-the-dying. See also Bronnie Ware, *The Top Five Regrets of the
   Dying: A Life Transformed by the Dearly Departing*(Carlsbad, CA: HayHouse,
   2012). The five regrets are as follows: (1) "I wish I'd had the courage to
   live a life true to myself, not the life others expected of me." (2) "I wish
   I hadn't worked so hard." (3) "I wish I'd had the courage to express my
   feelings." (4) "I wish I had stayed in touch with my friends." (5) "I wish that
   I had let myself be happier."

2. The Things That Matter Survey was conducted by American Directions
   Research Group on behalf of Becoming Minimalist LLC. The nationally
   representative survey of four hundred respondents was conducted online
   during February 2021. Participants were aged eighteen and older and
   came from the United States. Response percentages may not add up to
   100 percent due to rounding. Some survey questions presented in this
   book have been slightly modified to allow for responses to be combined
   into fewer categories. Complete survey results can be seen at www.
   becomingminimalist.com/things-that-matter-survey.

3. Seneca, "On the Shortness of Life," in *Dialogues and Letters*, trans. C. D. N.

Costa(New York: Penguin, 1997), 57.

4. For the story of my introduction to minimalism, see *The More of Less: Finding the Life You Want Under Everything You Own*(Colorado Springs, CO: WaterBrook, 2016), chapter 1.

2장 | 가장 중요한 '한 가지'에 집중하라

1. Seneca, *Selected Letters*, trans. Elaine Fantham(New York: Oxford University Press, 2010), 115.
2. N. S. Gill, "Profile of Demosthenes," ThoughtCo., June 3, 2019, www.thoughtco.com/demosthenes-greek-orator-118793.
3. Frank Furedi, "The Ages of Distraction," Aeon, April 1, 2016, https://aeon.co/essays/busy-and-distracted-everybody-has-been-since-at-least-1710.
4. Olivia Solon, "Under Pressure, Silicon Valley Workers Turn to LSD Microdosing," *Wired*, August 24, 2016, www.wired.co.uk/article/lsd-microdosing-drugs-silicon-valley.
5. Blaise Pascal, *Pensées*, trans. A. J. Krailsheimer(New York: Penguin, 1995), 120.
6. The original source of the quote is unknown, although the earliest known use appears to be Ernest T. Campbell, "Give Ye Them to Eat" (sermon, Riverside Church, New York, January 25, 1970). See https://archive.org/details/sermongiveyethem00camp/page/8/mode/2up?view=theater.

3장 | '두려움'과 맞서 이겨낼 것이다

1. "What Scares Us Most: Spiders or Failing? Linkagoal's Fear Factor Index Clears the Cobwebs," Linkagoal, October 12, 2015, https://blog.linkagoal.com/2015/10/research-reveals-fear-of-failure-has-us-all-shaking-in-our-boots-this-halloween-1-in-3-admit-they-are-terrified-of-failure.
2. "What Scares Us Most: Spiders or Failing?"

3. Anjelica Oswald, "J.K. Rowling Shares Photos of Her Rejection Letters for 'Inspiration,'" Insider, March 25, 2016, www.businessinsider.com/jk-rowling-rejection-letters-2016-3.

4. "Michael Jordan 'Failure' Commercial HD 1080p," YouTube video, posted by "Scott Cole," December 8, 2012, www.youtube.com/watch?v=JA7G7AV-LT8.

5. "Ranking the Top 74 NBA Players of All Time," ESPN, May 13, 2020, www.espn.com/nba/story/_/id/29105801/ranking-top-74-nba-players-all-nos-10-1.

6. Theo Tsaousides, "Why Fear of Failure Can Keep You Stuck," *Psychology Today*, December 27, 2017, www.psychologytoday.com/us/blog/smashing-the-brainblocks/201712/why-fear-failure-can-keep-you-stuck.

7. Don Joseph Goewey, "85 Percent of What We Worry About Never Happens," *Huffington Post*, August 25, 2015, www.huffpost.com/entry/85-of-what-we-worry-about_b_8028368; and Seth J. Gillihan, "How Often Do Your Worries Actually Come True?," *Psychology Today*, July 19, 2019, www.psychologytoday.com/us/blog/think-act-be/201907/how-often-do-your-worries-actually-come-true.

8. Noam Shpancer, "Overcoming Fear: The Only Way Out Is Through," *Psychology Today*, September 20, 2010, www.psychologytoday.com/us/blog/insight-therapy/201009/overcoming-fear-the-only-way-out-is-through.

9. Ernest Becker, *Escape from Evil*(New York: Free Press, 1975), 4.

10. Melanie J. Kirk, "My Greatest Fear in Life," *The Post-Grad Survival Guide*, February 4, 2019, www.medium.com/the-post-grad-survival-guide/my-greatest-fear-in-life-eb425d1ec0d1.

11. L. Frank Baum, *The Wonderful Wizard of Oz*(1900; repr., Orinda, CA: Sea Wolf Press, 2019), 138.

4장 | '과거의 실수'를 받아들일 것이다

1. Deanna Hutchison, "How I Learned to Declutter My Mind," *Becoming*

삶을 향한 완벽한 몰입

Minimalist, February 18, 2020, www.becomingminimalist.com/declutter-my-mind.

2. Meg Jay, "The Secrets of Resilience," *Wall Street Journal*, November 10, 2017, www.wsj.com/articles/the-secrets-of-resilience-1510329202.

3. Jay, "The Secrets of Resilience."

4. Jay, "The Secrets of Resilience."

5. Christine Wilkens, phone conversation with author, April 2, 2021.

5장 | '행복'이란 이름에 속지 않을 것이다

1. Viktor Frankl, "Preface to the 1992 Edition," *Man's Search for Meaning* (1946; repr., Boston: Beacon Press, 2006), xiv-xv.

2. Raj Raghunathan, "Why Rich People Aren't as Happy as They Could Be," *Harvard Business Review*, June 8, 2016, https://hbr.org/2016/06/why-rich-people-arent-as-happy-as-they-could-be.

3. Summer Allen, *The Science of Generosity* (Berkeley, CA: Greater Good Science Center, May 2018), https://ggsc.berkeley.edu/images/uploads/GGSC-JTF_White_Paper-Generosity-FINAL.pdf?_ga=2.11753270.38977004.1608835647-1616817560.1608835647; Matthew Solan, "The Secret to Happiness? Here's Some Advice from the Longest-Running Study on Happiness," *Harvard Health Blog*, October 5, 2017, www.health.harvard.edu/blog/the-secret-to-happiness-heres-some-advice-from-the-longest-running-study-on-happiness-2017100512543; and Robert Waldinger, "Learning to Take Care of Our Relationships," *Simplify*, June 1, 2017, https://simplifymagazine.com/essay/relationships.

4. Kathleen Doheny, "Looks, Money, Fame Don't Bring Happiness," ABC News, May 22, 2009, https://abcnews.go.com/Health/Healthday/story?id=7658253&page=1.

5. Heather Horn, "Promiscuity Doesn't Make People Happier," *The Atlantic*, August 22, 2010, www.theatlantic.com/national/archive/2010/08/promiscuity-doesn-t-make-people-happier/340249.

6. Compare Olga Khazan, "Fewer Sex Partners Means a Happier Marriage," *The Atlantic*, October 22, 2018, www.theatlantic.com/health/archive/2018/10/sexual-partners-and-marital-happiness/573493.

7. Temma Ehrenfeld, "Will Plastic Surgery Make You Feel Better?," *Psychology Today*, July 15, 2015, www.psychologytoday.com/us/blog/open-gently/201507/will-plastic-surgery-make-you-feel-better.

8. Emily Esfahani Smith, "You'll Never Be Famous—and That's O.K.," *New York Times*, September 4, 2017, www.nytimes.com/2017/09/04/opinion/middlemarch-college-fame.html. See also Eva H. Teltzer et al., "Mexican American Adolescents' Family Obligation Values and Behaviors: Links to Internalizing Symptoms Across Time and Context," *Developmental Psychology 51*, no. 1(2015): 75–86, https://doi.org/10.1037/a0038434; and Veronica Huta and Richard M. Ryan, "Pursuing Pleasure or Virtue: The Differential and Overlapping Well-Being Benefits of Hedonic and Eudaimonic Motives," *Journal of Happiness Studies 11*, no. 6(December 2010):735–62, https://doi.org/10.1007/s10902-009-9171-4.

9. Smith, "You'll Never Be Famous."

10. P. J. O'Rourke, *All the Trouble in the World: The Lighter Side of Overpopulation, Famine, Ecological Disaster, Ethnic Hatred, Plague, and Poverty*(New York: Atlantic Monthly Press, 1994), 9.

11. Bruce P. Doré et al., "Helping Others Regulate Emotion Predicts In-creased Regulation of One's Own Emotions and Decreased Symptoms of Depression," *Personality and Social Psychology Bulletin 43*, no. 5 (May 2017): 729–39, https://doi.org/10.1177/0146167217695558.

12. Marianna Pogosyan, "In Helping Others, You Help Yourself," *Psychology Today*, May 30, 2018, www.psychologytoday.com/us/blog/between-cultures/201805/in-helping-others-you-help-yourself.

13. Stephanie Booth, "How Helping People Affects Your Brain," Healthline, December 15, 2018, www.healthline.com/health-news/how-helping-people-affects-your-brain#How-your-brain-lights-up-when-you-help. See also Tristen K. Inagaki and Lauren P. Ross, "Neural Correlates of Giving Social Support: Differences Between Giving Targeted Versus Untargeted

삶을 향한 완벽한 몰입

Support," *Psychosomatic Medicine 80*, no. 8(October 2018): 724 – 32, https://doi.org/10.1097/PSY.0000000000000623.

6장 | '돈'에 잡혀 살지 않을 것이다

1. 1 Timothy 6:10.
2. Catey Hill, "This Is the No. 1 Reason Americans Are So Stressed Out," Market Watch, December 17, 2018, www.marketwatch.com/story/one-big-reason-americans-are-so-stressed-and-unhealthy-2018-10-11.
3. "Majority of Investors with $1 Million or More in Assets Do Not Consider Temselves Wealthy, According to Ameriprise Study," Ameriprise Financial Services, July 17, 2019, https://newsroom.ameriprise.com/news/majority-investors-with-1-million-or-more-in-assets-do-not-consider-themselves-wealthy-according-to-ameriprise-study.htm.
4. Graeme Wood, "Secret Fears of the Super-Rich," *The Atlantic*, April 2011, www.theatlantic.com/magazine/archive/2011/04/secret-fears-of-the-super-rich/308419.
5. Jay Harrington, "Why Men Need Minimalism," *Becoming Minimalist*, www.becomingminimalist.com/why-men-need-minimalism.
6. Jay Harrington, "Ambitious Minimalism: How Owning Less Frees Us to Achieve More," *Becoming Minimalist*, www.becomingminimalist.com/ambitious-minimalism.
7. R. Andres Castaneda Aguilar et al., "September 2020 Global Poverty Update from the World Bank: New Annual Poverty Estimates Using Revised 2011 PPPs," *World Bank Blogs*, October 7, 2020, https://blogs.worldbank.org/opendata/september-2020-global-poverty-update-world-bank-new-annual-poverty-estimates-using-revised.
8. To find out how rich you are from a global perspective, go to Giving What We Can, www.givingwhatwecan.org/how-rich-am-i.
9. Wood, "Secret Fears of the Super-Rich."
10. Benjamin Preston, "The Rich Drive Differently, a Study Suggests," *New York*

Times, August 12, 2013, https://wheels.blogs.nytimes.com/2013/08/12/the-rich-drive-differently-a-study-suggests. In case you're interested, BMW drivers are the worst offenders.

11. Benjamin Franklin, quoted in S. Austin Allibone, comp., *Prose Quotations from Socrates to Macaulay*(Philadelphia: J. B. Lippincott & Co., 1876), 128.

12. Howard R. Gold, "Price Tag for the American Dream: $130K a Year," *USA Today*, July 4, 2014, www.usatoday.com/story/money/personal finance/2014/07/04/american-dream/11122015.

13. Greg McBride, quoted in Anna Bahney, "Nearly a Quarter of Americans Have No Emergency Savings," CNN, June 20, 2018, https://money.cnn.com/2018/06/20/pf/no-emergency-savings/index.html.

14. "World Hunger Is Still Not Going Down After Three Years and Obesity Is Still Growing—UN Report," World Health Organization, July 15, 2019, www.who.int/news/item/15-07-2019-world-hunger-is-still-not-going-down-after-three-years-and-obesity-is-still-growing-un-report; and WWAP(United Nations World Water Assessment Programme), *United Nations World Water and Development Report 2014: Water and Energy*, 2014, https://unesdoc.unesco.org/ark:/48223/pf0000225741, 2.

15. "401(k) Participants' Investing Behavior May Leave Them Short," Charles Schwab, www.aboutschwab.com/schwab-401k-participant-study-2019.

16. Nicole Lyn Pesce, "A Shocking Number of Americans Are Living Paycheck to Paycheck," Market Watch, January 11, 2020, www.marketwatch.com/story/a-shocking-number-of-americans-are-living-paycheck-to-paycheck-2020-01-07; and Amanda Dixon, "A Growing Percentage of Americans Have No Emergency Savings Whatsoever," Bankrate, July 1, 2019, www.bankrate.com/banking/savings/financial-security-june-2019.

17. Lara B. Aknin et al., "Prosocial Spending and Well-Being: Cross-Cultural Evidence for a Psychological Universal," *Journal of Personality and Social Psychology 104*, no. 4(2013): 635–52, https://doi.org/10.1037/a0031578.

18. Elizabeth W. Dunn, Lara B. Aknin, and Michael I. Norton, "Prosocial Spending and Happiness: Using Money to Benefit Others Pays Off," abstract, *Current Directions in Psychological Science 23*, no. 1(February 2014):

삶을 향한 완벽한 몰입

41 – 47, https://doi.org/10.1177/0963721413512503.

7장 | '소유욕'을 내려놓을 것이다

1. Ernest Becker, *Escape from Evil*(New York: Free Press, 1975), 4 – 5.

2. Becker, *Escape from Evil*, 84 – 85.

3. Jessica Pishko, *In the Red*(Seattle: Little A, 2016), Kindle.

4. Pishko, *In the Red*.

5. "Prior to the 40-year period 1977 – 2017, total giving was consistently at or above 2.0% of GDP. It fell below 2.0% throughout most of the 1970s, 1980s, and 1990s. Total giving as a percentage of GDP rose to 2.0% and above through most of the 2000s, but then dropped to 1.9% in the years 2009 to 2011. Total giving as a percentage of GDP was 2.1% for four of the five years, 2013 – 2017." "Giving Statistics," Charity Navigator, www.charitynavigator.org/index.cfm?bay=content.view&cpid=42.

6. "GDP(Current US$)—United States," World Bank, https://data.worldbank.org/indicator/NY.GDP.MKTP.CD?locations=US.

7. Maurie Backman, "You Don't Need That: Average American Spends Almost $18,000 a Year on Nonessentials," *USA Today*, May 7, 2019, www.usatoday.com/story/money/2019/05/07/americans-spend-thousands-on-nonessentials/39450207.

8. John Ruskin, *Notes by Mr. Ruskin on Samuel Prout and William Hunt*(London: Strangewater & Sons, 1879 – 80), 96.

9. "Average Minutes Per Day Men and Women Spent in Household Activities"(2015), American Time Use Survey, US Bureau of Labor Statistics, www.bls.gov/tus/charts/household.htm.

10. Linda Gorman, "Hours Spent in Homemaking Have Changed Little This Century," *The Digest*, National Bureau of Economic Research, October 2008, www.nber.org/digest/oct08/hours-spent-homemaking-have-changed-little-century.

11. Amy Morin, "7 Scientifically Proven Benefits of Gratitude," *Psychology Today*, April 3, 2015, www.psychologytoday.com/us/blog/what-mentally-

strong-people-dont-do/201504/7-scientifically-proven-benefits-gratitude.

12. Mary MacVean, "For Many People, Gathering Possessions Is Just the Stuff of Life," *Los Angeles Times*, March 21, 2014, www.latimes.com/health/la-xpm-2014-mar-21-la-he-keeping-stuff-20140322-story.html.

13. Alain de Botton, *Status Anxiety*(New York: Vintage, 2005), 43.

8장 | '칭찬'에 목매지 않을 것이다

1. Scott Barry Kaufman, "Why Do You Want to Be Famous?," *Scientific American*, September 4, 2013, https://blogs.scientificamerican.com/beautiful-minds/why-do-you-want-to-be-famous.

2. Orville Gilbert Brim, *Look at Me! The Fame Motive from Childhood to Death*(Ann Arbor: University of Michigan Press, 2010), 28.

3. Kaufman, "Why Do You Want to Be Famous?"

4. Benedict Carey, "The Fame Motive," *New York Times*, August 22, 2006, www.nytimes.com/2006/08/22/health/psychology/22fame.html.

5. Rebecca J. Rosen, "Something Like 0.0086% of the World Is Famous," *The Atlantic*, January 22, 2013, www.theatlantic.com/technology/archive/2013/01/something-like-00086-of-the-world-is-famous/267397.

6. Oluebube Princess Egbuna, "Distracted by Fame?," *Medium*, December 17, 2018, https://medium.com/@egbunaoluebube/distracted-by-fame-723477e9023b. Used and adapted by permission.

7. Egbuna, "Distracted by Fame?"

8. 1 Corinthians 13:13.

9. *The Works of Robert G. Ingersoll*, ed. C. P. Farrell, vol. 11(New York: Dresden Publishing, 1902), www.gutenberg.org/files/38813/38813-h/38813-h.htm#K.

9장 | '여가'에 취하지 않을 것이다

1. Dorothy Sayers, "Why Work?" in *Letters to a Diminished Church: Passionate*

삶을 향한 완벽한 몰입

Arguments for the Relevance of Christian Doctrine (1942; repr., Nashville: W Publishing Group, 2004), 118–25.

2. Gallup, *State of the Global Workplace* (New York: Gallup Press, 2017), 22–24. Data was aggregated from 2014 through 2016 across 155 countries. (1) "Engaged" employees are defined as "highly involved in and enthusiastic about their work and workplace. They are psychological 'owners,' drive performance and innovation, and move the organization forward." (2) "Not engaged" employees "are psychologically unattached to their work and company. Because their engagement needs are not being fully met, they're putting time—but not energy or passion—into their work." (3) "Actively disengaged" employees "aren't just unhappy at work—they are resentful that their needs aren't being met and are acting out their unhappiness. Every day, these workers potentially undermine what their engaged coworkers accomplish."

3. CareerBuilder, "Increased Number of Workers Calling in Sick When They Aren't, Finds CareerBuilder's Annual Survey," PR Newswire, November 16, 2017, www.prnewswire.com/news-releases/increased-number-of-workers-calling-in-sick-when-they-arent-finds-careerbuilders-annual-survey-300555582.html.

4. Zoya Gervis, "Here's How Many Days a Year the Average American Spends Daydreaming About a Vacation," SWNS Digital, October 24, 2019, www.swnsdigital.com/2019/10/heres-how-many-days-a-year-the-average-american-spends-daydreaming-about-a-vacation.

5. Hannah Sampson, "What Does America Have Against Vacation?," *Washington Post*, August 28, 2019, www.washingtonpost.com/travel/2019/08/28/what-does-america-have-against-vacation.

6. Sampson, "What Does America Have Against Vacation?"

7. Amanda Dixon, "Americans Reveal Ideal Ages for Financial Milestones," Bankrate, July 18, 2018, www.bankrate.com/personal-finance/smart-money/financial-milestones-survey-july-2018.

8. Axel von Herbay, "Otto von Bismarck Is Not the Origin of Old Age at 65," *Gerontologist* 54, no. 1 (February 2014): 5, https://doi.org/10.1093/geront/

gnt111; and Social Security Administration, "Age 65 Retirement," www.ssa.gov/history/age65.html.

9. Aspen Gorry, Devon Gorry, and Sita Slavov, "Does Retirement Improve Health and Life Satisfaction?," Working Paper 21326, National Bureau of Economic Research, July 2015, doi:10.3386/w21326, www.nber.org/papers/w21326.

10. Kathy Kristof, "Surprise—Money Doesn't Guarantee Happy Retirement. Here's What Does," *Inc.*, March/April 2018, www.inc.com/magazine/201804/kathy-kristof/happy-retirement-satisfaction-enjoy-life.html.

11. Stephen Wright, "The Difference Between Happy and Unhappy Retirees," *Pinnacle Quarterly*, Vision Wealth Planning, January 2020, 12. https://static.twentyoverten.com/5a29586cd744f3738318b502/zeZKOzCfW/VISION-Quarterly-Q1-2020.pdf(emphasis added).

12. Matt Clarke, "Long-Term Recidivism Studies Show High Arrest Rates," *Prison Legal News*, May 3, 2019, www.prisonlegalnews.org/news/2019/may/3/long-term-recidivism-studies-show-high-arrest-rates.

10장 | '스마트 기기'에 잠식당하지 않을 것이다

1. Cal Newport, *Digital Minimalism: Choosing a Focused Life in a Noisy World*(New York: Penguin, 2019), 8.

2. "The Nielsen Total Audience Report: August 2020," Nielsen, August 13, 2020, www.nielsen.com/us/en/insights/report/2020/the-nielsen-total-audience-report-august-2020. The total time spent consuming media in 2020 had increased by nearly an hour a day over 2019, representing the additional time Americans were spending with media during COVID-19 isolation. The survey also notes, "Some amount of simultaneous usage may occur across devices."

3. Rani Molla, "Tech Companies Tried to Help Us Spend Less Time on Our Phones. It Didn't Work," *Vox*, January 6, 2020, www.vox.com/recode/2020/1/6/21048116/tech-companies-time-well-spent-mobile-phone-

삶을 향한 완벽한 몰입

usage-data. The figures on smartphone usage come from productivity software company Rescue Time.

4. J. R. Thorpe, "This Is What Too Much Screen Time Does to You," *Bustle*, November 6, 2020, www.bustle.com/wellness/117838-5-things-too-much-screen-time-does-to-your-body. See also Juliane Horvath et al., "Structural and Functional Correlates of Smartphone Addiction," *Addictive Behaviors105*(June 2020), https://doi.org/10.1016/j.addbeh.2020.106334.

5. Thorpe, "This Is What Too Much Screen Time Does to You." See also Xiao Wang, Yuexuan Li, and Haoliang Fan, "The Associations Between Screen Time-Based Sedentary Behavior and Depression: A Systematic Review and Meta-analysis," *BMC Public Health 19*, art. no. 1524(2019), https://doi.org/10.1186/s12889-019-7904-9.

6. Moran Bodas et al., "Anxiety-Inducing Media: The Effect of Constant News Broadcasting on the Well-Being of Israeli Television Viewers," *Psychiatry 78*, no. 3(2015): 265–76, https://doi.org/10.1080/00332747.2015.1069658.

7. Thorpe, "This Is What Too Much Screen Time Does to You." See also Eva M. Selhub and Alan C. Logan, *Your Brain on Nature: The Science of Nature's Influence on Your Health, Happiness, and Vitality*(Mississauga, Ontario, Canada: Wiley, 2012), 45.

8. Kermit Pattison, "Worker Interrupted: The Cost of Task Switching," *Fast Company*, July 28, 2018, www.fastcompany.com/944128/worker-interrupted-cost-task-switching. See also Gloria Mark, Daniela Gudith, and Ulrich Klocke, "The Cost of Interrupted Work: More Speed and Stress," *CHI '08: Proceedings of the SIGCHI Conference on Human Factors in Computing Systems*(April 6, 2008): 107–10, https://doi.org/10.1145/1357054.1357072.

9. Nicholas Carr, *The Shallows: What the Internet Is Doing to Our Brains*, updated ed.(New York: Norton, 2020), 10.

10. Cal Newport, *Deep Work: Rules for Focused Success in a Distracted World*(New York: Grand Central, 2016).

11. Cal Newport, quoted in Eric Barker, "Stay Focused: 5 Ways to Increase Your Attention Span," *Time*, June 26, 2014, https://time.com/2921341/stay-

focused-5-ways-to-increase-your-attention-span.

12. Newport, *Digital Minimalism*, 6 – 7.

13. Newport, *Digital Minimalism*, 9.

14. Lydia Belanger, "10 Ways Technology Hijacks Your Behavior," *Entrepreneur*, April 3, 2018, www.entrepreneur.com/article/311284.

15. Avery Hartmans, "These Are the Sneaky Ways Apps Like Instagram, Facebook, Tinder Lure You in and Get You 'Addicted,'" Insider, February 17, 2018, www.businessinsider.com/how-app-developers-keep-us-addicted-to-our-smartphones-2018-1.

16. Adam Alter, *Irresistible: The Rise of Addictive Technology and the Business of Keeping Us Hooked*(New York: Penguin, 2018), 10.

17. Nir Eyal, *Indistractable: How to Control Your Attention and Choose Your Life*(London: Bloomsbury, 2019), 2.

18. Tristan Harris, quoted in Alex Kantrowitz, "'Social Dilemma' Star Tristan Harris Responds to Criticisms of the Film, Netflix's Algorithm,a nd More," *OneZero*, October 7, 2020, https://onezero.medium.com/social-dilemma-star-tristan-harris-responds-to-criticisms-of-the-film-netflix-s-algorithm-and-e11c3bedd3eb.

11장 | 반드시 원하는 인생을 살 것

1. "UNICEF and global partners define an orphan as a child under eighteen years of age who has lost one or both parents to any cause of death. By this definition, there were nearly 140 million orphans globally in 2015, including 61 million in Asia, 52 million in Africa, 10 million in Latin America and the Caribbean, and 7.3 million in Eastern Europe and Central Asia." "Orphans," UNICEF, https://web.archive.org/web/20210614053425/www.unicef.org/media/orphans.

부록

1. Dictionary.com, s.v. "work," www.dictionary.com/browse/work.

삶을 향한 완벽한 몰입

초판 1쇄 인쇄 2023년 4월 1일
초판 1쇄 발행 2023년 4월 5일

지은이 | 조슈아 베커
옮긴이 | 이현주

발행인 | 유영준
편집팀 | 한주희, 권민지
마케팅 | 이운섭
디자인 | studio forb
인쇄 | 두성P&L
발행처 | 와이즈맵
출판신고 | 제2017-000130호(2017년 1월 11일)

주소 | 서울 강남구 봉은사로16길 14, 나우빌딩 4층 쉐어원오피스 (우편번호 06124)
전화 | (02)554-2948
팩스 | (02)554-2949
홈페이지 | www.wisemap.co.kr

ISBN 979-11-89328-62-7 (03190)